V

ESSAIS

SUR

LA PEINTURE.

Décret de la Convention nationale concernant les Contre-
facteurs, rendu le 19 juillet 1793, l'an 2 de la République.

LA Convention nationale, après avoir entendu le rapport de son
Comité d'instruction publique, décrète ce qui suit:

ART. 1. les Auteurs d'écrits en tout genre, les Compositeurs de
Musique, les Peintres et Dessinateurs qui feront graver des Tableaux ou Dessins, jouiront durant leur vie entière du droit exclusif
de vendre, faire vendre, distribuer leurs Ouvrages dans le territoire
de la République, et d'en céder la propriété en tout ou en partie.

ART. 2. Leurs héritiers ou Cessionnaires jouiront du même droit
durant l'espace de dix ans après la mort des auteurs.

ART. 3. Les officiers de paix seront tenus de faire confisquer, à la
réquisition et au profit des Auteurs, Compositeurs, Peintres ou
Dessinateurs et autres, leurs Héritiers ou Cessionnaires, tous les
Exemplaires des Éditions imprimées ou gravées sans la permission
formelle et par écrit des Auteurs.

ART. 4. Tout Contrefacteur sera tenu de payer au véritable Propriétaire une somme équivalente au prix de trois mille exemplaires
de l'Édition originale.

ART. 5. Tout Débitant d'Édition contrefaite, s'il n'est pas reconnu
Contrefacteur, sera tenu de payer au véritable Propriétaire une
somme équivalente au prix de cinq cents exemplaires de l'Édition
originale.

ART. 6. Tout Citoyen qui mettra au jour un Ouvrage, soit de
Littérature ou de Gravure dans quelque genre que ce soit, sera
obligé d'en déposer deux exemplaires à la Bibliothèque nationale ou
au Cabinet des Estampes de la République, dont il recevra un reçu
signé par le Bibliothécaire; faute de quoi il ne pourra être admis en
justice pour la poursuite des Contrefacteurs.

ART. 7. Les héritiers de l'Auteur d'un Ouvrage de Littérature ou
de Gravure, ou de toute autre production de l'esprit ou du génie qui
appartiennent aux beaux-arts, en auront la propriété exclusive pendant dix années.

Je place la présente Édition sous la sauve-garde des Loix et de la probité
des Citoyens. Je déclare que je poursuivrai devant les Tribunaux tout
Contrefacteur, Distributeur ou Débitant d'Édition contrefaite. J'assure
même au Citoyen qui me fera connoître le Contrefacteur, Distributeur ou
Débitant, la moitié du dédommagement que la Loi accorde. Paris, ce 1er
Vendémiaire, l'an 4e de la République Française, une et indivisible.

ESSAIS

SUR

LA PEINTURE;

Par DIDEROT.

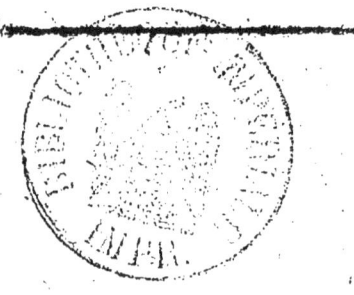

A PARIS,

Chez Fr. BUISSON, Imprimeur - Libraire,
rue Hautefeuille, N°. 20.

L'AN QUATRIÈME DE LA RÉPUBLIQUE.

AVERTISSEMENT.

ON n'insistera pas sur l'authenticité des deux ouvrages réunis dans ce volume. Ceux qui savent distinguer les Ecrivains qui ont un caractère, reconnoîtront *Diderot* dès la première page ; ils retrouveront son cachet presqu'à chaque ligne. Pour les autres, toutes les protestations imaginables et tous les raisonnemens seroient fort inutiles.

On verra dans le premier Essai sur la Peinture quels secours peuvent tirer les arts de la perspicacité du véritable homme de lettres et des réflexions du philosophe. Peut-être s'égareront-ils quel-

quefois sur la partie purement technique;
mais, quant aux autres parties, il est
impossible qu'elles ne s'étendent et ne
s'éclairent entre leurs mains, quand ils
y appliquent leurs lumières et leurs mé-
ditations. L'imitation de la nature, l'idée
du beau, la connoissance approfondie
des passions ont été les objets de leurs
études : c'est la base de tous les arts;
c'est celle de la peinture et de la sculpture, comme de l'éloquence et de la
poésie.

Il faut se garder de confondre les réflexions sur le Salon de 1765, avec ces
petites brochures innocentes et malignes
qui paroissoient, tous les deux ans, à chaque exposition de tableaux. En les par-

courant, on ne tardera pas à se convaincre qu'elles sont de nature à être lues encore long-temps avec le même plaisir. *Diderot* répand à profusion dans toutes ses remarques, le sel de cette gaîté caustique, de cette libre originalité qui rajeunit tout, et jette le plus souvent du piquant, même sur les articles qui en semblent le moins susceptibles : voilà pourquoi on n'a osé en retrancher aucun. Parmi les artistes qu'il passe en revue, plusieurs existent encore aujourd'hui, et d'autres sont à peine hors de la scène. Il est intéressant de comparer l'idée qu'en avoit un homme tel que *Diderot*, avec l'opinion qui s'est fixée depuis sur la plupart d'entr'eux. On verra qu'en cherchant à donner des idées justes sur leur compte , à l'impératrice de Russie (car c'est pour elle que ce travail a été entrepris) , l'Auteur a souvent jugé comme la postérité.

———————

ESSAIS

ESSAIS

SUR

LA PEINTURE.

CHAPITRE PREMIER.

Mes pensées bizarres sur le Dessin.

La nature ne fait rien d'incorrect. Toute forme, belle ou laide, a sa cause; et, de tous les êtres qui existent, il n'y en a pas un qui ne soit comme il doit être.

Voyez cette femme qui a perdu les yeux dans sa jeunesse. L'accroissement successif de l'orbe n'a plus distendu ses paupières ; elles sont rentrées dans la cavité que l'absence de l'organe a creusée; elles se sont rapetissées. Celles d'en-haut ont entraîné les sourcils, celles d'en-bas ont fait remonter légèrement les joues; la lèvre supérieure s'est ressentie de ce mouvement et s'est re-

A

levée ; l'altération a affecté toutes les parties
du visage , selon qu'elles étoient plus éloi-
gnées ou plus voisines du lieu principal de
l'accident. Mais, croyez-vous que la difformité se soit renfermée dans l'ovale? croyez-
vous que le col en ait été tout à fait garanti?
et les épaules, et la gorge? Oui , bien pour
vos yeux et les miens. Mais appellez la
nature ; présentez-lui ce col , ces épaules,
cette gorge; et la nature dira : cela , c'est
le col , ce sont les épaules, c'est la gorge
d'une femme qui a perdu les yeux dans sa
jeunesse.

Tournez vos regards sur cet homme dont
le dos et la poitrine ont pris une forme
convexe. Tandis que les cartilages antérieurs
du col s'allongeoient, les vertèbres posté-
rieures s'en affaissoient; la tête s'est renversée , les mains se sont redressées à l'arti-
culation du poignet, les coudes se sont portés
en arrière ; tous les membres ont cherché
le centre de gravité commun qui convenoit
le mieux à ce système hétéroclite ; le visage
en a pris un air de contrainte et de peine.
Couvrez cette figure; n'en montrez que les
pieds à la nature; et la nature dira , sans
hésiter : ces pieds sont ceux d'un bossu.

Si les causes et les effets nous étoient évidens, nous n'aurions rien de mieux à faire que de représenter les êtres tels qu'ils sont. Plus l'imitation seroit parfaite et analogue aux causes, plus nous en serions satisfaits.

Malgré l'ignorance des effets et des causes, et les règles de convention qui ont été les suites de cette ignorance, j'ai peine à douter qu'un artiste qui oseroit négliger ces règles, pour s'assujettir à une imitation rigoureuse de la nature, ne fût souvent justifié de ses pieds trop gros, de ses jambes courtes, de ses genoux gonflés, de ses têtes lourdes et pesantes, par ce tact fin que nous tenons de l'observation continue des phénomènes, et qui nous feroit sentir une liaison secrète, un enchaînement nécessaire entre ces difformités.

Un nez tors, en nature, n'offense point, parce que tout tient ; on est conduit à cette difformité par de petites altérations adjacentes qui l'amènent et la sauvent. Tordez le nez à l'Antinoüs, en laissant le reste tel qu'il est ; ce nez sera mal. Pourquoi ? c'est que l'Antinoüs n'aura pas le nez tors, mais cassé.

Nous disons d'un homme qui passe dans la rue, qu'il est mal fait. Oui, selon nos pauvres règles ; mais selon la nature, c'est autre chose. Nous disons d'une statue qu'elle est dans les proportions les plus belles. Oui, d'après nos pauvres règles ; mais selon la nature ?

Qu'il me soit permis de transporter le voile de mon bossu sur la Vénus de Médicis, et de ne laisser appercevoir que l'extrémité de son pied. Si, sur l'extrémité de ce pied, la nature, évoquée de rechef, se chargeoit d'achever la figure, vous seriez peut-être surpris de ne voir naître sous ses crayons que quelque monstre hideux et contrefait. Mais si une chose me surprenoit, moi, c'est qu'il en arrivât autrement.

Une figure humaine est un système trop composé, pour que les suites d'une inconséquence insensible dans son principe, ne jettent pas la production de l'art la plus parfaite à mille lieues de l'œuvre de la nature.

Si j'étois initié dans les mystères de l'art, je saurois peut-être jusqu'où l'artiste doit s'assujettir aux proportions reçues, et je vous le dirois. Mais ce que je sais, c'est qu'elles ne tiennent point contre le despotisme de

la nature, et que l'âge et la condition en
entraînent le sacrifice en cent manières diverses. Je n'ai jamais entendu accuser une
figure d'être mal dessinée, lorsqu'elle montroit bien son organisation extérieure, l'âge
et l'habitude, ou la facilité de remplir ses
fonctions journalières. Ce sont ses fonctions
qui déterminent, et la grandeur entière de la
figure, et la vraie proportion de chaque
membre, et leur ensemble : c'est de-là que
je vois sortir, et l'enfant, et l'homme adulte
et le vieillard; et l'homme sauvage et l'homme
policé ; et le magistrat, et le militaire et le
portefaix. S'il y avoit une figure difficile à
trouver, ce seroit celle d'un homme de
vingt-cinq ans, qui seroit formé subitement
du limon de la terre, et qui n'auroit encore
rien fait ; mais cet homme est une chimère.

L'enfance est presqu'une carricature; j'en
dis autant de la vieillesse. L'enfant est
une masse informe et fluide qui cherche à
se développer; le vieillard, une autre masse
informe et sèche qui rentre en elle-même
et tend à se réduire à rien. Ce n'est que
dans l'intervalle de ces deux âges, depuis le
commencement de la parfaite adolescence

A 3

jusqu'au sortir de la virilité, que l'artiste
s'assujettit à la pureté, à la précision rigoureuse du trait, et que le *poco più*, ou
poco meno, le trait en-dedans ou en-dehors
fait défaut ou beauté.

Vous me direz que, quels que soient l'âge
et les fonctions, en altérant les formes, elles
n'anéantissent pas les organes. D'accord.....
Il faut donc les connoître.... j'en conviens.
Voilà le motif qu'on a d'étudier l'écorché.

L'étude de l'écorché a sans doute ses avantages; mais n'est-il pas à craindre que cet
écorché ne reste perpétuellement dans l'imagination; que l'artiste n'en devienne entêté
de la vanité de se montrer savant; que son
œil corrompu ne puisse plus s'arrêter à la
superficie; qu'en dépit de la peau et des
graisses, il n'entrevoie toujours le muscle,
son origine, son attache et son insertion;
qu'il ne prononce tout fortement; qu'il ne
soit dur et sec, et que je ne retrouve ce
maudit écorché, même dans ses figures de
femmes? Puisque je n'ai que l'extérieur à
montrer, j'aimerois bien autant qu'on m'ac-
coutumât à le bien voir, et qu'on me dispen-
sât d'une connoissance perfide qu'il faut que
j'oublie.

On n'étudie l'écorché, dit-on, que pour apprendre à regarder la nature ; mais il est d'expérience qu'après cette étude, on a beaucoup de peine à ne pas la voir autrement qu'elle est.

Personne que vous, mon ami, ne lira ces papiers ; ainsi j'y puis écrire tout ce qui me plaît. Et ces sept ans employés à l'académie à dessiner d'après le modèle, les croyez-vous bien employés, et voulez-vous savoir ce que j'en pense ? C'est que c'est-là et pendant ces sept pénibles et cruelles années qu'on prend la manière dans le dessin. Toutes ces positions académiques, contraintes, apprêtées, arrangées ; toutes ces actions froidement et gauchement exprimées par un pauvre diable, et toujours par le même pauvre diable, gagé pour venir trois fois la semaine se déshabiller et se faire mannequiner par un professeur, qu'ont-elles de commun avec les positions et les actions de la nature ? Qu'ont de commun l'homme qui tire de l'eau dans le puits de votre cour, et celui qui, n'ayant pas le même fardeau à tirer, simule gauchement cette action, avec ses deux bras en-haut, sur l'estrade de l'école ? Qu'a de commun celui qui fait semblant de mourir là, avec celui qui expire dans son lit, ou qu'on assomme dans la rue ? Qu'a de commun ce lutteur d'école avec celui de mon carrefour ? Cet homme qui implore, qui prie, qui dort, qui réfléchit, qui s'évanouit à discrétion, qu'a-t-il de commun avec le paysan étendu de fatigue sur la terre, avec le philosophe qui médite au coin de son feu, avec l'homme étouffé qui s'évanouit dans la foule ? Rien; mon ami, rien.

J'aimerois autant qu'au sortir de-là, pour compléter l'absurdité, on envoyât les élèves apprendre là grâce chez Vestris ou Gardel, ou tel autre maître à danser qu'on voudra. Cependant, la vérité de nature s'oublie, l'imagination se remplit d'actions, de positions et de figures fausses, apprêtées, ridicules et froides. Elles y sont emmagasinées, et elles en sortiront pour s'attacher sur la toile. Toutes les fois que l'artiste prendra ses crayons ou son pinceau, ces maussades fantômes se réveilleront, se présenteront à lui ; il ne pourra s'en distraire, et ce sera un prodige s'il réussit à les exorciser pour les chasser de sa tête. J'ai connu un jeune-homme plein de goût qui, avant de jetter le moindre trait sur sa toile, se mettoit à genoux et disoit : Mon Dieu, délivrez-moi du modèle. S'il est si rare aujourd'hui de voir un tableau composé d'un certain nombre de figures, sans y retrouver, par-ci par-là, quelques-unes de ces figures, positions, actions, attitudes académiques qui déplaisent à la mort à un homme de goût, et qui ne peuvent en imposer qu'à ceux à qui la vérité est étrangère, accusez-en l'éternelle étude du modèle de l'école.

Ce n'est pas dans l'école qu'on apprend la conspiration générale des mouvemens; conspiration qui se sent, qui se voit, qui s'étend et serpente de la tête aux pieds. Qu'une femme laisse tomber sa tête en rêvant, tous ses membres obéissent à ce poids ; qu'elle la relève et la tienne droite, même obéissance du reste de la machine.

Oui, vraiment, c'est un art, et un grand art que de poser le modèle ; il faut voir comme M. le professeur en est fier. Et ne craignez pas qu'il s'avise de dire au pauvre diable gagé : mon ami, pose-toi toi-même ; fais ce que tu voudras. Il aime bien mieux lui donner quelqu'attitude singulière, que de lui en laisser prendre une simple et naturelle : cependant il faut en passer par-là.

Cent fois j'ai été tenté de dire aux jeunes élèves que je trouvois sur le chemin du Louvre, avec leurs portefeuilles sous le le bras : Mes amis, combien y a-t-il que vous dessinez-là ? deux ans ? Eh bien, c'est plus qu'il ne faut. Laissez-moi cette boutique de manière. Allez-vous en aux Chartreux, et vous y verrez la véritable attitude de la piété et de la componction. C'est aujourd'hui veille de grande fête : allez à la paroisse ; rodez autour des confessionnaux, et vous y verrez la véritable attitude du recueillement et du repentir. Demain allez à la guinguette, et vous verrez l'action vraie de l'homme en colère. Cherchez les scènes publiques ; soyez observateurs dans les rues, dans les jardins, dans les marchés, dans les maisons, et vous y prendrez des idées justes du vrai mouvement dans les actions de la vie. Tenez, regardez vos deux camarades qui disputent ; voyez comme c'est la dispute même qui dispose à leur insçu de la position de leurs membres. Examinez-les bien, et vous aurez pitié de la leçon de votre insipide professeur, et de l'imitation de votre insipide modèle. Que je vous plains , mes amis , s'il faut qu'un jour vous mettiez à la place de toutes les faussetés que vous avez apprises , la simplicité et la vérité de le Sueur! et il le faudra bien si vous voulez être quelque chose.

Autre chose est une attitude , autre chose une action. Toute attitude est fausse et petite , toute action est belle et vraie.

Le contraste mal entendu est une des plus funestes causes du maniéré. Il n'y a de véritable contraste que celui qui naît du fond de l'action , ou de la diversité, soit des organes, soit de l'intérêt. Voyez Raphaël , le Sueur ; ils placent quelquefois trois , quatre, cinq figures debout les unes à côté des autres , et l'effet en est sublime. A la messe ou à vêpres aux Chartreux, on voit sur deux longues files parallèles, quarante à cinquante moines , mêmes stalles , même fonction , même vêtement, et cependant pas deux de ces moines qui se ressemblent; ne cherchez pas d'autre contraste que celui qui les distingue. Voilà le vrai : tout autre est mesquin et faux.

Si ces élèves étoient un peu disposés à profiter de mes conseils , je leur dirois

encore : N'y a-t-il pas assez long-temps que
vous ne voyez que la partie de l'objet que
vous copiez ? Tâchez, mes amis, de supposer toute la figure transparente, et de placer
votre œil au centre : de-là vous observerez
tout le jeu extérieur de la machine ; vous
verrez comment certaines parties s'étendent, tandis que d'autres se raccourcissent ;
comment celles-là s'affaissent, tandis que
celles-ci se gonflent ; et, perpétuellement
occupé d'un ensemble et d'un tout, vous
réussirez à montrer dans la partie de l'objet
que votre dessin présente, toute la corres-
pondance convenable avec celle qu'on ne
voit pas, et, ne m'offrant qu'une face, vous
forcerez toutefois mon imagination à voir
encore la face opposée ; et c'est alors que
je m'écrierai que vous êtes un dessinateur
surprenant.

Mais ce n'est pas assez que d'avoir bien
établi l'ensemble : il s'agit d'y introduire
les détails sans détruire la masse ; c'est l'ouvrage de la verve, du génie, du sentiment
et du sentiment exquis.

Voici donc comment je désirerois qu'une
école de dessin fût conduite. Lorsque l'élève
sait dessiner facilement d'après l'estampe et

la bosse, je le tiens pendant deux ans devant le modèle académique de l'homme et
de la femme. Puis, je lui expose des enfans,
des adultes, des hommes faits, des vieillards,
des sujets de tout âge, de tout sexe, pris
dans toutes les conditions de la société,
toutes sortes de natures, en un mot. Les
sujets se présenteront en foule à la porte
de mon académie, si je les paie bien; si je
suis dans un pays d'esclaves, je les y ferai
venir. Dans ces différens modèles, le professeur aura soin de lui faire remarquer les
accidens que les fonctions journalières, la
manière de vivre, la condition et l'âge ont
introduits dans les formes. Mon élève ne
reverra plus le modèle académique qu'une
fois tous les quinze jours ; et le professeur
abandonnera au modèle le soin de se poser
lui-même. Après la séance de dessin, un
habile anatomiste expliquera à mon élève
l'écorché, et lui fera l'application de ses
leçons sur le nud animé et vivant, et il ne
dessinera d'après l'écorché que douze fois
au plus dans une année. C'en sera assez
pour qu'il sente que les chairs sur les os
et les chairs non appuyées ne se dessinent

pas de la même manière; qu'ici le trait est rond, là comme anguleux ; et que s'il néglige ces finesses, le tout aura l'air d'une vessie soufflée, ou d'un balle de coton.

Il n'y auroit point de manière, ni dans le dessin, ni dans la couleur , si l'on imitoit scrupuleusement la nature. La manière vient du maître , de l'académie, de l'école et même de l'antique.

CHAPITRE II.

Mes petites idées sur la Couleur.

C'est le dessin qui donne la forme aux êtres ; c'est la couleur qui leur donne la vie. Voilà le souffle divin qui les anime.

Il n'y a que les maîtres dans l'art qui soient bons juges du dessin ; tout le monde peut juger de la couleur.

On ne manque pas d'excellens dessinateurs ; il y a peu de grands coloristes. Il en est de même en littérature. Cent froids logiciens pour un grand orateur. Dix grands orateurs pour un poëte sublime. Un grand intérêt fait éclorre subitement un homme éloquent ; quoiqu'en dise Helvétius, on ne feroit pas dix bons vers, même sous peine de mort.

Mon ami, transportez-vous dans un atelier ; regardez travailler l'artiste. Si vous le voyez arranger bien symmétriquement ses teintes et ses demi-teintes tout autour de sa palette, ou si un quart-d'heure de travail n'a pas confondu tout cet ordre, prononcez hardiment que cet artiste est froid et qu'il ne fera rien qui vaille. C'est le pendant d'un lourd et pesant érudit, qui a besoin d'un passage, qui monte à son échelle, prend et ouvre son auteur, vient à son bureau, copie la ligne dont il a besoin, remonte à l'échelle et remet le livre à sa place. Ce n'est pas là l'allure du génie.

Celui qui a le sentiment vif de la couleur, a les yeux attachés sur sa toile; sa bouche est entr'ouverte, il halète; sa palette est l'image du chaos. C'est dans ce chaos qu'il trempe son pinceau, et il en tire l'œuvre de la création, et les oiseaux et les nuances dont leur plumage est teint, et les fleurs et leur velouté, et les arbres et leurs différentes verdures, et l'azur du ciel et la vapeur des eaux qui les ternit, et les animaux et les longs poils et les taches variées de leur peau, et le feu dont leurs yeux étincellent Il se lève, il s'éloigne, il jette un coup-d'œil sur son œuvre. Il se rassied; et vous allez voir naître la chair, le drap, le velours, le damas, le taffetas, la mousseline, la toile, le gros linge, l'étoffe grossière;

vous

vous verrez la poire jaune et mûre tomber de l'arbre, et le raisin verd attaché au sep.

Mais pourquoi y a-t-il si peu d'artistes qui sachent rendre la chose à laquelle tout le monde s'entend ? Pourquoi cette variété de coloristes, tandis que la couleur est une en nature ? La disposition de l'organe y fait sans doute. L'œil tendre et foible ne sera pas ami des couleurs vives et fortes. L'homme qui peint répugnera à introduire dans son tableau les effets qui le blessent dans la nature. Il n'aimera, ni les rouges éclatans, ni les grands blancs. Semblable à la tapisserie dont il couvrira les murs de son appartement, sa toile sera coloriée d'un ton foible, doux et tendre; et communément il vous restituera par l'harmonie ce qu'il vous refusera en vigueur. Mais pourquoi le caractère, l'humeur même de l'homme n'influeroient-ils pas sur son coloris ? Si sa pensée habituelle est triste, sombre et noire; s'il fait toujours nuit dans sa tête mélancolique et dans son lugubre atelier; s'il bannit le jour de sa chambre; s'il cherche la solitude et les ténèbres, n'aurez-vous pas raison de vous attendre à une scène, vigoureuse

B

peut-être , mais obscure, terne et sombre ?
S'il est ictérique et qu'il voie tout jaune ,
comment s'empêchera-t-il de jetter sur sa
composition le même voile jaune que son
organe vicié jette sur les objets de la nature , et qui le chagrine , lorsqu'il vient à
comparer l'arbre verd qu'il a dans son imagination , avec l'arbre jaune qu'il a sous ses
yeux ?

Soyez sûr qu'un peintre se montre dans
son ouvrage autant et plus qu'un littérateur
dans le sien. Il lui arrivera une fois de sortir de son caractère , de vaincre la disposition et la pente de son organe. C'est comme
l'homme taciturne et muet qui élève une
fois la voix. L'explosion faite, il retombe
dans son état naturel , le silence. L'artiste
triste, ou né avec un organe foible , produira
une fois un tableau vigoureux de couleur ;
mais il ne tardera pas à revenir à son coloris
naturel.

Encore un coup, si l'organe est affecté ,
quelle que soit son affectation , il répandra
sur tous les corps , interposera entr'eux
et lui une vapeur qui flétrira la nature et
son imitation.

L'artiste qui prend de la couleur sur sa

palette, ne sait pas toujours ce qu'elle produira sur son tableau. En effet, à quoi
compare-t-il cette couleur, cette teinte sur
sa palette ? A d'autres teintes isolées, à des
couleurs primitives. Il fait mieux : il la regarde où il l'a préparée, et il la transporte
d'idée dans l'endroit où elle doit être appli-
quée. Mais combien de fois ne lui arrive-
t-il pas de se tromper dans cette apprécia-
tion ? En passant de la palette sur la scène
entière de la composition, la couleur est
modifiée, affoiblie, rehaussée, et change to-
talement d'effet. Alors, l'artiste tâtonne,
manie, remanie, tourmente sa couleur. Dans
ce travail, sa teinte devient un composé de
diverses substances qui réagissent plus ou
moins les unes sur les autres, et tôt ou tard
se désaccordent.

En général donc l'harmonie d'une composition sera d'autant plus durable, que le
peintre aura été plus sûr de l'effet de son
pinceau, aura touché plus fièrement, plus
librement, aura moins remanié et tourmenté
sa couleur, l'aura employée plus simple et
plus franche.

On voit des tableaux modernes perdre
leur accord en très-peu de temps ; on en voit

d'anciens qui se sont conservés frais, harmonieux et vigoureux , malgré le laps du
temps. Cet avantage me semble être plutôt
la récompense du faire que l'effet de la qualité des couleurs.

Rien, dans un tableau, n'appelle comme
la couleur vraie. Elle parle à l'ignorant
comme au savant. Un demi-connoisseur passera sans s'arrêter devant un chef-d'œuvre
de dessin, d'expression , de composition;
l'œil n'a jamais négligé le coloriste.

Mais ce qui rend le coloriste vrai rare ,
c'est le maître qu'il adopte. Pendant un temps
infini, l'élève copie les tableaux de ce maître;
et ne regarde pas la nature; c'est-à-dire ,
qu'il s'habitue à voir par les yeux d'un autre
et qu'il perd l'usage des siens. Peu-à-peu
il se fait un technique qui l'enchaîne, et dont
il ne peut ni s'affranchir ni s'écarter ; c'est une
chaîne qu'il s'est mise à l'œil, comme l'esclave à son pied. Voilà l'origine de tant de
faux coloris. Celui qui copiera d'après la
Grenée , copiera éclatant et solide ; celui
qui copiera d'après le Prince , sera rougeâtre
et briqueté; celui qui copiera d'après Greuze,
sera gris et violâtre ; celui qui étudiera
Chardin sera vrai. Et de-là cette variété de

jugemens du dessin et de la couleur, même entre les artistes. L'un vous dira que le Poussin est sec, l'autre que Rubens est outré ; et moi, je suis le Lilliputien qui leur frappe doucement sur l'épaule , et qui les avertit qu'ils ont dit une sottise.

On a dit que la plus belle couleur qu'il y eût au monde , étoit cette rougeur aimable dont l'innocence, la jeunesse, la santé , la modestie et la pudeur coloroient les joues d'une fille ; et l'on a dit une chose qui n'étoit pas seulement fine , touchante et délicate , mais vraie : car , c'est la chair qu'il est difficile de rendre ; c'est ce blanc onctueux, égal sans être pâle ni mat; c'est ce mêlange de rouge et de bleu qui transpire imperceptiblement ; c'est le sang , la vie qui font le désespoir du coloriste. Celui qui a acquis le sentiment de la chair , a fait un grand pas ; le reste n'est rien en comparaison. Mille peintres sont morts sans avoir senti la chair ; mille autres mourront sans l'avoir sentie.

La diversité de nos étoffes et de nos draperies n'a pas peu contribué à perfectionner l'art de colorier. Il y a un prestige dont il est difficile de se garantir, c'est celui d'un grand harmoniste. Je ne sais comment je vous rendrai clairement ma pensée. Voilà sur une toile une femme vêtue de satin blanc. Couvrez le reste du tableau, et ne regardez que le vêtement ; peut-être ce satin vous paroîtra-t-il sale, mat, peu vrai. Mais restituez cette femme au milieu des objets dont elle est environnée, et en même-temps le satin et sa couleur reprendront leur effet. C'est que tout le ton est trop foible ; mais chaque objet perdant proportionnellement, le défaut de chacun vous échappe : il est sauvé par l'harmonie. C'est la nature vue à la chûte du jour.

Le ton général de la couleur peut être foible sans être faux.

Le ton général de la couleur peut être foible, sans que l'harmonie soit détruite; au contraire, c'est la vigueur de coloris qu'il est difficile d'allier avec l'harmonie.

Faire blanc et faire lumineux, sont deux choses fort diverses. Tout étant égal d'ailleurs entre deux compositions, la plus lumineuse vous plaira sûrement davantage. C'est la différence du jour et de la nuit.

Quel est donc pour moi le vrai, le grand coloriste? C'est celui qui a pris le ton de

la nature et des objets bien éclairés, et qui
a su accorder son tableau.

Il y a des caricatures de couleur comme
de dessin, et toute caricature est de mauvais goût.

On dit qu'il y a des couleurs amies et des
couleurs ennemies; et l'on a raison, si l'on
entend qu'il y en a qui s'allient si difficilement, qui tranchent tellement les unes
à côté des autres, que l'air et la lumière,
ces deux harmonistes universels, peuvent
à peine nous en rendre le voisinage immé-
diat supportable. Je n'ai garde de renverser
dans l'art l'ordre de l'arc-en-ciel. L'arc-en-
ciel, est en peinture ce que la basse fonda-
mentale est en musique; et je doute qu'aucun peintre entende mieux cette partie,
qu'une femme un peu coquette, ou une
bouquetière qui sait son métier. Mais je
crains bien que les peintres pusillanimes ne
soient partis delà pour restreindre pauvrement les limites de l'art, et se faire un petit
technique facile et borné, ce que nous ap-
pelons entre nous un protocolle. En effet,
il y a tel protocollier en peinture, si hum-
ble serviteur de l'arc-en-ciel, qu'on peut
presque toujours le deviner. S'il a donné

telle ou telle couleur à un objet, on peut
être sûr que l'objet voisin sera de telle ou
telle couleur. Ainsi la couleur d'un coin de
leur toile étant donnée, on sait tout le reste.
Toute leur vie, ils ne font plus que transporter ce coin. C'est un point mouvant qui
se promène sur une surface, qui s'arrête et
se place où il lui plaît, mais qui a toujours
le même cortège; il ressemble à un grand
seigneur qui n'auroit qu'un habit avec ses
valets sous la même livrée. Ce n'est pas
ainsi qu'en usent Vernet et Chardin; leur
intrépide pinceau se plaît à entremêler avec
la plus grande hardiesse, la plus grande variété et l'harmonie la plus soutenue, toutes
les couleurs de la nature avec toutes leurs
nuances. Ils ont pourtant un technique propre et limité. Je n'en doute point, et je le
découvrirois si je voulois m'en donner la
peine. C'est que l'homme n'est pas dieu;
c'est que l'attelier de l'artiste n'est pas la
nature.

Vous pourriez croire que pour se forti-
fier dans la couleur, un peu d'étude des oiseaux et des fleurs ne nuiroit pas. Non, mon
ami. Jamais cette imitation ne donnera le
sentiment de la chair. Voyez ce que de-

vient Bachelier, quand il a perdu de vue sa rose, sa jonquille et son œillet. Proposez à madame Vien de faire un portrait, et portez ensuite ce portrait à Latour. Mais non, ne le lui portez pas; le traître n'estime aucun de ses confrères assez pour lui dire la vérité. Proposez-lui plutôt à lui qui sait faire de la chair, de peindre une étoffe, un ciel, un œillet, une prune avec sa vapeur, une pêche avec son duvet, et vous verrez avec quelle supériorité il s'en tirera. Et ce Chardin, pourquoi prend-on ses imitations d'êtres inanimés pour la nature même? c'est qu'il fait de la chair quand il lui plaît.

Mais ce qui achève de rendre fou le grand coloriste, c'est la vicissitude de cette chair, c'est qu'elle s'anime et qu'elle se flétrit d'un clin-d'œil à l'autre; c'est que tandis que l'œil de l'artiste est attaché à la toile, et que son pinceau s'occupe à me rendre, je passe, et que lorsqu'il retourne la tête, il ne me retrouve plus. C'est l'abbé Leblanc qui s'est présenté à mon idée, et j'ai baillé d'ennui. C'est l'abbé Trublet qui s'est montré, et j'ai l'air ironique. C'est mon ami Grimm ou ma Sophie qui m'ont apparu, et mon cœur a palpité, et la tendresse et

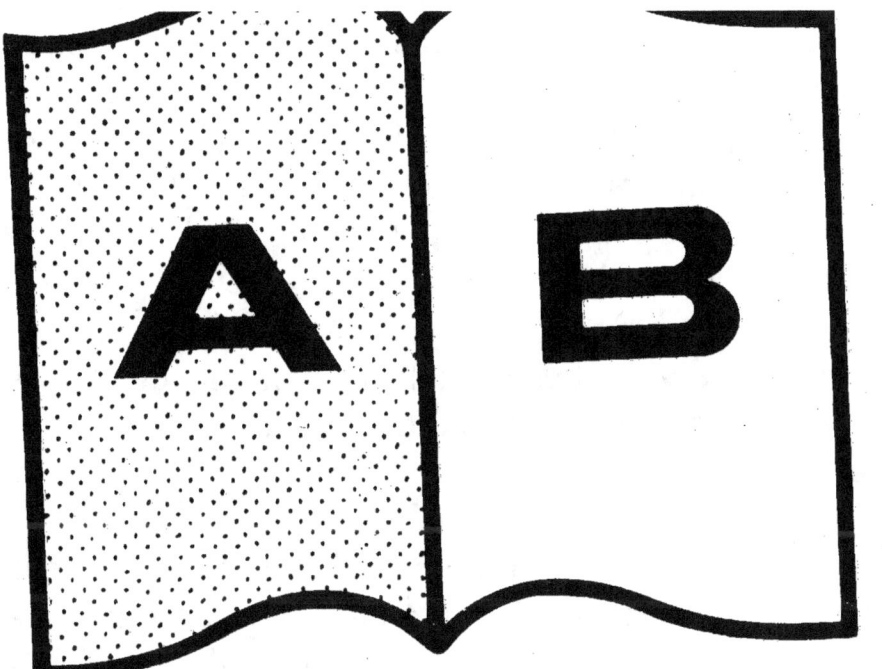

Document incomplet, insuffisant

la sérénité se sont répandues sur mon visage ; la joie me sort par les pores de la
peau, le cœur s'est dilaté, les petits réser-
voirs sanguins ont oscillé, et la teinte imperceptible du fluide qui s'en est échappé,
a versé de tous côtés l'incarnat et la vie.
Les fruits, les fleurs changent sous le regard attentif de Latour et de Bachelier ;
quel supplice n'est donc pas pour eux le visage de l'homme, cette toile qui s'agite,
se meut, s'étend, se détend, se colore, se
ternit selon la multitude infinie des alter-
natives de ce souffle léger et mobile qu'on
appelle l'ame ?

Mais j'allois oublier de vous parler de la
couleur de la passion ; j'étois pourtant tout
contre. Est-ce que chaque passion n'a pas
la sienne ? Est-elle la même dans tous les
instans d'une passion ? La couleur a ses
nuances dans la colère. Si elle enflamme le
visage, les yeux sont ardens ; si elle est
extrême, et qu'elle serre le cœur au lieu
de le détendre, les yeux s'égarent, la pâleur
se répand sur le front et sur les joues, les
lèvres deviennent tremblantes et blanchâtres.
Une femme garde-t-elle le même teint dans
l'attente du plaisir, dans les bras du plaisir,

au sortir de ses bras ? Oh ! mon ami, quel
art que celui de la peinture ! J'achève en
une ligne ce que le peintre ébauche à peine
en une semaine; et son malheur, c'est qu'il
sait, voit et sent comme moi, et qu'il ne
peut rendre et se satisfaire ; c'est que ce sentiment le portant en avant, le trompe sur
ce qu'il peut, et lui fait gâter un chef-
d'œuvre : il étoit, sans s'en douter, sur la
dernière limite de l'art.

CHAPITRE III.

Tout ce que j'ai compris de ma vie du Clair-obscur.

LE clair-obscur est la juste distribution des ombres et de la lumière. Problème simple et facile, lorsqu'il n'y a qu'un objet régulier ou qu'un point lumineux ; mais problême dont la difficulté s'accroît à mesure que les formes de l'objet sont variées ; à mesure que la scène s'étend, que les êtres s'y multiplient, que la lumière y arrive de plusieurs endroits, et que les lumières sont diverses. Ah ! mon ami, combien d'ombres et de lumières fausses dans une composition un peu compliquée ! combien de licences prises ! en combien d'endroits la vérité sacrifiée à l'effet !

On appelle un effet de lumière en peinture, ce que vous avez vu dans le tableau de Corésus, un mélange des ombres et de la lumière, vrai, fort et piquant : moment

poétique qui vous arrête et vous étonne.
Chose difficile, sans doute; mais moins peut-
être qu'une distribution graduée qui éclai-
reroit la scène d'une manière diffuse et large,
et où la quantité de lumière seroit accordée
à chaque point de la toile, eu égard à sa
véritable exposition et à sa véritable distance
du corps lumineux : quantité que les objets
environnans font varier en cent manières
diverses, plus ou moins sensibles, selon
les pertes et les emprunts qu'ils occa-
sionnent.

Rien de plus rare que l'unité de lumière
dans une composition, sur-tout chez les
paysagistes. Ici, c'est du soleil ; là, de la
lune ; ailleurs, une lampe, un flambeau, ou
quelqu'autre corps enflammé. Vice commun,
mais difficile à discerner.

Il y a aussi des caricatures d'ombres et
de lumières; et toute caricature est de mauvais goût.

Si, dans un tableau, la vérité des lumières se joint à celle de la couleur, tout
est pardonné, du moins dans le premier
instant. Incorrections de dessin, manque
d'expression, pauvreté de caractères, vices

d'ordonnance, on oublie tout; on demeure extasié, surpris, enchaîné, enchanté.

S'il nous arrive de nous promener au Tuileries, au bois de Boulogne, ou dans quelqu'endroit écarté des Champs-Elisées, sous quelques-uns de ces vieux arbres épargnés parmi tant d'autres qu'on a sacrifiés au parterre et à la vue de l'hôtel de Pompadour (1766); sur la fin d'un beau jour, au moment où le soleil plonge ses rayons obliques à travers la masse touffue de ces arbres, dont les branches entremêlées les arrêtent, les renvoient, les brisent, les rompent, les dispersent sur les troncs, sur la terre, entre les feuilles, et produisent autour de nous une variété infinie d'ombres fortes, d'ombres moins fortes, de parties obscures, moins obscures, éclairées, plus éclairées, tout-à-fait éclatantes : alors, les passages de l'obscurité à l'ombre, de l'ombre à la lumière, de la lumière au grand éclat, sont si doux, si touchans, si merveilleux, que l'aspect d'une branche, d'une feuille, arrête l'œil et suspend la conversation au moment même le plus intéressant. Nos pas s'arrêtent involontairement; nos regards se promènent sur la toile magique, et nous nous écrions : quel

tableau ! oh que cela est beau ! Il semble
que nous considérions la nature comme le
résultat de l'art ; et, réciproquement, s'il
arrive que le peintre nous répète le même
enchantement sur la toile, il semble que
nous regardions l'effet de l'art comme celui
de la nature. Ce n'est pas au sallon, c'est
dans le fond d'une forêt, parmi les montagnes que le soleil ombre et éclaire, que
Loutherbourg et Vernet sont grands.

Le ciel répand une teinte générale sur les
objets. La vapeur de l'atmosphère se discerne au loin, près de nous son effet est
moins sensible ; autour de moi les objets
gardent toute la force et toute la variété de
leurs couleurs, ils se ressentent moins de
la teinte de l'atmosphère et du ciel; au loin,
ils s'effacent, ils s'éteignent, toutes leurs
couleurs se confondent; et la distance qui
produit cette confusion, cette monotonie,
les montre tous gris, grisâtres, d'un blanc
mat, ou plus ou moins éclairé, selon le
lieu de la lumière et l'effet du soleil ; c'est
le même effet que celui de la vitesse avec
laquelle on tourne un globe tacheté de
différentes couleurs, lorsque cette vitesse est
assez grande pour lier les taches et réduire

leurs sensations particulières de rouge, de blanc, de noir, de bleu, de verd, à une sensation unique et simultanée.

Que celui qui n'a pas étudié et senti les effets de la lumière et de l'ombre dans les campagnes, au fond des forêts, sur les maisons des hameaux, sur les toîts des villes, le jour, la nuit, laisse-là les pinceaux ; surtout, qu'il ne s'avise pas d'être paysagiste. Ce n'est pas dans la nature seulement, c'est sur les arbres, c'est sur les eaux de Vernet, c'est sur les collines de Loutherbourg que le clair de la lune est beau.

Un site peut sans doute être délicieux. Il est sûr que de hautes montagnes, que d'antiques forêts, que des ruines immenses en imposent. Les idées accessoires qu'elles réveillent sont grandes. J'en ferai descendre quand il me plaira Moïse ou Numa. La vue d'un torrent qui tombe à grand bruit à travers des rochers escarpés qu'il blanchit de son écume, me fera frissonner. Si je ne le vois pas, et que j'entende au loin son fracas, c'est ainsi, me dirai-je, que ces fléaux si fameux dans l'histoire ont passé. Le monde reste, et tous leurs exploits ne sont plus qu'un vain bruit perdu qui m'amuse. Si je
vois

vois une verte prairie, de l'herbe tendre et molle, un ruisseau qui l'arrose, un coin de forêt écarté qui me promette du silence, de la fraîcheur et du secret, mon ame s'attendrira; je me rappellerai celle que j'aime: où est-elle, m'écrierai-je? pourquoi suis-je seul ici? Mais ce sera la distribution variée des ombres et des lumières qui ôtera ou donnera à toute la scène son charme général. Qu'il s'élève une vapeur qui attriste le ciel, et qui répande sur l'espace un ton grisâtre et monotone, tout devient muet, rien ne m'inspire ni ne m'arrête, et je ramène mes pas vers ma demeure.

Je connois un portrait, peint par le Sueur: vous jureriez que la main droite est hors de la toile et repose sur la bordure. On vante singulièrement ce merveilleux dans la jambe et le pied du Saint-Jean-Baptiste de Raphaël, qui est au Palais-Royal. Ces tours de l'art ont été fréquens dans tous les temps et chez tous les peuples. J'ai vu un arlequin, ou un scaramouche de Gillot, dont la lanterne étoit à un demi-pied du corps. Quelle est la tête de Latour autour de laquelle l'œil ne tourne pas? Où est le morceau de Chardin, ou même de Roland de Laporte,

C

où l'air ne circule pas entre les verres, les fruits et les bouteilles ? Le bras du Jupiter foudroyant d'Apelle sailloit hors de la toile, menaçoit l'impie, l'adultère, s'avançoit vers sa tête. Peut-être n'appartiendroit-il qu'à un grand maître de déchirer le nuage qui enveloppoit Enée, et de me le montrer comme il apparut à la crédule et facile reine de Carthage :

Circum fusa repente
Scindit se nubes, et in aethera purgat apertum.

Avec tout cela, ce n'est pas-là la grande partie, la partie difficile du clair-obscur. La voici :

Imaginez, comme dans la géométrie des indivisibles de Cavalieri, toute la profondeur de la toile coupée, n'importe en quel sens, par une infinité de plans infiniment petits. Le difficile, c'est la dispensation juste de la lumière et des ombres, et sur chacun de ces plans, et sur chaque tranche infiniment petite des objets qui les occupent ; ce sont les échos, les reflets de toutes ces lumières les unes sur les autres. Lorsque cet effet est produit, (mais où et quand

l'est-il ?) l'œil est arrêté, il se repose. Sa-
tisfait par-tout, il se repose par-tout; il
s'avance, il s'enfonce, il est ramené sur sa
trace. Tout est lié, tout tient. L'art et l'artiste sont oubliés. Ce n'est plus une toile,
c'est la nature, c'est une portion de l'univers
qu'on a devant soi.

Le premier pas vers l'intelligence du clair-
obscur, c'est une étude des règles de la
perspective. La perspective approche les
parties des corps, ou les fait fuir, par la seule
dégradation de leurs grandeurs, par la seule
projection de leurs parties, vues à travers
un plan interposé entre l'œil et l'objet, et
attachées, ou sur ce plan même, ou sur un
plan supposé au-delà de l'objet.

Peintres, donnez quelques instans à l'étude
de la perspective, vous en serez bien ré-
compensés par la facilité et la sûreté que
vous en retrouverez dans la pratique de
votre art. Réfléchissez-y un moment, et
vous concevrez que le corps d'un prophète
enveloppé de toute sa volumineuse draperie, et sa barbe touffue, et ces cheveux qui
se hérissent sur son front, et ce linge pittoresque qui donne un caractère divin à sa
tête, sont assujettis dans tous leurs points

aux mêmes principes que le polyèdre. A la
longue , l'un ne vous embarrassera pas plus
que l'autre. Plus vous multiplierez le nombre idéal de vos plans , plus vous serez cor-
rects et vrais; et ne craignez pas d'être froids
par une condition de plus ou de moins ajoutée
à votre technique.

Ainsi que la couleur générale d'un tableau ,
la lumière générale a son ton. Plus elle est
forte et vive , plus les ombres sont limitées ,
décidées et noires. Eloignez successivement
la lumière d'un corps , et successivement
vous en affoiblirez l'éclat et l'ombre. Eloi-
gnez-la davantage encore , et vous verrez la
couleur d'un corps prendre un ton monotone , et son ombre s'amincir , pour ainsi
dire , au point que vous n'en discernerez plus
les limites. Rapprochez la lumière, le corps
s'éclairera et son ombre se terminera. Au
crépuscule , presque plus d'effet de lumière
sensible , presqu'aucune ombre particulière
discernable. Comparez une scène de la nature , dans un jour et sous un soleil brillant, avec la même scène sous un ciel nébuleux. Là , les lumières et les ombres seront fortes ; ici, tout sera foible et gris.
Mais vous avez vu cent fois ces deux scènes

se succéder en un clin-d'œil, lorsqu'au milieu d'une campagne immense, quelque
nuage épais porté par les vents qui régnoient
dans la partie supérieure de l'atmosphère,
tandis que la partie qui vous entouroit étoit
immobile et tranquille, alloit à votre insçu
s'interposer entre l'astre du jour et la terre.
Tout a perdu subitement son éclat. Une
teinte, un voile triste, obscur et monotone,
est tombé rapidement sur la scène. Les oiseaux
même en ont été surpris, et leur chant
suspendu. Le nuage a passé; tout a repris
son éclat, et les oiseaux ont recommencé
leur ramage.

C'est l'instant du jour, la saison, le climat, le site, l'état du ciel, le lieu de la
lumière, qui en rendent le ton général fort
ou foible, triste ou piquant. Celui qui éteint
la lumière, s'impose la nécessité de donner
du corps à l'air même, et d'apprendre à mon
œil à mesurer l'espace vuide par des objets
interposés et graduellement affoiblis. Quel
homme, s'il sait se passer du grand agent,
et produire sans son secours un grand
effet !

Méprisez ces gauches repoussoirs, si grossièrement, si bêtement placés, qu'il est

impossible d'en méconnoître l'intention. On a
dit qu'en architecture, il falloit que les parties
principales se tournassent en ornemens ; il
faut, en peinture, que les objets essentiels
se tournent en repoussoirs. Il faut que dans
une composition les figures se lient, s'avancent, se reculent, sans ces intermédiaires
postiches, que j'appelle des chevilles ou des
bouche-trous. Tesnière avoit une autre magie.

Mon ami, les ombres ont aussi leurs couleurs. Regardez attentivement les limites et
même la masse de l'ombre d'un corps blanc, et
vous y discernerez une infinité de points noirs
et blancs interposés. L'ombre d'un corps rouge
se teint de rouge ; il semble que la lumière,
en frappant l'écarlate, en détache et emporte
avec elle des molécules. L'ombre d'un corps
avec la chair et le sang de la peau, forme
une foible teinte jaunâtre. L'ombre d'un
corps bleu prend une nuance de bleu ; et
les ombres et les corps reflètent les uns sur
les autres. Ce sont ces reflets infinis des
ombres et des corps qui engendrent l'harmonie sur votre bureau, où le travail et le
génie ont jetté la brochure à côté du livre,
le livre à côté du cornet, le cornet au milieu
de cinquante objets disparats de nature, de

forme et de couleur. Qui est-ce qui observe, qui est-ce qui connoît, qui est-ce qui exécute, qui est-ce qui fond tous ces effets ensemble, qui est-ce qui en connoît le résultat nécessaire ? La loi en est pourtant bien simple ; et le premier teinturier à qui vous portez un échantillon d'étoffe nuancée, jette la pièce d'étoffe blanche dans sa chaudière, et sait l'en tirer teinte comme vous l'avez desirée. Mais le peintre observe lui-même cette loi sur sa palette, quand il mêle ses teintes. Il n'y a pas une loi pour les couleurs, une loi pour la lumière, une loi pour les ombres ; c'est par-tout la même.

Et malheur aux peintres, si celui qui parcourt une galerie, y porte jamais ces principes ! Heureux le temps où ils seront populaires ! C'est la lumière générale de la nation qui empêche le souverain, le ministre et l'artiste de faire des sottises. *O sacra reverentia plebis !* Il n'y en a pas un qui ne soit tenté de s'écrier : Canaille, combien je me donne de peine, pour obtenir de toi un signe d'approbation !

Il n'y a pas un artiste qui ne vous dise qu'il sait tout cela mieux que moi. Répondez-

lui de ma part que toutes ces figures lui
crient qu'il en a menti.

Il y a des objets que l'ombre fait valoir,
d'autres qui deviennent plus piquans à la
lumière. La tête des brunes s'embellit dans
la demi-teinte, celle des blondes à la lumière.

Il est un art de faire les fonds, sur-tout
aux portraits. Une loi assez générale, c'est
qu'il n'y ait au fond aucune teinte qui, com-
parée à une autre teinte du sujet, soit assez
forte pour l'étouffer ou arrêter l'œil.

CHAPITRE IV.

Ce que tout le monde sait sur l'Expression, et quelque chose que tout le monde ne sait pas.

Sunt lacrymæ rerum , et mentem mortalia tangunt.

L'EXPRESSION est en général l'image d'un sentiment.

Un comédien qui ne se connoît pas en peinture, est un pauvre comédien ; un peintre qui n'est pas physionomiste , est un pauvre peintre.

Dans chaque partie du monde , chaque contrée ; dans une même contrée , chaque province ; dans une province , chaque ville ; dans une ville , chaque famille ; dans une famille , chaque individu ; dans un individu , chaque instant a sa physionomie , son expression.

L'homme entre en colère, il est attentif, il est curieux, il aime, il hait, il méprise, il dédaigne, il admire ; et chacun des mouvemens de son ame vient se peindre sur son visage en caractères clairs, évidens, auxquels nous ne nous méprenons jamais.

Sur son visage ! Que dis-je ? Sur sa bouche, sur ses joues, dans ses yeux, en chaque partie de son visage. L'œil s'allume, s'éteint, languit, s'égare, se fixe ; et une grande imagination de peintre est un recueil immense de toutes ces expressions. Chacun de nous en a sa petite provision ; et c'est la base du jugement que nous portons de la laideur et de la beauté. Remarquez-le bien, mon ami ; interrogez-vous à l'aspect d'un homme ou d'une femme ; et vous reconnoîtrez que c'est toujours l'image d'une bonne qualité, ou l'empreinte plus ou moins marquée d'une mauvaise qui vous attire ou vous repousse.

Supposez l'Antinoüs devant vous. Ses traits sont beaux et réguliers. Ses joues larges et pleines annoncent la santé. Nous aimons la santé, c'est la pierre angulaire du bonheur. Il est tranquille ; nous aimons le repos. Il a l'air réfléchi et sage ; nous aimons la réflexion et la sagesse. Je laisse là le reste de la figure ; et je vais m'occuper seulement de la tête.

Conservez tous les traits de ce beau visage comme il sont; relevez seulement un des coins de la bouche ; l'expression devient ironique , et le visage vous plaira moins. Remettez la bouche dans son premier état, et relevez les sourcils , le caractère devient orgueilleux, et il vous plaira moins. Relevez les deux coins de la bouche en même-temps, et tenez les yeux bien ouverts, vous aurez une physionomie cynique, et vous craindrez pour votre fille si vous êtes père. Laissez retomber les coins de la bouche, et rabaissez les paupières ; qu'elles couvrent la moitié de l'iris, et partagent la prunelle en deux ; et vous en aurez fait un homme faux , caché , dissimulé , que vous éviterez.

Chaque âge a ses goûts. Des lèvres vermeilles bien bordées, une bouche entr'ouverte et riante , de belles dents blanches , une démarche libre, le regard assuré, une gorge découverte , de belles grandes joues larges, un nez retroussé , me fesoient galopper à dix-huit ans. Aujourd'hui, que le vice ne m'est plus bon, et que je ne suis plus

bon au vice , c'est une jeune fille qui a l'air
décent et modeste , la démarche composée,
le regard timide , et qui marche en silence
à côté de sa mère , qui m'arrête et me
charme.

Qui est-ce qui a le bon goût ? Est-ce moi
à dix-huit ans ? est-ce moi à cinquante ? La
question sera bientôt décidée. Si l'on m'eût
dit à dix-huit ans : mon enfant, de l'image
du vice, ou de l'image de la vertu , quelle
est la plus belle? Belle demande! aurois-je
répondu ; c'est celle-ci.

Pour arracher de l'homme la vérité, il
faut à tout moment donner le change à la
passion, en empruntant des termes généraux
et abstraits. C'est qu'à dix-huit ans , ce n'étoit
pas l'image de la beauté, mais la physionomie
du plaisir qui me faisoit courir.

L'expression est foible ou fausse, si elle
laisse incertain sur le sentiment.

Quel que soit le caractère de l'homme , si sa
physionomie habituelle est conforme à l'idée
que vous avez d'une vertu , il vous attirera;
si sa physionomie habituelle est conforme à
l'idée que vous avez d'un vice, il vous
éloignera.

On se fait à soi-même quelquefois sa physionomie. Le visage accoutumé à prendre le caractère de la passion dominante, le garde. Quelquefois aussi on la reçoit de la nature, et il faut bien la garder comme on l'a reçue. Il lui a plu de nous faire bons, et de nous donner le visage du méchant; ou de nous faire méchans, et de nous donner le visage de la bonté.

J'ai vu au fond du fauxbourg Saint-Marceau, où j'ai demeuré long-temps, des enfans charmans de visage. A l'âge de douze à treize ans, ces yeux pleins de douceur étoient devenus intrépides et ardens; cette agréable petite bouche s'étoit contournée bizarrement; ce col, si rond, étoit gonflé de muscles; ces joues larges et unies étoient parsemées d'élévations dures. Ils avoient pris la physionomie de la halle et du marché. A force de s'irriter, de s'injurier, de se battre, de crier, de se décoëffer pour un liard, ils avoient contracté, pour toute leur vie, l'air de l'intérêt sordide, de l'impudence et de la colère.

Si l'ame d'un homme ou la nature a donné à son visage l'expression de la bienveillance,

de la justice et de la liberté , vous le sentirez, parce que vous portez en vous-même
des images de ces vertus, et vous accueillerez
celui qui vous les annonce. Ce visage est
une lettre de recommandation écrite dans
une langue commune à tous les hommes.

Chaque état de la vie a son caractère propre
et son expression.

Le sauvage a les traits fermes, vigoureux
et prononcés, des cheveux hérissés , une
barbe touffue, la proportion la plus rigoureuse dans les membres : quel est la fonction
qui auroit pu l'altérer ? Il a chassé, il a couru,
il s'est battu contre l'animal féroce , il s'est
exercé, il s'est conservé, il a produit son semblable : les deux seules occupations naturelles.
Il n'a rien qui sente l'effronterie ni la honte. Un
air de fierté mêlé de férocité. Sa tête est droite
et relevée ; son regard fixe. Il est le maître
dans sa forêt. Plus je le considère, plus il
me rappelle la solitude et la franchise de son
domicile. S'il parle, son geste est impérieux ,
son propos énergique et court. Il est sans
loi et sans préjugé. Son ame est prompte à
s'irriter. Il est dans un état de guerre per-
pétuelle. Il est souple, il est agile; cependant
il est fort.

Les traits de sa compagne, son regard, son maintien ne sont point de la femme civilisée. Elle est nue, sans s'en appercevoir. Elle a suivi son époux dans la plaine, sur la montagne, au fond de la forêt. Elle a partagé son exercice. Elle a porté son enfant dans ses bras. Aucun vêtement n'a soutenu ses mamelles. Sa longue chevelure est éparse. Elle est bien proportionnée. La voix de son époux étoit tonnante; la sienne est forte. Ses regards sont moins arrêtés; elle conçoit de l'effroi plus facilement. Elle est agile.

Dans la société, chaque individu de citoyens a son caractère et son expression : l'artisan, le noble, le roturier, l'homme de lettres, l'ecclésiastique, le magistrat, le militaire.

Parmi les artisans, il y a des habitudes de corps, des physionomies de boutiques et d'ateliers.

Chaque société a son gouvernement, et chaque gouvernement a sa qualité dominante, réelle, ou supposée, qui en est l'ame, le soutien et le mobile.

La république est un état d'égalité. Tout sujet se regarde comme un petit monarque.

L'air du républicain sera haut, dur et fier.

Dans la monarchie, où l'on commande et l'on obéit, le caractère, l'expression sera celle de l'affabilité, de la grace, de la douceur, de l'honneur, de la galanterie.

Sous le despotisme, la beauté sera celle de l'esclave. Montrez-moi des visages doux, soumis, timides, circonspects, supplians et modestes. L'esclave marche la tête inclinée; il semble toujours la présenter à un glaive prêt à le frapper.

Et qu'est-ce que la sympathie ? J'entends cette impulsion prompte, subite, irréfléchie, qui presse et colle deux êtres l'un à l'autre, à la première vue, au premier coup, à la première rencontre ? Car la sympathie, même en ce sens, n'est point une chimère. C'est l'attrait momentané et réciproque de quelque vertu. De la beauté naît l'admiration; de l'admiration, l'estime, le desir de posséder et l'amour.

Voilà pour les caractères et leurs diverses physionomies ; mais ce n'est pas tout : il faut joindre encore à cette connoissance une profonde expérience des scènes de la vie. Je m'explique.

m'explique. Il faut avoir étudié le bonheur et la misère de l'homme sous toutes ses faces ; des batailles , des famines , des pestes, des inondations, des orages, des tempêtes ; la nature sensible , la nature inanimée, en convulsion. Il faut feuilleter les historiens, se remplir des poëtes , s'arrêter sur leurs images. Lorsque le poëte dit, *vero incessu patuit dea*, il faut chercher en soi cette figure-là. Lorsqu'il dit, *summa placidum caput extulit unda*, il faut modèler cette tête-là ; sentir ce qu'il en faut prendre , ce qu'il en faut laisser ; connoître les passions douces et fortes, et les rendre sans grimace. Le Laocoon souffre , il ne grimace pas ; cependant la douleur cruelle serpente depuis l'extrémité de son orteil jusqu'au sommet de sa tête. Elle affecte profondément, sans inspirer de l'horreur. Faites que je ne puisse ni arrêter mes yeux , ni les arracher de dessus votre toile.

Ne confondez point les minauderies , la grimace, les petits coins de bouche relevés, les petits becs pincés et mille autres puériles afféteries , avec la grace , moins encore avec l'expression.

Que votre tête soit d'abord d'un beau

D

caractère. Les passions se peignent plus facilement sur un beau visage. Quand elles
sont extrêmes, elles n'en deviennent que
plus terribles. Les Euménides des anciens
sont belles, et n'en sont que plus effrayantes.
C'est quand on est en même-temps attiré
et repoussé violemment, qu'on éprouve le
plus de mal-aise ; et ce sera l'effet d'une Eu-
ménide à laquelle on aura conservé les grands
traits de la beauté.

L'ovale du visage, alongé dans l'homme,
large par le haut, se rétrécissant par le bas :
caractère de noblesse.

L'ovale du visage, arrondi dans la femme,
dans l'enfant : caractère de jeunesse, principe
de la grace.

Un trait déplacé de l'épaisseur d'un che-
veu, embellit ou dépare.

Sachez donc ce que c'est que la grace,
ou cette rigoureuse et précise conformité
des membres avec la nature de l'action. Sur-
tout ne la prenez point pour celle de l'acteur
ou du maître à danser. La grace de l'action
et celle de Marcel se contredisent exactement. Si Marcel rencontroit un homme placé
comme l'Antinoüs, lui portant une main sous

le menton et l'autre sur les épaules : Allons
donc, grand dadais, lui diroit-il, est-ce qu'on
se tient comme cela ? Puis, lui repoussant
les genoux avec les siens, et le relevant par-
dessous les bras, il ajouteroit : on diroit que
vous êtes de cire, et que vous allez fondre.
Allons, nigaud, tendez-moi ce jarret ; dé-
ployez-moi cette figure ; ce nez un peu au
vent. Et quand il en auroit fait le plus insipide petit-maître, il commenceroit à lui
sourire, et à s'applaudir de son ouvrage.

Si vous perdez le sentiment de la différence de l'homme qui se présente en compagnie, et de l'homme intéressé qui agit ;
de l'homme qui est seul, et de l'homme qu'on
regarde, jettez vos pinceaux dans le feu. Vous
académiserez, vous redresserez, vous guin-
derez toutes vos figures.

Voulez-vous sentir, mon ami, cette différence ? Vous êtes seul chez vous. Vous attendez mes papiers qui ne viennent point. Vous
pensez que les souverains veulent être servis
à point nommé. Vous voilà étendu sur votre
chaise de paille, les bras posés sur vos genoux ; votre bonnet de nuit renfoncé sur vos
yeux, ou vos cheveux épars et mal retroussés
sous un peigne courbé ; votre robe de chambre

entr'ouverte et retombant à longs plis de l'un
et de l'autre côté : vous êtes tout-à-fait pittoresque et beau. On vous annonce M. le
marquis de Castries ; et voilà le bonnet relevé , la robe de chambre croisée ; mon homme
droit , tous ses membres bien composés ; se
manièrant , se marcélisant ; se rendant très-
agréable pour la visite qui lui arrive , trés-
maussade pour l'artiste. Tout-à-l'heure vous
étiez son homme ; vous ne l'êtes plus.

Quand on considère certaines figures , certains caractères de tête de Raphaël, des Car-
raches et d'autres, on se demande où ils les ont
prises. Dans une imagination forte , dans les
auteurs, dans les nuages, dans les accidens
du feu, dans les ruines, dans la nation où ils
ont recueilli les premiers traits que la poésie
a ensuite exagérés.

Ces hommes rares avoient de la sensibilité , de l'originalité , de l'humeur. Ils lisoient,
les poëtes sur-tout. Un poëte est un homme
d'une imagination forte, qui s'attendrit, qui
s'effraie lui-même des fantômes qu'il se
fait.

Je ne saurois résister. Il faut absolument,
mon ami, que je vous entretienne de l'action
et de la réaction du poëte sur le statuaire ,

où le peintre, du statuaire sur le poëte, et
de l'un et de l'autre sur les êtres tant animés
qu'inanimés de la nature. Je rajeunis de mille
ans, pour vous exposer comment, dans les
temps anciens, ces artistes influoient réciproquement les uns sur les autres, comment
ils influoient sur la nature même, et lui don-
noient une empreinte divine. Homère avoit
dit que Jupiter ébranloit l'Olympe du seul
mouvement de ses noirs sourcils. C'est le
théologien qui avoit parlé; et voilà la tête
que le marbre exposé dans un temple avoit
à montrer à l'adorateur prosterné. La cer-
velle du sculpteur s'échauffoit, et il ne pre-
noit la terre molle et l'ébauchoir que quand
il avoit conçu l'image orthodoxe. Le poëte
avoit consacré les beaux pieds de Thétis, et
ces pieds étoient de foi; la gorge ravissante
de Vénus, et cette gorge étoit de foi; les
épaules charmantes d'Apollon, et ces épaules
étoient de foi; les fesses rebondies de Ganymède, et ces fesses étoient de foi. Le peuple
s'attendoit à retrouver sur les autels ses dieux
et ses déesses avec les charmes caractéristiques de son catéchisme. Le théologien ou
le poëte les avoit désignés, et le statuaire
n'avoit garde d'y manquer. On se seroit moqué

D 3

d'un Neptune qui n'auroit pas eu la poitrine, d'un Hercule qui n'auroit pas eu le dos de la bible payenne; et le bloc de marbre hérétique seroit resté dans l'atelier.

Qu'arrivoit-il de-là : car, après tout, le poëte n'avoit rien révélé ni fait croire; le peintre et le sculpteur n'avoient représenté que des qualités empruntées de la nature ? C'est que, quand au sortir du temple, le peuple venoit à reconnoître ces qualités dans quelques individus, il en étoit bien autrement touché. La femme avoit fourni ses pieds à Thétis, sa gorge à Vénus : la déesse les lui rendoit, mais les lui rendoit sanctifiés, divinisés. L'homme avoit fourni à Apollon ses épaules, sa poitrine à Neptune, ses flancs nerveux à Mars, sa tête sublime à Jupiter, ses fesses à Ganymède; mais Apollon, Neptune, Mars, Jupiter et Ganymède les lui rendoient sanctifiés, divinisés.

Lorsque quelque circonstance permanente, quelquefois même passagère, a associé certaines idées dans la tête des peuples, elles ne s'y séparent plus; et, s'il arrivoit à un libertin de retrouver sa maîtresse sur l'autel de Vénus, parce qu'en effet c'étoit elle, un dévot n'en étoit pas moins porté à révérer

les épaules de son dieu sur le dos d'un mortel, quel qu'il fût. Ainsi, je ne puis m'empêcher de croire, que lorsque le peuple
assemblé s'amusoit à considérer des hommes
nuds aux bains, dans les gymnases, dans les
jeux publics, il y avoit, sans qu'ils s'en dou-
tassent, dans le tribut d'admiration qu'ils
rendoient à la beauté, une teinte mêlée de
sacré et de profane, je ne sais quel mélange
bizarre de libertinage et de dévotion. Un
voluptueux qui tenoit sa maîtresse entre ses
bras, l'appeloit ma reine, ma souveraine,
ma déesse; et ces propos fades dans notre
bouche, avoient bien un autre sens dans la
sienne. C'est qu'ils étoient vrais; c'est qu'en
effet il étoit dans les cieux, parmi les
dieux; c'est qu'il jouissoit réellement de
l'objet de son adoration et de l'adoration nationale.

Et pourquoi les choses se seroient-elles
passées autrement dans l'esprit du peuple
que dans la tête de ses poëtes ou théologiens?
Les ouvrages que nous en avons, les descriptions qu'ils nous ont laissés des objets
de leurs passions, sont pleines de comparaisons, d'allusions aux objets de leur culte.
C'est le sourir des Graces; c'est la jeunesse

D 4

d'Hébé ; ce sont les doigts de l'Aurore ; c'est la gorge , c'est le bras , c'est l'épaule , ce sont les cuisses , ce sont les yeux de Vénus. Va-t-en à Delphes , et tu verras mon Batyle. Prends cette fille pour modèle , et porte ton tableau à Paphos. Il ne leur a manqué que de nous dire plus souvent où l'on voyoit ce dieu , ou cette déesse , dont ils caressoient l'original vivant ; mais les peuples qui lisoient leurs poésies ne l'ignoroient pas.

Sans ces simulacres subsistans , leurs galanteries auroient été bien insipides et bien froides. Je vous en atteste , vous , mon ami ; et vous , fin et délicat Suard ; vous , chaud et bouillant Arnaud ; vous , original , savant, profond et plaisant Gagliani. Dites-moi, ne pensez-vous pas que c'est-là l'origine de tous ces éloges des mortels, empruntés des attributs des dieux , et de toutes ces épithètes indivisiblement attachées aux héros et aux dieux ? C'étoient autant d'articles de la foi , autant de versets du symbôle payen , consacré par la poésie , la peinture et la sculpture. Lorsque nous voyons ces épithètes revenir sans cesse , si elles nous fatiguent et nous ennuient, c'est qu'il ne subsiste plus aucune statue , aucun temple , aucun modèle aux-

quels nous puissions les rapporter. Le payen,
au contraire, à chaque fois qu'il les retrou-
voit dans un poëte, rentroit d'imagination
dans un temple, revoyoit le tableau, se rap-
peloit la statue qui les avoit fournies.

Attendez, mon ami : peut-être que ce qui
suit donnera quelque vraisemblance à des
idées qui ne vous ont amusé jusqu'à présent
que comme un rêve agréable, que comme
un système ingénieux. Si notre religion n'é-
toit pas une triste et plate métaphysique ; si
nos peintres et nos statuaires étoient des hommes à comparer aux peintres et aux statuaires anciens : (j'entends les bons, car vrai-
semblablement ils en ont eu de mauvais,
et plus que nous, comme l'Italie est le lieu
où l'on fait le plus de bonne et de mauvaise
musique) ; si nos prêtres n'étoient pas de stu-
pides bigots ; si cet abominable christianisme
ne s'étoit pas établi par le meurtre et par
le sang ; si les joies de notre paradis ne se
réduisoient pas à une impertinente vision
béatifique de je ne sais quoi, qu'on ne com-
prend ni n'entend ; si notre enfer offroit autre chose que des gouffres de feux, des dé-
mons hideux et gothiques, des hurlemens et
des grincemens de dents ; si nos tableaux

pouvoient être autre chose que des scènes
d'atrocités, un écorché, un pendu, un rôti,
un grillé, une dégoûtante boucherie ; si tous
nos saints et nos saintes n'étoient pas voi-
lés jusqu'au bout du nez ; si nos idées de
pudeur et de modestie n'avoient proscrit la
vue des bras, des cuisses, des tétons, des
épaules, toute nudité ; si l'esprit de morti-
fication n'avoit flétri ces tétons, amolli ces
cuisses, décharné ces bras, déchiré ces épaules ; si nos artistes n'étoient pas enchaînés et nos poëtes contenus par les mots ef-
frayans de sacrilège et de profanation ; si la
vierge Marie avoit été la mère du plaisir ;
ou bien, mère de Dieu, si c'eût été ses beaux
yeux, ses beaux tétons, ses belles fesses,
qui eussent attiré l'esprit-saint sur elle, et
que cela fût écrit dans le livre de son histoire ; si l'ange Gabriel y étoit vanté par ses
belles épaules ; si la Magdelaine avoit eu
quelque avanture galante avec le Christ ; si
aux nôces de Cana, le Christ entre deux
vins, un peu non-conformiste, eut parcouru la gorge d'une des filles de noce et
les fesses de S. Jean, incertain s'il reste-
roit fidèle ou non à l'apôtre au menton om-

bragé d'un duvet léger: vous verriez ce qu'il en seroit de nos peintres, de nos poëtes et de nos statuaires; de quel ton nous parlerions de ces charmes qui joueroient un si grand et si merveilleux rôle dans l'histoire de notre religion et de notre Dieu; et de quel œil nous regarderions la beauté à laquelle nous devrions la naissance, l'incarnation du sauveur, et la grace de notre rédemption.

Nous nous servons cependant encore des expressions de charmes divins, de beauté divine; mais sans quelque reste de paganisme que l'habitude avec les anciens poëtes entretient dans nos cerveaux poëtiques, cela seroit froid et vuide de sens. Cent femmes de formes diverses peuvent recevoir le même éloge; mais il n'en étoit pas ainsi chez les Grecs. Il existoit en marbre ou sur la toile un modèle donné; et celui qui, aveuglé par sa passion, s'avisoit de comparer quelque figure commune avec la Vénus de Gnyde ou de Paphos, étoit aussi ridicule que celui qui parmi nous oseroit mettre quelque petit nez retroussé de bourgeoise à côté de madame la comtesse de Brionne: on hausseroit les épaules, et on lui riroit au visage.

Nous avons cependant quelques caractères traditionnels, quelques figures données
par la peinture et par la sculpture. Personne
ne se méprend au Christ, à St.-Pierre, à la
Vierge, à la plupart des Apôtres; et croyez-
vous qu'au moment où un bon croyant reconnoît dans la rue quelques-unes de ces têtes, il
n'éprouve pas un léger sentiment de respect?
Que seroit-ce donc si ces figures ne se présentoient jamais à la vue sans réveiller un
cortège d'idées douces, voluptueuses, agréables qui missent les sens et les passions en
jeu?

Graces à Raphaël, au Guide, au Baro-
che, au Titien, et à quelques autres peintres Italiens, lorsque quelque femme nous
offre ce caractère de noblesse, de grandeur,
d'innocence et de simplicité qu'ils ont donné
à leurs vierges, voyez ce qui se passe alors
dans l'ame; si le sentiment qui nous affecte
n'a pas quelque chose de romanesque, qui
tient de l'admiration, de la tendresse et du
respect; et si ce respect ne dure pas encore,
lors même que nous savons, à n'en pouvoir
douter, que cette vierge est consacrée par
état au culte de la Vénus publique, qui se
célèbre tous les soirs aux environs du Palais-

Royal? Il semble qu'on vous propose-là d'aller coucher avec la mère de votre dieu. Il faut avouer aussi que ces belles et grandes indolentes-là ne promettent pas beaucoup de plaisir, et qu'on les aimeroit mieux en peinture à son chevet, qu'en chair et vivantes dans son lit.

Combien de choses plus fines encore sur l'expression ! Savez-vous qu'elle décide quelquefois la couleur ? N'y a-t-il pas un teint plus analogue qu'un autre à certains états, à certaines passions ? La couleur pâle et blême ne messied pas aux poëtes, aux musiciens, aux statuaires, aux peintres : ces hommes sont communément bilieux ; fondez dans ce blême une teinte jaunâtre, si vous voulez. Les cheveux noirs ajoutent de l'éclat à la blancheur, et de la vivacité aux regards. Les cheveux blonds s'accorderont mieux avec la langueur, la paresse, la non-chalance, les peaux transparentes et fines, les yeux humides, tendres et bleus.

L'expression se fortifie merveilleusement par ces accessoires légers qui facilitent encore l'harmonie. Si vous me peignez une chaumière, et que vous placiez un arbre à l'entrée, je veux que cet arbre soit **vieux**,

rompu, gercé, caduc; qu'il y ait une conformité d'accidens, de malheurs et de misère
entre lui et l'infortuné auquel il prête son
ombre les jours de fête.

Les peintres ne manquent pas ces grossières analogies; mais s'ils en connoissoient
distinctement la raison, bientôt ils iroient
plus loin. J'entends ceux qui ont l'instinct
de Greuze; et les autres ne tomberoient pas
dans des disparates qui font pitié quand elles
ne font pas rire.

Mais je vais vous développer, par un ou
deux exemples, le fil secret et délié qui les
a conduits dans le choix délicat de leurs
accessoires. Presque tous les peintres de
ruines vous montreront autour de leurs fa-
briques solitaires, palais, villes, obélisques,
ou autres édifices renversés; un vent violent
qui souffle; un voyageur qui porte son petit
bagage sur son dos, et qui passe; une femme
courbée sous le poids de son enfant enveloppé
dans des guenilles, et qui passe; des hommes
à cheval qui conversent, le nez sous leur manteau, et qui passent. Qui est-ce qui a sug-
géré ces accessoires? L'affinité des idées.
Tout passe; l'homme et la demeure de
l'homme. Changez l'espèce de l'édifice ruiné;

supposez à la place des ruines d'une ville, quelque grand tombeau ; vous verrez l'affinité des idées opérer pareillement sur l'artiste, et attirer des accessoires tout contraires aux premiers. Alors, le voyageur fatigué aura déposé son fardeau à ses pieds, et lui et son chien seront assis et se reposeront sur les degrés du tombeau ; la femme arrêtée et assise, allaitera son enfant ; les hommes seront descendus de cheval, et, laissant paître en liberté leurs animaux, étendus sur la terre, ils continueront l'entretien, ou ils s'amuseront à lire l'inscription de la tombe. C'est que les ruines sont un lieu de péril, et que les tombeaux sont des sortes d'asyles ; c'est que la vie est un voyage, et le tombeau le séjour du repos ; c'est que l'homme s'assied où la cendre de l'homme repose.

Il y auroit un contre-sens à faire passer le voyageur le long du tombeau et à l'arrêter entre des ruines. Si le tombeau comporte autour de lui quelques êtres qui se meuvent, ce sont, ou des oiseaux qui planent au-dessus à une grande hauteur, ou d'autres qui passent à tire-d'aîle, ou des travailleurs à qui le labeur dérobe le terme de la vie, et qui chantent au loin. Je ne parle ici que des peintres de ruines. Les peintres d'histoire, les paysagistes varient, contrastent, diversifient leurs accessoires, comme les idées se diversifient, s'unissent, se fortifient, s'opposent et contrastent dans leur entendement.

Je me suis quelquefois demandé pourquoi les temples ouverts et isolés des anciens sont si beaux et font un si grand effet. C'est qu'on en décoroit les quatre faces, sans nuire à la simplicité ; c'est qu'ils étoient accessibles de toutes parts : image de la sécurité. Les rois même ferment leurs palais par des portes ; leur caractère auguste ne suffit pas pour les garantir de la méchanceté des hommes. C'est qu'ils étoient placés dans des lieux écartés, et que l'horreur d'une forêt environnante, se joignant au sombre des idées superstitieuses, remuoit l'ame d'une sensation particulière. C'est que la divinité ne parle pas dans le tumulte des villes ; elle aime le silence et la solitude. C'est que l'hommage des hommes y étoit porté d'une manière plus secrette et plus libre. Il n'y avoit point de jours fixes où l'on s'y assemblât ; ou, s'il y en avoit, ces jours-là le concours et le tumulte les rendoient moins augustes,

augustes, parce que le silence et la solitude n'y étoient plus.

Si j'avois eu à former la place de Louis XV où elle est, je me serois bien gardé d'abattre la forêt. J'aurois voulu qu'on en vît la profondeur obscure entre les colonnes d'un grand péristile. Nos architectes sont sans génie ; ils ne savent ce que c'est que les idées accessoires qui se réveillent par le local et les objets circonvoisins : c'est comme nos poëtes de théâtre, qui n'ont jamais su tirer aucun parti du lieu de la scène.

Ce seroit ici le moment de traiter du choix de la belle nature. Mais il suffit de savoir que tous les corps et tous les aspects d'un corps ne sont pas également beaux : voilà pour les formes. Que tous les visages ne sont pas également propres à rendre fortement la même passion ; il y a des boudeuses charmantes, et des ris déplaisans : voilà pour les caractères. Que tous les individus ne montrent pas également bien l'âge et la condition, et qu'on ne risque jamais de se tromper quand on établit la convenance la plus forte entre la nature, dont on fait choix, et le sujet qu'on traite.

E

Mais ce que j'esquisse ici en passant, se trouvera peut-être un peu plus fortement rendu au chapitre de la composition qui va suivre. Qui sait où l'enchaînement des idées me conduira ? Ma foi ! ce n'est pas moi.

CHAPITRE V.

Paragraphe sur la Composition, où j'espère que j'en parlerai.

Nous n'avons qu'une certaine mesure de sagacité. Nous ne sommes capables que d'une certaine durée d'attention. Lorsqu'on fait un poëme, un tableau, une comédie, une histoire, un roman, une tragédie, un ouvrage pour le peuple, il ne faut pas imiter les auteurs qui ont écrit des traités d'éducation. Sur deux mille enfans, à peine y en a-t-il deux qu'on puisse élever d'après leurs principes. S'ils y avoient réfléchi, ils auroient conçu qu'un aigle n'est pas le modèle commun d'une institution générale. Une composition qui doit être exposée aux yeux d'une foule de toutes sortes de spectateurs, sera vicieuse, si elle n'est pas intelligible pour un homme de bon sens tout court.

E 2

Qu'elle soit simple et claire. Par conséquent aucune figure oisive, aucun accessoire
superflu. Que le sujet en soit un. Le Poussin
a montré dans un même tableau, sur le
devant, Jupiter qui séduit Calisto; et dans
le fond, la nymphe séduite traînée par Junon. C'est une faute indigne d'un artiste
aussi sage.

Le peintre n'a qu'un instant; et il ne lui
est pas plus permis d'embrasser deux instans
que deux actions. Il y a seulement quelques
circonstances où il n'est, ni contre la vérité, ni contre l'intérêt de rappeler l'instant
qui n'est plus, ou d'annoncer l'instant qui
va suivre. Une catastrophe subite surprend
un homme au milieu de ses fonctions; il est
à la catastrophe, et il est encore à ses
fonctions.

Un chanteur que l'exécution d'un air
di bravura met à la gêne, un violon qui
se démène et se tourmente, m'angoisse et
me chagrine. J'exige du chanteur tant d'aisance et de liberté; je veux que le sympho-
niste promène ses doigts sur les cordes, si
facilement, si légèrement, que je ne me
doute pas de la difficulté de la chose. Il me
faut du plaisir pur et sans peine; et je tourne

le dos à un peintre qui me propose un em-
blême, un logogryphe à déchiffrer.

Si la scène est une, claire, simple et liée,
j'en saisirai l'ensemble d'un coup-d'œil ; mais
ce n'est pas assez, Il faut encore qu'elle soit
variée ; et elle le sera, si l'artiste est rigou-
reux observateur de la nature.

Un homme fait une lecture intéressante
à un autre. Sans qu'ils y pensent l'un et l'autre, le lecteur se disposera de la manière
la plus commode pour lui ; l'auditeur en
fera autant. Si c'est Robbé qui lit, il aura
l'air d'un Energumène ; il ne regardera pas
son papier, ses yeux seront égarés dans l'air.
Si je l'écoute, j'aurai l'air sérieux. Ma main
droite ira chercher mon menton, et soutenir
ma tête qui tombe ; et ma main gauche ira
chercher le coude de mon bras droit, et
soutenir le poids de ma tête et de ce bras.
Ce n'est pas ainsi que j'entendrois, réciter
Voltaire.

Ajoutez un troisième personnage à la
scène, il subira la loi des deux premiers ;
c'est un système combiné de trois intérêts.
Qu'il en survienne cent, deux cents mille:
la même loi s'observera. Sans doute il y aura
un moment de bruit, de mouvement, de

E 3

tumulte, de cris, de flux, de reflux, d'ondulations; c'est le moment où chacun ne pense qu'à soi, et cherche à se sacrifier la république entière. Mais on ne tardera pas à sentir l'absurdité de sa prétention et l'inutilité de ses efforts. Peu-à-peu chacun se résoudra à se départir d'une portion de son intérêt, et la masse se composera.

Jettez les yeux sur cette masse dans le moment tumultueux: l'énergie de chaque individu s'exerce dans toute sa violence; et comme il n'y en a pas un seul qui en soit pourvu précisément au même degré, c'est ici comme aux feuilles d'un arbre: pas une qui soit du même verd, pas un de ces individus qui soit le même d'action et de position.

Regardez ensuite la masse dans le moment du repos; celui où chacun a sacrifié le moins qu'il a pu de son avantage; et comme la même diversité subsiste dans les sacrifices, même diversité d'actions et de positions. Et le moment du tumulte, et le moment du repos ont cela de commun, que chacun s'y montre ce qu'il est.

Que l'artiste garde cette loi des énergies et des intérêts, et quelqu'étendue que soit sa toile , sa composition sera vraie par-tout. Le seul contraste que le goût puisse approuver , celui qui résulte de la variété des énergies et des intérêts , s'y trouvera, et il n'y en faut point d'autre.

Ce contraste d'étude, d'académie, d'école, de technique, est faux. Ce n'est plus une action qui se passe en nature, c'est une action apprêtée, compassée , qui se joue sur la toile. Le tableau n'est plus une rue, une place publique , un temple ; c'est un théâtre.

On n'a point encore fait, et l'on ne fera jamais un morceau de peinture supportable d'après une scène théâtrale ; et c'est, ce me semble , une des plus cruelles satyres de nos acteurs , de nos décorations , et peut-être de nos poëtes.

Une autre chose qui ne choque pas moins, ce sont les petits usages des peuples civilisés. La politesse, cette qualité si aimable, si douce , si estimable dans le monde , est maussade dans les arts d'imitation. Une femme ne peut plier les genoux, un homme ne peut déployer son bras, prendre son chapeau sur sa tête, et tirer un pied en arrière, que sur un écran. Je sais bien qu'on m'objectera les tableaux de Watteau ; mais je m'en mocque, et je persiste.

Otez à Watteau ses sites, sa couleur, la grace de ses figures, de ses vêtemens ; ne voyez que la scène, et jugez. Il faut aux arts d'imitation quelque chose de sauvage, de brut, de frappant et d'énorme. Je permettrai bien à un Persan de porter la main à son front et de s'incliner ; mais voyez le caractère de cet homme incliné ; voyez son respect, son adoration ; voyez la grandeur de sa draperie, de son mouvement. Quel est celui qui mérite un hommage si profond ? Est-ce son dieu ? est-ce son père ?

Ajoutez à la platitude de nos révérences, celle de nos vêtemens : nos manches retroussées, nos culottes en fourreau, nos basques carrées et plissées, nos jarretières sous le genou, nos boucles en lacs d'amour, nos souliers pointus. Je défie le génie même de la peinture et de la sculpture, de tirer parti de ce systême de mesquinerie. La belle chose, en marbre ou en bronze, qu'un Français avec son juste-au-corps à boutons, son épée et son chapeau !

Mais revenons à l'ordonnance, à l'ensemble des personnages. On peut, on doit en

sacrifier un peu au technique. Jusqu'où ? je
n'en sais rien. Mais je ne veux pas qu'il en
coûte la moindre chose à l'expression, à
l'effet du sujet. Touche-moi, étonne-moi,
déchire-moi, fais-moi tressaillir, pleurer,
frémir, m'indigner d'abord; tu récréeras mes
yeux après, si tu peux.

Chaque action a plusieurs instans; mais je
l'ai dit, et je le répète, l'artiste n'en a qu'un
dont la durée est celle d'un coup-d'œil. Cependant, comme sur un visage où régnoit
la douleur et où l'on a fait peindre la joie,
je retrouverai la passion présente confondue
parmi les vestiges de la passion qui passe,
il peut aussi rester, au moment que le
peintre a choisi, soit dans les attitudes, soit
dans les caractères, soit dans les actions,
des traces subsistantes du moment qui a
précédé.

Un système d'êtres un peu composé ne
change pas tout à-la-fois : c'est ce que n'ignore
pas celui qui connoît la nature et qui a le
sentiment du vrai; mais ce qu'il sent aussi,
c'est que ces figures partagées, ces personnages indécis, ne concourant qu'à moitié à
l'effet général, il perd du côté de l'intérêt
ce qu'il gagne du côté de la variété. Qu'est-ce

qui entraîne mon attention? C'est le concours de la multitude. Je ne saurois me refuser à tant de monde qui m'invite. Mes yeux, mes bras, mon ame, se portent malgré moi où je vois leurs yeux, leurs bras, leur ame attachée. J'aimerois donc mieux, s'il étoit possible, reculer le moment de l'action, pour être énergique, et me débarrasser des paresseux. Pour les oisifs, à moins que le contraste n'en soit sublime, cas rare, je n'en veux point. Encore, lorsque ce contraste est sublime, la scène change, et l'oisif devient le sujet principal.

Je ne saurois souffrir, à moins que ce ne soit dans une apothéose, ou quelqu'autre sujet de verve pure, le mélange des êtres allégoriques et réels. Je vois frémir d'ici tous les admirateurs de Rubens; mais, peu m'importe, pourvu que le bon goût et la vérité me sourient.

Le mélange des êtres allégoriques et réels donne à l'histoire l'air d'un conte; et, pour trancher le mot, ce défaut défigure pour moi la plupart des compositions de Rubens. Je ne les entends pas. Qu'est-ce que cette figure qui tient un nid d'oiseaux, un Mercure, l'arc-en-ciel, le zodiaque, le sagittaire,

dans la chambre et autour du lit d'une accouchée ? Il faudroit faire sortir de la bouche
de chacun de ces personnages, comme on
le voit à nos vieilles tapisseries de château,
une légende qui dit ce qu'ils veulent.

Je vous ai déjà dit mon avis sur le monument de Reims, exécuté par Pigalle, et
mon sujet m'y ramène. Que signifie, à côté
de ce porte-faix étendu sur des ballots, cette
femme qui conduit un lion par la crinière ?
La femme et l'animal s'en vont du côté du
porte-faix endormi ; et je suis sûr qu'un enfant s'écrieroit : maman, cette femme va
faire manger ce pauvre homme-là, qui dort,
par sa bête. Je ne sais si c'est son dessein ;
mais cela arrivera, si cet homme ne s'éveille,
et que cette femme fasse un pas de plus.
Pigalle, mon ami, prends ton marteau ;
brise-moi cette association d'êtres bizarres.
Tu veux faire un roi protecteur ; qu'il le
soit de l'agriculture, du commerce et de la
population. Ton porte-faix dormant sur ses
ballots, voilà bien le commerce. Abats de
l'autre côté de ton piedestal un taureau ;
qu'un vigoureux habitant des champs se repose entre les cornes de l'animal, et tu auras

l'agriculture. Place entre l'un et l'autre une bonne grosse paysanne qui allaite un enfant, et je reconnoîtrai la population. Est-ce que ce n'est pas une belle chose qu'un taureau abattu ? Est-ce que ce n'est pas une belle chose qu'un paysan nud qui se repose ? Est-ce que ce n'est pas une belle chose qu'une paysanne à grands traits et grandes mamelles ? Est-ce que cette composition n'offrira pas à ton ciseau toutes sortes de natures ? Est-ce que cela ne me touchera pas, ne m'intéressera pas plus que tes figures symboliques ? Tu m'auras montré le monarque protecteur des conditions subalternes, comme il le doit être; car ce sont elles qui forment le troupeau et la nation.

C'est qu'il faudroit méditer profondément son sujet. Il s'agit vraiment bien de meubler sa toile de figures ! Il faut que ces figures s'y placent d'elles-mêmes comme dans la nature. Il faut qu'elles concourent toutes à un effet commun, d'une manière forte, simple et claire; sans quoi, je dirai comme Fontenelle à la sonate : Figure, que me veux-tu ?

La peinture a cela de commun avec la

poësie, et il semble. qu'on ne s'en soit pas encore avisé, que toutes deux elles doivent être *bene moratæ*; il faut qu'elles aient des mœurs. Boucher ne s'en doute pas; il est toujours vicieux, et n'attache jamais. Greuze est toujours honnête, et la foule se presse autour de ses tableaux. J'oserois dire à Boucher : si tu ne t'adresses jamais qu'à un polisson de dix-huit ans, tu as raison, mon ami; continue à faire des culs, des tetons; mais, pour les honnêtes gens et moi, on aura beau t'exposer à la grande lumière du sallon, nous t'y laisserons pour aller chercher dans un coin obscur, ce Russe charmant de le Prince, et cette jeune, honnête, innocente marraine qui est debout à ses côtés. Ne t'y trompes pas, cette figure-là me fera plutôt faire un péché le matin que toutes tes impures. Je ne sais où tu vas les prendre; mais il n'y a pas moyen de s'y arrêter, quand on fait quelque cas de sa santé.

Je ne suis pas scrupuleux. Je lis quelquefois mon Pétrone. La satyre d'Horace, Ambubaiarum, me plaît au moins autant qu'une autre. Les petits madrigaux infames de Catulle, j'en sais les trois quarts par cœur.

Quand je suis en piquenique avec mes amis,
et que la tête s'est un peu échauffée de vin
blanc, je cite sans rougir une épigramme
de Ferrand. Je pardonne au poëte, au peintre, au sculpteur, au philosophe même, un
instant de verve et de folie ; mais je ne
veux pas qu'on trempe toujours là son pinceau, et qu'on pervertisse le but des arts.
Un des plus beaux vers de Virgile et un
des plus beaux principes de l'art imitatif,
c'est celui-ci :

Sunt lacrimæ rerum, et mentem mortalia tangunt.

Il faudroit l'écrire sur la porte de son
atelier : *Ici les malheureux trouvent des
yeux qui les pleurent.*

Rendre la vertu aimable, le vice odieux,
le ridicule saillant, voilà le projet de tout
honnête-homme qui prend la plume, le pinceau, ou le ciseau. Qu'un méchant soit en
société, qu'il y porte la conscience de quelqu'infamie secrette ; ici il en trouve le châ-
timent. Les gens de bien l'asseient, à leur
insçu, sur la selette. Ils le jugent ; ils l'in-
terpellent lui-même. Il a beau s'embarras-

ser , pâlir , balbutier ; il faut qu'il souscrive
à sa propre sentence. Si ses pas le conduisent
au sallon , qu'il craigne d'arrêter ses regards
sur ta toile sévère ! C'est à toi qu'il appartient aussi de célébrer , d'éterniser les grandes
et belles actions ; d'honorer la vertu malheureuse et flétrie , de flétrir le vice heureux
et honoré , d'effrayer les tyrans. Montre-moi
Commode abandonné aux bêtes. Que je le
voie, sur ta toile , déchiré à coups de crocs.
Fais-moi entendre les cris mêlés de la fureur et de la joie autour de son cadavre.
Venge l'homme de bien du méchant, des
dieux et du destin. Préviens, si tu l'oses,
les jugemens de la postérité ; ou, si tu n'en
as pas le courage , peins-moi du moins celui
qu'elle a porté. Reverse sur les peuples fanatiques l'ignominie dont ils ont prétendu
couvrir ceux qui les instruisoient et qui leur
disoient la vérité. Etale-moi les scènes sanglantes du fanatisme. Apprends aux souverains et aux peuples ce qu'ils ont à espérer
de ces prédicateurs sacrés du mensonge.
Pourquoi ne veux-tu pas t'asseoir aussi
parmi les précepteurs du genre-humain , les
consolateurs des maux de la vie , les vengeurs

du crime, les rémunérateurs de la vertu ?
Est-ce que tu ne sais pas que,

Segnius irritant animos demissa per aurem
Quam quæ sunt oculis subjecta fidelibus, et quæ
Ipse sibi tradit spectator?

Tes personnages sont muets, si tu veux ;
mais ils font que je me parle et que je m'entretiens avec moi-même.

On distingue la composition en pittoresque
et en expressive. Je me soucie bien que l'artiste ait disposé ses figures pour les effets
les plus piquans de lumière, si l'ensemble
ne s'adresse point à mon ame ; si ses personnages y sont comme des particuliers qui
s'ignorent dans une promenade publique,
ou comme les animaux au pied des montagnes
du paysagiste.

Toute composition expressive peut être
en même-temps pittoresque; et quand elle
a toute l'expression dont elle est susceptible,
elle est suffisamment pittoresque, et je félicite l'artiste de n'avoir pas immolé le sens
commun au plaisir de l'organe. S'il eût fait
autrement, je me serois écrié, comme si
j'avois

j'avois entendu un beau parleur qui déraisonne : tu dis très-bien, mais tu ne sais ce que tu dis.

Il y a sans doute des sujets ingrats; mais c'est pour l'artiste ordinaire qu'ils sont communs. Tout est ingrat pour une tête stérile. A votre avis, étoit-ce un sujet bien intéressant qu'un prêtre qui dicte à son secrétaire des homélies ? Voyez cependant ce que Carle Vanloo en a fait. C'est, sans contredit, le sujet le plus simple et la plus belle de ses esquisses.

On a prétendu que l'ordonnance étoit inséparable de l'expression. Il me semble qu'il peut y avoir de l'ordonnance sans expression, et que rien même n'est si commun. Pour de l'expression sans ordonnance, la chose me paroît plus rare, sur-tout quand je considère que le moindre accessoire superflu nuit à l'expression, ne fût-ce qu'un chien, un cheval, un bout de colonne, une urne.

L'expression exige une imagination forte, une verve brûlante, l'art de susciter des fantômes, de les animer, de les agrandir ; l'ordonnance, en poésie, ainsi qu'en peinture, suppose un certain tempéramment de

F.

jugement et de verve, de chaleur et de sagesse, d'ivresse et de sens froid, dont les
exemples ne sont pas communs en nature.
Sans cette balance rigoureuse, selon que l'en-
thousiasmeou la raison prédomine, l'artiste
est extravagant ou froid.

Laprincipale idée bien conçue doit exer-
cer son despotisme sur toutes les autres.
C'est la force motrice de la machine, qui,
semblable à celle qui retient les corps célestes dans leurs orbes et les entraîne, agit en
raison inverse de la distance.

L'artiste veut-il savoir s'il ne reste rien
d'équivoque et d'indécis sur sa toile? Qu'il
appelle deux hommes instruits qui lui ex-
pliquent séparément et en détail toute sa
composition. Je ne connoisp resqu'aucune
composition moderne qui résistât à cet essai.
De cinq à six figures, à peine en resteroit-
il deux ou trois sur lesquelles il ne fallut
pas passer la brosse. Ce n'est pas assez que
tu aies voulu que celui-ci fit telle chose,
celui-là telle autre, il faut encore que ton
idée ait été juste et conséquente, et que tu
l'aies rendue si nettement que je ne m'y
méprenne pas, ni moi, ni les autres, ni

ceux qui sont à présent, ni ceux qui vien-
dront après.

Il y a dans presque tous nos tableaux une
foiblesse de concept, une pauvreté d'idée
dont il est impossible de recevoir une secousse violente, une sensation profonde. On
regarde, on tourne la tête, et l'on ne se
rappelle rien de ce qu'on a vu. Nul fantôme
qui vous obsède et qui vous suive. J'ose proposer au plus intrépide de nos artistes de
nous effrayer autant par son pinceau que
nous le sommes par le simple récit du ga-
zettier, de cette foule d'Anglais expirans,
étouffés dans un cachot trop étroit, par les
ordres d'un Nabad. Et à quoi sert donc que
tu broies tes couleurs, que tu prennes ton
pinceau, que tu épuises toutes les ressources de ton art, si tu m'affectes moins qu'une
gazette ? C'est que ces hommes sont sans
imagination, sans verve : c'est qu'ils ne
peuvent atteindre à aucune idée forte et
grande.

Plus une composition est vaste, plus elle
demande d'études d'après nature. Or quel
est celui d'entr'eux qui aura la patience
de la finir ; qui est-ce qui y mettra le prix

quand elle sera achevée? Parcourez les ouvrages des grands maîtres, et vous y remar-
querez en cent endroits l'indigence de l'artiste à côté de son talent; parmi quelques
vérités de nature, une infinité de choses
exécutées de routine. Celles-ci blessent d'autant plus qu'elles sont à côté des autres;
c'est le mensonge rendu plus choquant par
la présence de la vérité. Ah! si un sacrifice,
une bataille, un triomphe, une scène publique pouvoit être rendue avec la même
vérité dans tous ses détails qu'une scène domestique de Greuze ou de Chardin!

C'est sous ce point de vue sur-tout, que
le travail du peintre d'histoire est infiniment
plus difficile que celui du peintre de genre.
Il y a une infinité de tableaux de genre qui
défient notre critique; quel est le tableau
de bataille qui pût supporter le regard du
roi de Prusse? Le peintre de genre a sa scène
sans cesse présente sous ses yeux; le peintre d'histoire, ou n'a jamais vu, ou n'a vu
qu'un instant la sienne. Et puis l'un est pur
et simple imitateur, copiste d'une nature
commune; l'autre est, pour ainsi dire, le
créateur d'une nature idéale et poétique. Il
marche sur une ligne difficile à garder. D'un

côté de cette ligne, il tombe dans le mesquin; de l'autre, il tombe dans l'outré. On
peut dire de l'un, *multa ex industria,*
pauca ex animo; de l'autre, au contraire,
pauca ex industria, plurima ex animo.

L'immensité du travail rend le peintre
d'histoire négligent dans les détails. Où est
celui de nos peintres qui se soucie de faire
des pieds et des mains? Il vise, dit-il, à
l'effet général, et ces misères n'y font rien.
Ce n'étoit pas l'avis de Paul Véronèse,
mais c'est le sien. Presque toutes les grandes compositions sont croquées. Cependant
le pied et la main du soldat qui joue aux
cartes dans son corps-de-garde sont les mêmes dont il marche au combat, dont il
frappe dans la mêlée.

Que voulez-vous que je vous dise du costume? Il seroit choquant de le braver à un
certain point; il y auroit plus souvent de la
pédanterie et du mauvais goût à s'y assujettir à la rigueur. Des figures nues dans un
siècle, chez un peuple, au milieu d'une
scène, où c'est l'usage de se vêtir, ne nous
offensent point. C'est que la chair est plus
belle que la plus belle draperie; c'est que
le corps de l'homme, sa poitrine, ses bras,

F 3

ses épaules; c'est que les pieds, les mains,
la gorge d'une femme sont plus beaux que
toute la richesse des étoffes dont on les cou-
vriroit; c'est que l'exécution en est encore
plus savante et plus difficile; c'est que *major
e longinquo re erentia*, et qu'en faisant
nud on éloigne la scène, on rappelle un âge
plus innocent et plus simple, des mœurs
plus sauvages, plus analogues aux arts d'imitation; c'est qu'on est mécontent du temps
présent, et que ce retour vers les temps antiques ne nous déplaît pas; c'est que si les
nations sauvages se civilisent imperceptiblement, il n'en est pas tout-a-fait de même
des individus; qu'on voit bien des hommes
se dépouiller et se faire sanvages, mais rarement des sauvages prendre des habits et
se civiliser; c'est que les figures à demi-nues
dans une composition, sont comme les forêts
et la campagne transportées autour de nos
maisons.

Græca res est nihil velare. C'étoit l'u-
sage des Grecs nos maîtres dans tous les
beaux arts. Mais si nous avons permis à l'artiste de dépouiller ses figures, n'ayons pas
la barbarie de l'asservir à un costume ridicule et gothique. Les yeux du goût ne sont

pas ceux du pensionnaire de l'académie des inscriptions. Bouchardon a vêtu Louis XV à la romaine, et il a bien fait. Toutefois ne faisons pas un précepte d'une licence. *Licentia sumpta pudenter.* Comme ces gens-ci sont ignorans, et qu'ils ne savent point garder de mesure, si vous leur jettez la bride sur le col, je ne désespère pas qu'ils n'en viennent à mettre un plumet sur la tête d'un soldat Romain.

Je ne connois guère de loix sur la manière de draper les figures ; elle est toute de poésie pour l'invention, toute de rigueur pour l'exécution. Point de petits plis chiffonnés les uns sur les autres. Celui qui aura jetté un morceau d'étoffe sur le bras tendu d'un homme, et qui faisant seulement tourner ce bras sur lui-même, aura vu des muscles qui sailloient, s'affaiser, des muscles affaissés devenir saillans, et l'étoffe dessiner ces mouvemens, prendra son mannequin et le jettera dans le feu.

Je ne puis souffrir qu'on me montre l'écorché sous la peau ; mais on ne peut trop me montrer le nud sous la draperie.

On dit beaucoup de bien et beaucoup de mal de la manière de draper des anciens.

Mon avis qui est en ceci sans conséquence,
est qu'elle étend la lumière des parties larges par l'opposition des ombres et des lumières des petites parties longues et étroites. Une autre manière de draper, sur-tout
en sculpture, oppose des lumières larges à
des lumières larges , et détruit l'effet des
unes par les autres.

Il me semble qu'il y a autant de genres
de peintures que de genres de poésie ; mais
c'est une division superflue. La peinture en
portrait et l'art du buste doivent être hono-
rés chez un peuple républicain, où il convient d'attacher sans cesse les regards des
citoyens sur les défenseurs de leurs droits
et de leur liberté. *Dans un état monarchi-*
que c'est autre chose ; il n'y a que Dieu et
le roi.

Cependant, s'il est vrai qu'un art ne se
soutienne que par le premier principe qui
lui donna naissance, la médecine par l'em-
pyrisme, la peinture par le portrait, la sculpture par le buste, le mépris du portrait et
du buste annonce la décadence des deux
arts. Point de grands peintres qui n'aient
sçu faire le portrait : témoins Raphaël, Rubens, le Sueur, Vandeick. Point de grands

sculpteurs qui n'aient sçu faire le buste. Tout
élève commence comme l'art a commencé.
Pierre disoit un jour: Savez-vous pourquoi
nous autres peintres d'histoire, nous ne faisons pas le portrait? c'est que cela est trop
difficile.

Les peintres de genre et les peintres d'histoire n'avouent pas nettement le mépris
qu'ils se portent réciproquement; mais on
le devine. Ceux-ci regardent les premiers
comme des têtes étroites, sans idées, sans
poésie, sans grandeur, sans élévation, sans
génie, qui vont se traînant servilement d'a-
près la nature qu'ils n'osent perdre un moment de vue. Pauvres copistes, qu'ils com-
pareroient volontiers à notre artisan des
Gobelins, qui va choisissant ses brins de
laine les uns après les autres, pour en former la vraie nuance du tableau de l'homme sublime qu'il a derrière le dos. A les
entendre, ce sont gens à petits sujets mes-
quins, à petites scènes domestiques prises du coin des rues, à qui l'on ne peut
rien accorder au-delà du mécanique du métier, et qui ne sont rien quand ils n'ont pas
porté ce mérite au dernier degré. Le peintre de genre de son côté regarde la peinture

historique comme un genre romanesque, où il n'y a ni vraisemblance ni vérité, où tout est outré, qui n'a rien de commun avec la nature ; où la fausseté se décèle, et dans les caractères exagérés qui n'ont existé nulle part, et dans les incidens qui sont tous d'imagination, et dans le sujet entier que l'artiste n'a jamais vu hors de sa tête creuse, et dans les détails qu'il a pris on ne sait où, et dans ce style qu'on appelle grand et sublime, et qui n'a point de modèle en nature, et dans les actions et les mouvemens des figures, si loin des actions et des mouvemens réels. Vous voyez bien, mon ami, que c'est la querelle de la prose et de la poésie, de l'histoire et du poëme épique, de la tragédie héroïque et de la tragédie bourgeoise, de la tragédie bourgeoise et de la comédie gaie.

Il me semble que la division de la peinture, en peinture de genre et peinture d'histoire, est sensée ; mais je voudrois qu'on eût un peu plus consulté la nature des choses dans cette division. On appelle du nom de peintres de genre indistinctement, et ceux qui ne s'occupent que des fleurs, des fruits, des animaux, des bois, des forêts, des montagnes, et ceux qui empruntent leurs scènes de la vie commune et domestique ; Tesnière, Wowermans, Greuze , Chardin, Loutherbourg , Vernet même sont des peintres de genre. Cependant je proteste que le père qui fait la lecture à sa famille , le fils ingrat et les fiançailles de Greuze ; que les marines de Vernet, qui m'offrent toutes sortes d'incidens et de scènes , sont autant pour moi des tableaux d'histoire , que les sept Sacremens du Poussin , la famille de Darius de le Brun, ou la Suzanne de Vanloo.

Voici ce que c'est. La nature a diversifié les êtres en froids, immobiles , non-vivans, non - sentans , non - pensans , et en êtres qui vivent , sentent et pensent. La ligne étoit tracée de toute éternité : il falloit appeller peintres de genre , les imitateurs de la nature brute et morte; peintres d'histoire, les imitateurs de la nature sensible et vivante; et la querelle étoit finie.

Mais , en laissant aux mots les acceptions reçues , je vois que la peinture de genre a presque toutes les difficultés de la peinture historique ; qu'elle exige autant d'esprit , d'imagination , de poésie même, égale science du dessin , de la perspective , de la couleur, des ombres, de la lumière, des caractères, des passions, des expressions, des draperies, de la composition, une imitation plus stricte de la nature, des détails plus soignés; et que, nous montrant des choses plus connues et plus familières, elle a plus de juges et de meilleurs juges.

Homère est-il moins grand poëte, lorsqu'il range des grenouilles en bataille sur les bords d'une mare, que lorsqu'il ensanglante les flots du Simoïs et du Xanthe, et qu'il engorge le lit des deux fleuves de cadavres humains? Ici seulement les objets sont plus grands, les scènes plus terribles. Qui est-ce qui ne se reconnoît pas dans Molière? Et si l'on ressuscitoit les héros de nos tragédies, ils auroient bien de la peine à se reconnoître sur notre scène; et placés devant nos tableaux historiques, Brutus, Catilina, César, Auguste, Caton, demanderoient infailliblement qui sont ces gens-là. Qu'est-ce que cela signifie, si non que la peinture d'histoire demande plus d'élévation, d'imagination peut-être, une autre poésie plus étrange; la peinture de genre, plus de vérité; et que cette dernière pein-

ture , même réduite au vase et à la corbeille de fleurs , ne se pratiqueroit pas sans
toute la ressource de l'art et quelqu'étincelle de génie , si ceux dont elle décore
les appartemens avoient autant de goût que
d'argent ?

Pourquoi me placer sur ce buffet nos
maussades ustensiles de ménage ? Est-ce
que ces fleurs seront plus brillantes dans
un pot de la manufacture de Nevers que
dans un vase de meilleure forme ? Et pourquoi ne verrois-je pas , autour de ce vase ,
une danse d'enfans , les joies du temps de
la vendange , une bacchanale ? Pourquoi,
si ce vase a des anses, ne les pas former
de deux serpens entrelacés ? Pourquoi la
queue de ces serpens n'iroit-elle pas faire
quelques circonvolutions à la partie inférieure ? Et pourquoi leurs têtes penchées
sur l'orifice ne sembleroient-elles pas y chercher l'eau pour se désaltérer ? Mais il faudroit savoir animer les choses mortes ; et
le nombre de ceux qui savent conserver la
vie aux choses qui l'ont reçue , est facile à
compter.

Un mot encore, avant que de finir , sur

les peintres de portrait et sur les sculpteurs

Un portrait peut avoir l'air triste, sombre, mélancolique, serein, parce que ces
états sont permanens; mais un portrait
qui rit est sans noblesse, sans caractère,
souvent même sans vérité, et par conséquent une sottise. Le ris est passager. On
rit par occasion; mais on n'est pas rieur par
état.

Je ne saurois m'empêcher de croire qu'en
sculpture une figure qui fait bien ce qu'elle
fait, ne fasse bien ce qu'elle fait, et par
conséquent ne soit belle de tous côtés.
La vouloir également belle de tous côtés,
c'est une sottise. Chercher entre ses membres des oppositions purement techniques,
y sacrifier la vérité rigoureuse de son action,
voilà l'origine du style antithétique et petit.
Toute scène a un aspect, un point de vue
plus intéressant qu'aucun autre; c'est de-là
qu'il faut la voir. Sacrifiez à cet aspect,
à ce point de vue, tous les aspects, ou points
de vue subordonnés; c'est le mieux.

Quel grouppe plus simple, plus beau que
celui du Laocoon et de ses enfans? Quel

grouppe plus maussade , si on le regarde par la gauche , de l'endroit où la tête du père se voit à peine ; et où l'un des enfans est projetté sur l'autre ? Cependant le Laocoon est jusqu'à présent le plus beau morceau de sculpture connu.

CHAPITRE VI.

Mon mot sur l'Architecture.

IL ne s'agit point ici, mon ami, d'examiner le caractère des différens ordres d'architecture; encore moins de balancer les avantages de l'architecture grecque et romaine avec les prérogatives de l'architecture gothique; de vous montrer celle-ci, étendant l'espace au-dedans par la hauteur de ses voûtes et la légèreté de ses colonnes, détruisant au-dehors l'imposant de la masse par la multitude et le mauvais goût des ornemens; de faire valoir l'analogie de l'obscurité des vitraux colorés, avec la nature incompréhensible de l'être adoré et les idées sombres de l'adorateur; mais de vous convaincre que, sans architecture, il n'y a ni peinture ni sculpture, et que c'est à l'art qui n'a point de modèle subsistant sous le ciel, que les deux arts imitateurs de la nature doivent leur origine et leur progrès.

Transportez-

Transportez-vous dans la Grèce, au temps
où une énorme poutre de bois, soutenue
sur deux troncs d'arbres équarris, formoit
la magnifique et superbe entrée de la tente
d'Agamemnon; ou, sans remonter si loin
dans les âges, établissez-vous entre les sept
collines, lorsqu'elles n'étoient couvertes que
de chaumières, et ces chaumières habitées
par les brigands, aïeux des fastueux maîtres
du monde.

Croyez-vous que dans toutes ces chaumières il y eût un seul morceau de peinture,
bonne ou mauvaise ? Certainement vous ne
le croyez pas.

Et les dieux, mieux révérés peut-être que
quand ils sortirent de dessous le ciseau
des plus grands maîtres, comment les y
voyez-vous ? Fort inférieurs, beaucoup plus
mal taillés, sans doute, que ces bûches de
bois informes, auxquelles le charpentier a
fait à-peu-près un nez, des yeux, une bouche, des pieds et des mains, et devant lesquelles l'habitant de nos hameaux fait sa
prière.

Eh bien! mon ami, comptez que les temples, les chaumières et les dieux resteront
dans cet état misérable jusqu'à ce qu'il

G

arrive quelque grande calamité publique ,
une guerre, une famine , une peste , un vœu
public , en conséquence duquel vous voyiez
un arc-de-triomphe élevé au vainqueur,
une grande fabrique de pierre consacrée au
dieu.

D'abord, l'arc-de-triomphe et le temple
ne se feront remarquer que par la masse ,
et je ne crois pas que la statue qu'on y pla-
cera, ait d'autre avantage sur l'ancienne que
d'être plus grande. Pour plus grande, elle
le sera certainement ; car il faudra propor-
tionner l'hôte à son nouveau domicile.

De tout temps les souverains ont été les
émules des dieux. Lorsque le dieu aura une
vaste demeure , le souverain exhaussera la
sienne ; les grands , émules des souverains,
exhausseront les leurs : les premiers citoyens , émules des grands , en feront autant ; et , dans l'intervalle de moins d'un
siècle , il faudra sortir de l'enceinte des sept
collines pour retrouver une chaumière.

Mais les murs des temples, du palais du
maître , des hôtels des premiers hommes
de l'état , des maisons des citoyens opulens,
offriront de toutes parts de grandes surfaces
nues qu'il faudra couvrir.

Les chétifs dieux domestiques ne répon-
dront plus à l'espace qu'on leur aura accordé;
il en faudra tailler d'autres.

On les taillera du mieux qu'on pourra; on
revêtira les murs de toiles plus ou moins
mal barbouillées.

Mais le goût s'accroissant avec la richesse
et le luxe, bientôt l'architecture des temples, des palais, des hôtels, des maisons, deviendra meilleure, et la sculpture et la peinture suivront ses progrès.

J'en appelle à présent de ces idées à
l'expérience.

Citez-moi un peuple qui ait des statues et
des tableaux, des peintres et des sculpteurs,
sans palais ni temples, ou avec des temples
d'où la nature du culte ait banni la toile coloriée et la pierre sculptée.

Mais, si c'est l'architecture qui a donné
naissance à la peinture et à la sculpture,
c'est en revanche à ces deux arts que l'architecture doit sa grande perfection; et je
vous conseille de vous méfier du talent d'un
architecte qui n'est pas un grand dessinateur.
Où cet homme se seroit-il formé l'œil? Où
auroit-il pris le sentiment exquis des proportions? Où auroit-il puisé les idées du

G 2

grand, du simple, du noble, du lourd, du léger, du svelte, du grave, de l'élégant, du sérieux ? Michel Ange étoit grand dessinateur, lorsqu'il conçut le plan de la façade et du dôme de Saint-Pierre de Rome, et notre Perrault dessinoit supérieurement lorsqu'il imagina la colonnade du Louvre.

Je terminerai ici mon chapitre sur l'architecture. Tout l'art est compris sous ces trois mots : solidité ou sécurité, convenance et symmétrie.

D'où l'on doit conclure que ce système de mesures d'ordres vitruviennes et rigoureuses, semble n'avoir été inventé que pour conduire à la monotonie et étouffer le génie.

Cependant je ne finirai point ce paragraphe, sans vous proposer un petit problême à résoudre.

On dit de Saint-Pierre de Rome, que les proportions y sont si parfaitement gardées, que l'édifice perd au premier coup-d'œil tout l'effet de sa grandeur et de son étendue ; ensorte qu'on en peut dire : *magnus esse, sentiri parvus.*

La-dessus, voici comment on raisonne.

A quoi donc ont servi toutes ces admirables proportions ? A rendre petite et commune une grande chose ? Il semble qu'il eût mieux valu s'en écarter, et qu'il y auroit eu plus d'habileté à produire l'effet contraire, et à donner de la grandeur à une chose ordinaire et commune.

On répond qu'à la vérité l'édifice auroit paru plus grand au premier coup-d'œil, si l'on eût sacrifié avec art les proportions ; mais on demande lequel étoit préférable, ou de produire une admiration grande et subite, ou d'en créer une qui commençât foible, s'accrût peu-à-peu, et devînt enfin grande et permanente par un examen réfléchi et détaillé ?

On accorde que tout étant égal d'ailleurs, un homme mince et élancé paroîtra plus grand qu'un homme bien proportionné ; mais on demande encore quel est, de ces deux hommes, celui qu'on admirera davantage ; et si le premier ne consentiroit pas à être réduit aux proportions les plus rigoureuses de l'antique, au hasard de perdre quelque chose de sa grandeur apparente ?

On ajoute que l'édifice étroit, que l'art a agrandi, finit par être conçu tel qu'il est ;

au lieu que le grand édifice, que l'art et ses proportions ont réduit à une apparence ordinaire et commune, finit par être conçu grand : le prestige défavorable des proportions s'évanouissant par la comparaison nécessaire du spectateur avec quelques-unes des parties de l'édifice.

On réplique qu'il n'est pas étonnant que l'homme consente à perdre de sa grandeur apparente, en acceptant des proportions rigoureuses, parce qu'il n'ignore pas que c'est de cette exactitude rigoureuse dans la proportion de ses membres, qu'il obtiendra l'avantage de satisfaire le plus parfaitement qu'il est possible, aux différentes fonctions de la vie; que c'est d'elle que dépendront la force, la dignité, la grace, en un mot, la beauté dont l'utilité est toujours la base ; mais qu'il n'en est pas ainsi d'un édifice qui n'a qu'un seul objet, qu'un seul but.

On nie que la comparaison du spectateur avec une des parties de l'édifice, produise l'effet qu'on en attend, et répare l'illusion défavorable du premier coup-d'œil. En s'approchant de cette statue, qui devient tout-à-coup colossale, sans doute on est étonné: on conçoit l'édifice beaucoup plus grand qu'on ne l'avoit d'abord apprécié; mais le dos tourné à la statue, la puissance générale de toutes les autres parties de l'édifice reprend son empire, et restitue l'édifice, grand en lui-même, à une apparence ordinaire et commune : en sorte que, d'un côté, chaque détail paroît grand, tandis que le tout reste petit et commun; au lieu que dans le système contraire d'irrégularité, chaque détail paroît petit, tandis que le tout reste extraordinaire, imposant et grand.

Le talent d'agrandir les objets par la magie de l'art, celui d'en dérober l'énormité par l'intelligence des proportions, sont assurément deux grands talens; mais quel est le plus grand des deux? Quel est celui que l'architecte doit préférer? Comment falloit-il faire Saint-Pierre de Rome? Valoit-il mieux réduire cet édifice à un effet ordinaire et commun par l'observation rigoureuse des proportions, que de lui donner un aspect étonnant par une ordonnance moins sévère et moins régulière?

Et que l'on ne se presse pas de choisir; car enfin, Saint-Pierre de Rome, graces à ses proportions si vantées, ou n'obtient jamais, ou n'acquiert qu'à la longue ce qu'on

lui auroit accordé constamment et subitement., dans un autre systême. Qu'est-ce
qu'un accord qui empêche l'effet général ?
Qu'est-ce qu'un défaut qui fait valoir le tout?

---

* Interrompons le philosophe un seul moment; et sans nous arroger le droit de prononcer sur le fond de cette question délicate ,
observons que Saint-Pierre de Rome n'a pas
été achevé comme il a été d'abord conçu
dans le premier plan. L'incohérence ou la
discordance qui en est résultée entre la nef
et le chœur de ce superbe édifice, ne se-
roit-elle pas plutôt que l'observation rigoureuse des proportions , la véritable cause du
peu d'effet qu'il fait au premier coup-d'œil?
Si le premier plan eût été exécuté en son
entier , peut-être l'effet en auroit-il été d'un
imposant sans égal, malgré l'exactitude la
plus scrupuleuse des proportions. C'est ce
que nous déciderons , mon cher philosophe ,
sur les lieux, pendant notre voyage d'Italie.
En attendant, reprenons le fil de vos observations. (*Note du correspondant de Diderot*.)

Voilà la querelle de l'architecture gothique et de l'architecture grecque ou romaine, proposée dans toute sa force.

Mais la peinture n'offre-t-elle pas la même question à résoudre? Qui est le grand peintre, ou de Raphaël que vous allez chercher en Italie, et devant lequel vous passeriez sans le reconnoître, si l'on ne vous tiroit pas par la manche, et qu'on ne vous dît pas, le voilà; ou de Rembrand, du Titien, de Rubens, de Vandeick et de tel autre grand coloriste, qui vous appelle de loin, et vous attache par une si forte, si frappante imitation de la nature, que vous ne pouvez plus en arracher les yeux?

Si nous rencontrions dans la rue une seule des figures de femmes de Raphaël, elle nous arrêteroit tout-à-coup; nous tomberions dans l'admiration la plus profonde; nous nous attacherions à ses pas, et nous la suivrions jusqu'à ce qu'elle nous fut dérobée. Et il y a sur la toile du peintre, deux, trois, quatre figures semblables; elles y sont environnées d'une foule d'autres figures d'hommes d'un aussi beau caractère: toutes concourent de la manière la plus grande, la plus simple, la plus vraie, à une action extraordinaire, intéressante, et rien ne m'appelle, rien ne me parle, rien ne m'arrête ! Il faut qu'on m'avertisse de regarder, qu'on me donne un petit coup sur l'épaule, tandis que, savans et ignorans, grands et petits, se précipitent d'eux-mêmes vers les bamboches de Tesnière.

J'oserois dire à Raphaël : *Oportuit hœc facere et alia non omittere.* J'oserois dire qu'il n'y eut peut-être pas un plus grand poëte que Raphaël : pour un plus grand peintre, je le demande ; mais qu'on commence d'abord par bien définir la peinture.

---

* Je nie la mineure. Je nie que Denis Diderot et moi nous passions devant un tableau de Raphaël sans y prendre garde. Je nie qu'on m'ait jamais frappé sur l'épaule, pour m'arrêter devant la Sainte-Famille de Versailles. Je soutiens que je n'ai jamais pu m'en arracher, et que j'ai été obligé de m'acheter la plus belle épreuve que j'aie pu déterrer de l'estampe qu'Edelinck en a faite, pour l'avoir sans cesse devant les yeux.

Je voudrois, sans doute, que Raphaël fut aussi grand coloriste qu'il est poëte sublime ; mais, depuis quand la poésie n'appelle-t-elle plus, n'arrête-elle plus Denis Diderot ? Quelle que soit la définition de la peinture, il faudra toujours y faire entrer la poésie comme chose essentielle.

Nous en demandons jusques dans une fleur, ou dans une pêche de Vanhuysem ; car, si elle n'a pas l'aspect poétique, pourquoi la peindroit-on ? Un peintre de fleurs ou de fruits peut être froid ou chaud comme un peintre d'histoire. (*Note du corresp.*)

Autre question. Si l'on a appauvri l'architecture, en l'assujettissant à des mesures, à des modules, elle qui ne doit reconnoître de loi que celle de la variété infinie des convenances, n'auroit-on pas aussi appauvri la peinture, la sculpture, et tous les arts, enfans du dessin, en soumettant les figures à des hauteurs de têtes, les têtes à des longueurs de nez ? N'auroit-on pas fait de la science des conditions, des caractères, des passions, des organisations diverses, une petite affaire de règle et de compas ? Qu'on

me montre sur toute la surface de la terre,
je ne dis pas une seule figure entière, mais
la plus petite partie d'une figure, un ongle,
que l'artiste puisse imiter rigoureusement.
Mais, laissant de côté les difformités naturelles, pour ne s'attacher qu'à celles qui
sont nécessairement occasionnées par les
fonctions habituelles, il me semble qu'il
n'y a que les dieux et l'homme sauvage,
dans la représentation desquels on puisse
s'assujettir à la rigueur des proportions;
ensuite les héros, les prêtres, les magistrats,
mais avec moins de sévérité. Dans les ordres
inférieurs, il faut choisir l'individu le plus
rare, ou celui qui représente le mieux son
état, et se soumettre ensuite à toutes les
altérations qui le caractérisent. La figure
sera sublime, non pas quand j'y remarquerai
l'exactitude des proportions, mais quand j'y
verrai, tout au contraire, un système de difformités bien liées et bien nécessaires.

En effet, si nous connoissions bien comment tout s'enchaîne dans la nature, que
deviendroient toutes les conventions sym-
métriques? Un bossu est bossu de la tête
aux pieds. Le plus petit défaut particulier a
son influence générale sur toute la masse.

Cette influence peut devenir imperceptible ; mais elle n'en est pas moins réelle. Combien de règles et de productions qui ne doivent notre aveu qu'à notre paresse , notre inexpérience , notre ignorance et nos mauvais yeux !

Et puis, pour en revenir à la peinture, d'où nous sommes partis, souvenons-nous sans cesse de la règle d'Horace :

Pictoribus atquè poëtis
Quidlibet audendi semper fuit æqua potestas ;
Sed non ut placidis coeant immitia , non ut
Serpentes avibus geminentur.

C'est-à-dire , vous imaginerez, vous peindrez, célèbre Rubens , tout ce qu'il vous plaira ; mais à condition que je ne verrai point dans l'appartement d'une accouchée , le zodiaque , le sagittaire, etc. Savez-vous ce que c'est que cela ? Des serpens accouplés avec des oiseaux.

Si vous tentez l'apothéose du grand Henri, exaltez votre tête ; osez, jettez , tracez, entassez tant de figures allégoriques que votre génie fécond et chaud vous en fournira ; j'y consens. Mais, si c'est le portrait de la lingère du coin que vous ayez fait ;

un comptoir, des pièces de toile dépliées, une aune, à ses côtés quelques jeunes apprenties, un serin avec sa cage, voilà tout. Mais il vous vient en tête de transformer votre lingère en Hébé. Faites, je ne m'y oppose pas ; et je ne serai plus choqué de voir autour d'elle Jupiter avec son aigle, Pallas, Vénus, Hercule, tous les dieux d'Homère et de Virgile. Ce ne sera plus la boutique d'une petite bourgeoise ; ce sera l'assemblée des dieux ; ce sera l'Olympe ; et que m'importe, pourvu que tout soit un?

Denique sit quodvis simplex duntaxat et unum.

CHAPITRE VII.

Un petit corollaire de ce qui précède.

Mais que signifient tous ces principes, si le goût est une chose de caprice, et s'il n'y a aucune règle éternelle, immuable, du beau?

Si le goût est une chose de caprice, s'il n'y a aucune règle du beau, d'où viennent donc ces émotions délicieuses qui s'élèvent si subitement, si involontairement, si tumultueusement, au fond de nos ames, qui les dilatent ou qui les serrent, et qui forcent de nos yeux les pleurs de la joie, de la douleur, de l'admiration, soit à l'aspect de quelque grand phénomène physique, soit au récit de quelque grand trait moral? Apage, Sophista! tu ne persuaderas jamais à mon cœur qu'il a tort de frémir, à mes entrailles, qu'elles ont tort de s'émouvoir.

Le vrai, le bon et le beau se tiennent

de bien près. Ajoutez à l'une des deux premières qualités quelque circonstance rare,
éclatante, et le vrai sera beau, et le bon sera
beau. Si la solution du problème des trois
corps n'est que le mouvement de trois points
donnés sur un chiffon de papier, ce n'est
rien ; c'est une vérité purement spéculative.
Mais si l'un de ces trois corps est l'astre qui
nous éclaire pendant le jour ; l'autre, l'astre qui nous luit pendant la nuit ; et le troisième, le globe que nous habitons : tout-à-
coup, la vérité devient grande et belle.

Un poëte disoit d'un autre poëte : *il n'ira*
pas loin ; il n'a pas le secret. Quel secret ?
celui de présenter des objets d'un grand intérêt, des pères, des mères, des époux, des
femmes, des enfans.

Je vois une haute montagne couverte d'une
obscure, antique et profonde forêt. J'en vois,
j'en entends descendre à grand bruit un
torrent dont les eaux vont se briser contre
les pointes escarpées d'un rocher. Le soleil
penche à son couchant ; il transforme en autant de diamans les gouttes d'eau qui pen-
dent attachées aux extrémités inégales des
pierres. Cependant, les eaux, après avoir
franchi les obstacles qui les retardoient,

vont

vont se rassembler dans un vaste et large canal qui les conduit à une certaine distance vers une machine. C'est là que, sous des masses énormes, se broie et se prépare la subsistance la plus générale de l'homme. J'entrevois la machine; j'entrevois ses roues que l'écume des eaux blanchit; j'entrevois au travers de quelques saules le haut de la chaumière du propriétaire : je rentre en moi-même, et je rêve.

Sans doute la forêt qui me ramène à l'origine du monde est une belle chose; sans doute, ce rocher, image de la constance et de la durée, est une belle chose; sans doute, ces gouttes d'eau transformées par les rayons du soleil, brisés et décomposés en autant de diamans étincelans et liquides, sont une belle chose; sans doute, le bruit, le fracas d'un torrent qui brise le vaste silence de la montagne et de sa solitude, et porte à mon ame une secousse violente, une terreur secrète, est une belle chose !

Mais ces saules, cette chaumière, ces animaux qui paissent aux environs, tout ce spectacle d'utilité n'ajoute-t-il rien à mon plaisir ? Et quelle différence encore de la sensation de l'homme ordinaire à celle du

H

philosophe ! C'est lui qui réfléchit et qui voit, dans l'arbre de la forêt, le mât qui doit un jour opposer sa tête altière à la tempête et aux vents ; dans les entrailles de la montagne le métal brut qui bouillonnera un jour au fond des fourneaux ardens, et prendra la forme, et des machines qui fécondent la terre, et de celles qui en détruisent les habitans ; dans le rocher, les masses de pierre dont on élèvera des palais aux rois et des temples aux dieux ; dans les eaux du torrent, tantôt la fertilité, tantôt le ravage de la campagne ; la formation des rivières, des fleuves ; le commerce, les habitans de l'univers liés, leurs trésors portés de rivage en rivage, et delà dispersés dans toute la profondeur des continens ; et son ame mobile passera subitement de la douce et voluptueuse émotion du plaisir au sentiment de la terreur, si son imagination vient à soulever les flots de l'Océan.

C'est ainsi que le plaisir s'accroîtra à proportion de l'imagination, de la sensibilité et des connoissances. La nature et l'art qui la copie ne disent rien à l'homme stupide ou froid ; peu de chose à l'homme ignorant.

Qu'est-ce donc que le gout ? une facilité

acquise, par des expériences réitérées, à saisir le vrai ou le bon, avec la circonstance
qui le rend beau, et d'en être promptement
et vivement touché.

Si les expériences qui déterminent le jugement sont présentes à la mémoire, on aura
le goût éclairé : si la mémoire en est passée,
et qu'il n'en reste que l'impression, on aura
le tact, l'instinct.

Michel-Ange donne au dôme de S. Pierre
de Rome la plus belle forme possible. Le
géometre de la Hire, frappé de cette forme,
en trace l'épure, et trouve que cette épure
est la courbe de la plus grande résistance.
Qui est-ce qui inspira cette courbe à Michel-
Ange, entre une infinité d'autres qu'il pouvoit choisir ? L'expérience journalière de la
vie. C'est elle qui suggère au maître charpentier aussi sûrement qu'au sublime Euler,
l'angle de l'étai avec le mur qui menace
ruine ; c'est elle qui lui a appris à donner
à l'aîle du moulin l'inclinaison la plus favorable au mouvement de rotation ; c'est
elle qui fait souvent entrer dans son calcul
subtil des élémens que la géométrie de l'a-
cadémie ne sauroit saisir.

De l'expérience et de l'étude; voilà les

préliminaires et de celui qui fait et de celui qui juge. J'exige ensuite de la sensibilité. Mais comme on voit des hommes qui
pratiquent la justice, la bienfaisance, la
vertu, par le seul intérêt bien entendu, par
l'esprit et le goût de l'ordre, sans en éprou-
ver le délice et la volupté, il peut y avoir
aussi du goût sans sensibilité, de même que
de la sensibilité sans goût. La sensibilité,
quand elle est extrême, ne discerne plus ;
tout l'émeut indistinctement. L'un vous dira
froidement : cela est beau ! L'autre sera ému,
transporté, ivre. *Saliet, tundet pede terram, ex oculis stillabit amicis rorem.*
Il balbutiera ; il ne trouvera point d'expressions qui rendent l'état de son ame.

Le plus heureux est sans contredit ce dernier. Le meilleur juge ? C'est autre chose.
Les hommes froids, sévères et tranquilles
observateurs de la nature, connoissent souvent mieux les cordes délicates qu'il faut
pincer : ils font des enthousiastes, sans l'être ;
c'est l'homme et l'animal.

La raison rectifie quelquefois le jugement
rapide de la sensibilité ; elle en appelle. De-
là, tant de productions presqu'aussitôt ou-
bliées qu'applaudies ; tant d'autres ou inaper-

ques ou dédaignées, qui reçoivent du temps,
du progrès de l'esprit et de l'art, d'une attention plus rassise, le tribut qu'elles mé-
ritoient.

Delà, l'incertitude du succès de tout ouvrage de génie. Il est seul. On ne l'apprécie
qu'en le rapportant immédiatement à la nature. Et qui est-ce qui sait remonter jusques
là ? Un autre homme de génie.

OBSERVATIONS

SUR

LE SALON DE PEINTURE

DE 1765;

PAR DIDEROT.

*A mon ami G****

Num fumum ex fulgore, sedex fumo
dare lucem cogitat.   *Horat.*

Sɪ j'ai quelques notions réfléchies de la
peinture et de la sculpture, c'est à vous,
mon ami, que je les dois. J'aurois suivi au
salon la foule des oisifs : j'aurois accordé,
comme eux, un coup d'œil superficiel et
distrait aux productions de nos artistes. D'un
mot, j'aurois jetté dans le feu un morceau
précieux, ou porté jusqu'aux nues un ouvrage

médiocre ; approuvant, dédaignant, sans chercher les motifs de mon engoument, ou de mon dédain. C'est la tâche que vous m'avez imposée, qui a fixé mes yeux sur la toile, et qui m'a fait tourner autour du marbre. J'ai donné le temps à l'impression d'arriver et d'entrer ; j'ai ouvert mon ame aux effets ; je m'en suis laissé pénétrer. J'ai recueilli la sentence du vieillard et la pensée de l'enfant, le jugement de l'homme de lettres, le mot de l'homme du monde et les propos du peuple ; et s'il m'arrive de blesser l'artiste, c'est souvent avec l'arme qu'il a lui-même aiguisée. Je l'ai interrogé, et j'ai compris ce que c'étoit que finesse de dessin et vérité de nature. J'ai conçu la magie de la lumière et des ombres ; j'ai connu la couleur ; j'ai acquis le sentiment de la chair. Seul, j'ai médité ce que j'ai vu et entendu ; et ces termes de l'art, unité, variété, contraste, symmétrie, ordonnance, composition, caractère, expression, si familiers dans ma bouche, si vagues dans mon esprit, se sont circonscrits et fixés.

Oh ! que ces arts qui ont pour objet d'imiter la nature, soit avec le discours, comme l'éloquence et la poésie ; soit avec les sons,

H 4

comme la musique ; soit avec les couleurs
et le pinceau, comme la peinture ; soit avec
le crayon, comme le dessin ; soit avec l'ébauchoir et la terre molle, comme la sculpture ;
le burin, la pierre et les métaux, comme
la gravure ; le touret, comme la gravure en
pierres fines ; les poinçons, le mattoir et
l'échoppe, comme la ciselure ; oh, que ces
arts sont longs, pénibles et difficiles !

Rappelez-vous, mon ami, ce que Chardin nous disoit au Salon, au milieu de nos
arrêts de morts. « Messieurs, Messsieurs, de
la douceur ! Entre tous les tableaux qui
sont ici, cherchez le plus mauvais, et sachez
que deux mille malheureux, désespérant
de faire jamais aussi mal, ont brisé le pinceau entre leurs dents. Ce Parocel, que
vous appellez un barbouilleur, et qui l'est
en effet, si vous le comparez à Vernet,
ce Parocel est pourtant un homme rare,
relativement à la multitude de ceux qui
ont abandonné la carrière dans laquelle ils
sont entrés avec lui. Lemoine disoit qu'il
falloit trente ans de métier pour savoir
conserver son esquisse (1), et Lemoine

_____

(1) *Conserver son esquisse*, veut dire transformer

savoit ce qu'il disoit. Si vous voulez m'écouter, vous apprendrez peut-être à être indulgens.

Chardin sembloit douter qu'il y eut une éducation plus longue et plus pénible que celle du peintre, sans excepter celle du médecin, du jurisconsulte, ou du docteur de sorbonne. « On nous met, disoit-il, à l'âge de sept à huit ans, le porte-crayon à la main. Nous commençons à dessiner, d'après l'exemple, des yeux, des bouches, des nez, des oreilles, ensuite des pieds et des mains. Nous avons eu long-temps le dos courbé sur le porte-feuille, lorsqu'on nous place devant l'Hercule ou le Torse, et vous n'avez pas été témoin des larmes que ce Satyre, ce Gladiateur, cette Vénus-Médicis, cet Antinoüs ont fait couler. Soyez sûrs que ces chef-d'œuvres de l'antiquité n'exciteroient plus la jalousie des maîtres, s'ils avoient été livrés au dépit des élèves. Après avoir séché

sa première ébauche en un tableau achevé. On peut savoir faire une belle esquisse, sans être en état d'en faire le tableau. Ceci soit dit sans interrompre M. Chardin et son rapporteur. *Note de M. G****, comme toutes celles qui suivent.*

des journées, et passé des nuits à la lampe devant la nature immobile et inanimée, on nous présente enfin la nature vivante; et, tout-à-coup, le travail de toutes les années précédentes semble se réduire à rien. On ne fut pas plus emprunté la première fois qu'on prit le crayon. Il faut apprendre à l'œil à regarder la nature; et combien qui ne l'ont jamais vue et qui ne la verront jamais! C'est le supplice de toute notre vie. On nous a tenus cinq à six ans devant le modèle, lorsqu'on nous livre à notre génie, si nous en avons. Le talent ne se décide pas en un moment; ce n'est pas au premier essai qu'on a la franchise de s'avouer son incapacité. Combien de tentatives, tantôt heureuses, tantôt malheureuses! Cependant des années précieuses se sont écoulées avant que le jour du dégoût, de la lassitude et de l'ennui soit venu. L'élève a atteint l'âge de 19 à 20 ans, lorsque la palette lui tombant des mains, il reste sans état, sans ressource et souvent sans mœurs; car, avoir sans cesse sous les yeux la nature toute nue, être jeune et sage, cela ne se peut. Que faire alors? Que devenir? Il faut, ou mourir de faim, ou se jeter dans quelques-unes de ces con-

ditions subalternes dont la porte est ouverte
à la misère. On prend ce dernier parti ; et,
à l'exception d'une vingtaine qui viennent
ici, tous les deux ans, s'exposer aux bêtes,
les autres, ignorés et moins malheureux
peut-être, ont le plastron sur la poitrine dans
une salle-d'armes, ou le mousquet sur l'épaule
dans un régiment, ou l'habit de théâtre sur
les tréteaux. Ce que je vous dis-là, c'est
l'histoire de Bellecour, de Brisart, de Le-
kain, mauvais peintres que le désespoir a
rendus comédiens ».

Vous nous racontâtes, s'il vous en souvient, qu'un de ces échappés de l'académie
s'étant fait tambour dans un régiment, son
père répondoit à ceux qui lui en demandoient
des nouvelles, qu'il avoit quitté la peinture
pour la musique ; mais Chardin souriant, et
puis reprenant le ton sérieux, repartit : « Tous
les pères de ces enfans incapables et déroutés
ne prennent pas la chose aussi gaîment.....
Enfin, ce que vous voyez ici, est le fruit
des travaux du petit nombre de ceux qui ont
lutté avec plus ou moins de succès. Celui qui
n'a pas senti la difficulté de l'art, ne fait rien
qui vaille ; celui qui, comme mon fils, par

exemple, l'a sentie trop tôt, ne fait rien du tout ; et croyez que la plûpart des hautes conditions de la société seroient vides, si l'on n'y étoit admis qu'après un examen aussi sévère que celui que nous subissons».

Mais, lui dis-je, Monsieur Chardin, il ne faut pas s'en prendre à nous, si, *medio-cribus esse poëtis, non di, non homines, non concessere columnæ* ; et cet homme qui irrite les dieux, les hommes et les co-lonnes contre les imitateurs médiocres de la nature, n'ignoroit pas la difficulté du métier.

«Eh bien! répondit Chardin, il vaut mieux croire qu'il avertit le jeune élève du péril qu'il court, que de le rendre l'apologiste des dieux, des hommes et des colonnes. C'est comme s'il lui disoit : Mon ami, prends-garde, tu ne connois pas ton juge ; il ne sait rien, et n'en est pas moins cruel.... Adieu, Messieurs, de la douceur, de la douceur!»

Je crains bien que notre ami Chardin n'ait demandé l'aumône à des statues. Le

goût est sourd à la prière. Ce que Malherbe
a dit de la mort, je le dirois presque de la
critique :

Le pauvre, en sa cabane où le chaume le couvre,
    Est sujet à ses lois;
Et la garde qui veille aux barrières du Louvre,
    N'en défend pas nos rois.

Je vous décrirai les tableaux, et ma description sera telle, qu'avec un peu d'imagination et de goût on les réalisera aisément
dans sa tête, et qu'on y posera les objets
à-peu-près comme nous les avons vus sur
la toile ; et afin qu'on juge du fond qu'on peut
faire sur ma censure, ou sur mon éloge,
j'ai fait précéder mon travail par quelques
réflexions sur la peinture, la sculpture, la
gravure et l'architecture. Vous me lirez
comme un auteur ancien, à qui l'on passe
une page commune en faveur d'une bonne
ligne.

Il me semble que je vous entends d'ici
vous écrier douloureusement: Tout est perdu!
Mon ami, arrange, ordonne, nivèle; on n'em-
prunte les béquilles de l'abbé Morellet que
quand on manque de génie.

Il est vrai que ma tête est lasse. Le fardeau que j'ai porté pendant vingt-ans (1) m'a si bien courbé, que je désespère de me redresser. Quoi qu'il en soit, rappelez-vous mon épigraphe : *non fumum ex fulgore, sed ex fumo dare lucem.* Laissez-moi fumer un moment, et puis nous verrons.

Avant que d'entrer en chantier, il faut, mon ami, que je vous prévienne de ne point regarder simplement comme mauvais les tableaux sur lesquels je glisserai. Tenez pour détestables les productions des *Boizots*, *Nonnotte*, *Francisque*, *Antoine Lebel*, *Amand*, *Parocel*, *Adam*, *Descamps*, *Deshays* le jeune, et d'autres.

N'exceptez d'*Amand* qu'un morceau médiocre, *Argus et Mercure*, qu'il a peint à Rome ; et de *Deshays* le jeune, qu'une ou deux têtes que son fripon de frère lui a croquées pour le pousser à l'académie.

Quand je relève les défauts d'une composition, entendez, si elle est mauvaise, qu'elle restera mauvaise, son défaut fut-il corrigé ; et quand elle est bonne, qu'elle seroit parfaite, si l'on en corrigeoit le défaut.

(1) Le soin de veiller à l'édition de l'Encyclopédie.

Nous avons perdu cette année deux grands peintres et un habile sculpteur : *Carle Vanloo* et *Deshays* l'aîné, et *Michel-Ange Slodz.* La mort nous a aussi enlevé un amateur célèbre, le comte *de Caylus.* Cependant, je me trompe fort, ou l'École française, la seule qui subsiste aujourd'hui, est encore loin de son déclin. Rassemblez, si vous pouvez, tous les ouvrages des peintres et des statuaires de l'Europe, et vous n'en formerez pas notre Salon : Paris est la seule ville du monde où l'on puisse, tous les deux ans, jouir d'un spectacle pareil.

CARLE VANLOO.

CARLE VANLOO seul a laissé plus de douze morceaux : *Auguste qui fait fermer le Temple de Janus, les Graces, une Suzanne, sept Esquisses de la vie de Saint-Grégoire, une Vestale, l'Etude d'une tête d'Ange, un Tableau allégorique.*

Monsieur *du Houx toujours verd* (1), vous ressemblez à la feuille de votre enseigne, qui pique de tous côtés. Il y a huit jours que l'article de *Vanloo* étoit trop court; aujourd'hui il est trop long: il restera, s'il vous plaît, comme il est.

(1) Petit compliment que je rembourse en passant. Tout honnête homme est exposé aux traits de la satyre dans sa profession. Moi, honnête faiseur de feuilles, j'ai reçu du philosophe, pour étrennes, une enseigne représentant un Houx, avec l'inscription au-dessus en demi-cercle : *Au Houx toujours verd;* et en-bas, l'épigraphe ondoyante: *Semper frondescit.*

AUGUSTE

AUGUSTE FAIT FERMER LE TEMPLE DE JANUS.

Tableau de neuf pieds huit pouces de haut, sur huit pieds quatre pouces de large. Pour la Galerie de Choisy.

A droite de celui qui regarde, le Temple de Janus est placé de manière qu'on en voit les portes. Au-delà des portes, contre la façade du temple, la statue de Janus sur un piédestal. En-deçà, un trépied avec son couvercle à terre ; un prêtre vêtu de blanc, les deux mains passées dans un gros anneau de fer, ferme les portes, couvertes en-haut, en-bas et dans leur milieu, de larges bandes de tôle. A côté de ce prêtre, plus sur le fond, deux autres prêtres vêtus comme le premier. En face du prêtre qui ferme, un enfant portant une urne et regardant la cérémonie. Au milieu de la scène et sur le devant, Auguste, seul, debout, en habit militaire, en silence, une branche d'olivier à la main. Au pied d'Auguste, sur le même plan, un enfant, un genou en terre, une corbeille

I

sur son autre genou , et jettant des fleurs.
Derrière l'empereur , un jeune prêtre dont
on ne voit presque point la tête. Sur la
gauche , à quelques distances, une troupe
mêlée de peuple et de soldats. Du même
côté , tout-à-fait à l'extrêmité de la toile et
sur le devant, un sénateur vu par le dos
et tenant un rouleau de papier : voilà ce
qu'il plaît à *Vanloo* d'appeler une fête
publique.

Il me semble que le temple n'étant pas
ici un pur accessoire , une simple décoration de fond , il falloit le montrer davantage, et n'en pas faire une fabrique pauvre
et mesquine ; ces bandes de fer qui couvrent
les portes sont larges et de bon effet. Pour
ce Janus , il a l'air de deux mauvaises figures égyptiennes accollées. Et pourquoi
plaquer ainsi contre un mur le Saint du jour ?
Le prêtre qui tire les portes , les tire à
merveille; il est beau d'action , de draperie
et de caractère. J'en dis autant de ses voi-
sins : les têtes en sont belles, peintes d'une
manière grande , simple et vraie. La touche
en est mâle et forte. S'il y a un autre artiste
capable d'en faire autant, qu'on me le
nomme. Le petit porteur d'urne est lourd

et peut-être superflu. Cet autre, qui jette des
fleurs, est charmant, bien imaginé et on ne
peut mieux ajusté. Il jette ses fleurs avec
grace ; avec trop de grace, peut-être : on
diroit, comme l'Aurore, qni les secoue du
bout de ses doigts. Pour votre Auguste,
M. *Vanloo*, il est misérable. Comment ne
s'est-il pas trouvé dans votre atelier un élève
qui ait osé vous dire qu'il étoit roide, ignoble
et court ; qu'il étoit fardé comme une ac-
trice, et que cette draperie rouge, dont vous
l'avez chamarré, blessoit l'œil et désaccor-
doit le tableau ? Cela un empereur ? avec
cette longue palme qu'il tient collée contre
son épaule gauche, c'est un *quidam* de la
confrérie de Jérusalem, qui revient de la
procession. Et ce prêtre, que j'apperçois
derrière lui, que me veut-il avec son cof-
fret et son action niaise et gênée ? Ce sénateur embarrassé de sa robe et de son papier,
qui me tourne le dos, figure de remplissage,
que l'ampleur de son vêtement par en-bas
rend mince et fluet par en-haut : et le tout,
que signifie-t-il ? où est l'intérêt ? où est le
sujet ?

Fermer le temple de Janus, c'est annoncer
une paix générale dans l'empire, une ré-

jouissance, une fête, et j'ai beau parcourir
la toile, je n'y vois pas le moindre vestige
de joie. Cela est froid; cela est insipide:
tout est d'un silence morne, d'un triste à
périr; c'est un enterrement de vestale.

Si j'avois eu ce sujet à exécuter, j'aurois
montré le temple davantage. Mon Janus
eut été grand et beau. J'aurois placé un trépied à la porte du temple; de jeunes enfans, couronnés de fleurs, y auroient brûlé
des parfums. Là, on auroit vu un grand
prêtre, vénérable d'expression, de draperie
et de caractère. Derrière ce prêtre, j'en aurois grouppé quelques autres. Les prêtres ont
été de tout temps observateurs jaloux des
souverains: ceux-ci auroient cherché à dé-
mêler ce qu'ils avoient à craindre ou à
espérer du nouveau maître; j'aurois attaché
sur lui leurs regards attentifs. *Auguste*,
accompagné d'*Agrippa* et de *Mécène*, auroit ordonné qu'on fermât le Temple; il en
auroit eu le geste. Les prêtres, les mains
passées dans l'anneau, auroient été prêts à
obéir. J'aurois assemblé une foule tumul-
tueuse de peuple, que les soldats auroient
eu bien de la peine à contenir. J'aurois
voulu sur-tout que ma scène fût bien éclairée

rien n'ajoute à la gaîté comme la lumière
d'un beau jour. La procession de St.-Sulpice
ne seroit pas sortie par un temps sombre
et nébuleux , comme celui du tableau de
Vanloo.

Cependant , si dans l'absence de l'artiste ,
le feu eût pris à cette composition ; et n'eût
épargné que le grouppe de prêtres , et quelques têtes éparses par-ci par-là , l'aspect de
ces précieux restes nous auroit fait supposer
un tableau superbe , et nous nous serions tous
écriés : quel dommage!

LES GRACES.

Tableau de sept pieds six pouces de haut,
sur six pieds deux pouces de large.

Parce que ces figures se tiennent, le
peintre a cru qu'elles étoient grouppées.
L'aînée des trois sœurs occupe le milieu.
Elle est toute de face ; elle a le bras droit
posé sur les reins de celle que vous voyez
à votre gauche, et le bras gauche entrelassé
avec le bras droit de celle que vous voyez
à votre droite. La scène, si c'en est une,

I 3

est dans un paysage. On voit un nuage qui descend du ciel, passe derrière les figures, et se répand à terre. Celles des Graces qui est à votre gauche, de deux tiers pour la tête et pour le dos, a le bras gauche posé sur l'épaule de celle du milieu et tient un flacon dans sa main droite : c'est la plus jeune. La seconde à votre droite, de deux tiers pour le dos et de profil pour la tête, a dans sa main gauche une rose. Pour l'aînée, c'est une branche de myrthe qu'on lui a donnée, et qu'elle tient dans sa main droite. Le site est jonché de quelques fleurs.

Il est difficile d'imaginer une composition plus froide, des Graces plus insipides, moins légères, moins agréables. Elles n'ont ni vie, ni action, ni caractère. Que font-elles-là ? Je veux mourir, si elles en savent rien : elles se montrent. Ce n'est pas ainsi que le poëte les a vues. C'étoit au printemps ; il faisoit un beau clair de lune ; la verdure nouvelle couvroit les montagnes ; les ruisseaux murmuroient ; on entendoit, on voyoit jaillir leurs eaux argentées ; l'éclat de l'astre de la nuit onduloit sur leur surface. Le lieu étoit solitaire et tranquille : c'étoit sur l'herbe molle de la prairie, au voisinage d'une forêt, qu'elles chantoient et qu'elles dansoient. Je les vois, je les entends aussi. Que leurs chants sont doux ! qu'elles sont belles ! que leurs chairs sont fermes ! La lumière tendre de la lune adoucit encore la blancheur de leur peau. Que leurs mouvemens sont faciles et légers ! C'est le vieux Pan qui joue de la flûte. Les deux jeunes Faunes, qui sont à ses côtés, ont dressé leurs oreilles pointues ; leurs yeux ardens parcourent les charmes les plus secrets des jeunes danseuses. Ce qu'ils voient ne les empêche pas de regretter ce que la variété des mouvemens de la danse leur dérobe. Les Nymphes des bois ont accouru ; les Nymphes des eaux ont sorti leurs têtes d'entre les roseaux. Bientôt elles se joindront aux jeux des aimables sœurs :

Junctæque Nymphas Gratiæ decentes
Alterno terram quatiunt pede.

Mais revenons à celles de *Vanloo*, qui ne valent pas les trois sœurs que je quitte. Celle du milieu est roide ; on diroit qu'elle a été arrangée par Marcel. Sa tête est trop forte ; elle a peine à la soutenir. Et ces petits lambeaux de draperie qu'on a collés sur les fesses de l'une et sur le haut des cuisses de l'autre, qu'est-ce qui les attache-là ? qu'est-ce qui les y retient ? Rien, si ce n'est le mauvais goût de l'artiste et les mauvaises mœurs du peuple. Il ne savent pas que ce n'est pas une femme nue qui est indécente. Une femme indécente, c'est une femme nue qui auroit une cornette sur sa tête, ses bas à ses jambes et ses mules aux pieds. Cela me rappelle la manière dont madame *Hocquet* avoit rendu la *Vénus pudique* la plus déshonnête créature possible. Un jour elle jugea que la déesse se cachoit mal avec sa main inférieure ; et la voilà qui fait placer un linge en plâtre entre cette main et la partie correspondante de la statue, qui eut tout de suite l'air d'une femme qui s'essuie.

Croyez-vous, mon ami, qu'*Apelle* se fût avisé de placer grand de draperie comme la main sur tout le corps des trois Graces ? Hélas ! depuis qu'elles sortirent nues de la tête du vieux poëte jusqu'à *Apelle*, et depuis *Apelle* jusqu'à nous, si quelque peintre les a vues, je vous jure qua ce n'est pas *Vanloo*.

Celles de *Vanloo* sont longues et grêles,

sur-tout à leurs parties supérieures. Ce nuage
qui tombe de la droite, et qui vient s'é-
tendre à leurs pieds, n'a pas le sens commun.
Pour des natures douces et molles comme
celles-ci, la touche en est trop ferme, trop
vigoureuse. Et puis, tout autour, un beau
verd imaginaire qui les noircit et les enfume:
nul effet; nul intérêt. Peint et dessiné de
pratique. C'est une composition fort inférieure à celle qu'il avoit exposée au salon
précédent, et qu'il a ensuite mise en pièces,
et coupée par morceaux, pour recommencer
ce sujet. Sans doute, puisque les Graces sont
sœurs, il faut qu'elles aient un air de famille; mais faut-il qu'elles aient la même
tête ?

Avec tout cela, la plus mauvaise de ces
figures vaut mieux que les minauderies, les
afféteries et les culs rouges de *Boucher*. C'est
du moins de la chair, et même de la belle
chair, avec un caractère de sévérité qui déplaît moins encore que le libertinage et les
mauvaises mœurs. S'il y a de la manière ici,
elle est grande.

LA CHASTE SUSANNE.

Tableau de sept pieds six pouces de haut,
sur six pieds deux pouces de large.

Notez, une fois pour toutes, qu'à droite
et à gauche veut toujours dire à droite et
à gauche de celui qui regarde le tableau.

Ici on voit au centre de la toile, la Susanne
assise; elle vient de sortir du bain, placée
entre les deux vieillards; elle est penchée
vers celui qui est à gauche, et abandonnée
aux regards de celui qui est à droite. Son
beau bras, ses belles épaules, ses reins, une
de ses cuisses, toute sa tête, les trois quarts
de ses charmes. Sa tête est renversée, ses
yeux tournés vers le ciel en appelant le secours; son bras gauche retient le linge qui
couvre le haut de ses cuisses; sa main droite
écartée, repousse le bras gauche du vieillard
qui est de ce côté. La belle figure! la position en est grande. Son trouble, sa douleur
sont fortement exprimés; elle est dessinée
de grand goût. Ce sont des chairs vraies,
la plus belle couleur, et tout plein de vérités
de nature répandues sur le col, sur la gorge,

aux genoux ; ses jambes, ses cuisses, tous ses membres ondoyans sont on ne sauroit mieux placés ; il y a de la grace, sans nuire à la noblesse, de la vérité, sans aucune affectation de contraste. La partie de la figure, qui est dans la demi-teinte, est du plus beau faire. Ce linge blanc qui est étendu sur les cuisses, reflète admirablement sur les chairs ; c'est une masse de l'air qui n'en détruit point l'effet : magie difficile, qui montre et l'habileté du maître, et la vigueur de son coloris.

Le vieillard qui est à gauche, est vu de profil. Il a la jambe gauche fléchie ; et de son genou droit, il semble presser le dessous de la cuisse de la Susanne ; sa main gauche tire le linge qui couvre les cuisses, et sa main droite invite Susanne à céder. Ce vieillard a un faux air de *Henri IV* : caractère de tête bien choisi ; mais il falloit y joindre plus de mouvement, plus d'action, plus de desir, plus d'expression. C'est une figure froide, lourde, et n'offrant qu'un grand vêtement roide, uniforme, sans pli, sous lequel rien ne se dessine ; c'est un sac d'où sortent une tête et deux bras : il faut draper large sans doute, mais ce n'est pas ainsi.

L'autre vieillard est de-bout, et vu presque de face. Il a écarté avec sa main gauche tous les voiles qui lui déroboient la Susanne de son côté; il tient, il tient encore ses voiles écartés. Sa droite et son bras, étendus devant la femme, ont le geste menaçant; c'est aussi l'expression de sa tête. Celui-ci est encore plus froid que l'autre : couvrez le reste de la toile, et cette figure ne vous montrera plus qu'un Pharisien qui propose quelque difficulté à Jesus-Christ.

Plus de chaleur, plus de violence, plus d'emportement dans ces vieillards, auroit donné un intérêt prodigieux à cette femme innocente et belle, livrée à la merci de deux vieux scélérats. Elle-même en auroit pris plus de terreur et d'expression: car tout s'entraîne; les passions sur la toile s'accordent, et se désaccordent comme les couleurs. Il y a dans l'ensemble une harmonie de sentimens, comme de tons. Les vieillards plus pressans, le peintre eût senti que la femme devoit être plus effrayée, et bientôt ses regards auroient fait au ciel une toute autre instance.

On voit à droite une fabrique en pierre grisâtre. C'est apparemment un réservoir, un appartement de bains. Sur le devant, un canal d'où jaillit vers la droite un petit jet d'eau mesquin, de mauvais goût, et qui rompt le silence. Si les vieillards avoient eu tout l'emportement imaginable, et la Susanne toute la terreur analogue, je ne sais si le sifflement, le bruit d'une masse d'eau s'élançant avec force, n'auroit pas été un accessoire très-vrai.

Avec ces défauts, cette composition de *Vanloo* est encore une belle chose. *De Troy* a peint le même sujet. Il n'y a presqu'aucun peintre ancien dont il n'ait frappé l'imagination et occupé le pinceau ; et je gage que le tableau de *Vanloo* se soutient au milieu de tout ce qu'on a fait. On prétend que la Susanne est académisée. Seroit-ce, en effet, que son action auroit quelqu'apprêt, que les mouvemens en seroient un peu trop cadencés pour une situation violente ? Ou seroit-ce, plutôt, qu'il arrive quelquefois de poser si bien le modèle, que cette position d'étude peut être transportée sur la toile avec succès, quoiqu'on la reconnoisse ? S'il y a une action plus violente de la part des vieillards, il peut y avoir aussi une action plus naturelle et plus vraie de la Susanne : mais, telle qu'elle est, j'en suis content ; et si j'avois le malheur d'habiter un palais, ce morceau pourroit bien passer de l'atelier de l'artiste dans ma galerie.

. Un peintre italien a composé très-ingénieusement ce sujet. Il a placé les deux vieillards du même côté. La Susanne porte toute sa draperie de ce côté, et pour se dérober aux regards des vieillards, elle se livre entièrement aux yeux du spectateur. Cette composition est très-libre, et personne n'en est blessé : c'est que l'intention évidente sauve tout, et que le spectateur n'est jamais du sujet.

Depuis que j'ai vu cette Susanne de *Vanloo*, je ne saurois plus regarder celle de notre ami, le baron *d'Holbach* ; elle est cependant du *Bourdon*.

LES ARTS SUPPLIANS.

Tableau allégorique de deux pieds cinq pouces de haut, sur deux pieds de large ; appartenant au marquis de Marigny.

Les Arts désolés s'adressent au Destin pour en obtenir la conservation de madame *de Pompadour*, qui les protégeoit en effet. Elle aimoit *Carle Vanloo*, elle a été la bienfaitrice de *Cochin*; le graveur *Guai* avoit son touret chez elle.

Trop heureuse, la France, si elle se fut bornée à délasser le souverain par des amusemens, et à ordonner aux artistes des tableaux et des statues!

On voit à la partie inférieure et à droite de la toile, la Peinture, la Sculpture, l'Architecture, la Musique, les Beaux-Arts, caractérisés chacun par leurs vêtemens, leurs têtes et leurs attributs, presque tous à genoux et les bras levés vers la partie supérieure et gauche où le peintre a placé le Destin et les trois Parques. Le Destin est appuyé sur le Monde; le livre fatal est à sa gauche, et à sa droite l'urne d'où il tire la chance des humains. Une des Parques tient la quenouille, une autre file; la troisième va couper le fil de la vie chère aux Arts, mais le Destin lui arrête la main.

C'est un morceau très-précieux que celui-ci. Il est du plus beau fini. Belles attitudes, beaux caractères, belles draperies, belles passions, beau coloris, et composé on ne peut mieux.

La Peinture devoit se distinguer entre les autres Arts; aussi le fait-elle. La plus violente allarme est sur son visage : elle s'élance; elle a la bouche ouverte; elle crie. Les Parques sont ajustées à ravir; leur action et leurs attitudes sont tout-à-fait naturelles. Il n'y a rien à desirer, ni pour la correction du dessin, ni pour l'ordonnance, ni pour la vérité ; la touche est par-tout franche et spirituelle. Les juges difficiles disent que la couleur trop entière des figures nuit à l'harmonie de l'ensemble. La seule chose que je reprendrois, si j'osois, c'est que le grouppe du Destin et des Parques, au lieu de fuir, vient en-devant; la loi des plans n'est pas observée. Ils accusent aussi les parties inférieures des Parques d'être un peu grêles. Cela se peut. Ce qui m'a semblé de ces figures, c'est qu'elles étoient d'un excellent goût de dessin. Peut-être que *Vernet* demanderoit que les nuages sur lesquelles elles sont assises fussent plus aëriens; mais, qui est-ce qui fera des ciels et des nuages au gré de *Vernet*, si la Nature ou Dieu ne s'en mêle? Une lueur sombre et rougeâtre s'échappe de dessous les vêtemens de la Parque au ciseau; ce qui fait concevoir une scène

qui

qui se passe au bruit du tonnerre et aux cris
des arts éplorés. On voit au côté gauche du
tableau, au-dessous des Parques, une foule
de figures accablées, désolées, prosternées ;
c'est la gravure avec des élèves.

Cela est beau, très-beau, et par-tout les
tons de couleur les mieux fondus et les plus
suaves. C'est le morceau qu'un artiste em-
porteroit du Salon par préférence ; mais nous
en aimerions mieux un autre, vous et moi,
parce que le sujet est froid et qu'il n'y a
rien-là qui s'adresse fortement à l'ame.
Cochin, prenez l'allégorie de *Vanloo*,
j'y consens ; mais laissez-moi la Pleureuse
de *Greuze*. Tandis que vous resterez extasié
sur la science de l'artiste et les effets de
l'art, moi, je parlerai à ma petite affligée ;
je la consolerai, j'essuyerai ses larmes, je
baiserai ses mains ; et quand je l'aurai quittée,
je méditerai quelques vers bien doux sur la
perte de son oiseau.

Les Supplians de *Vanloo* n'obtinrent rien
du Destin. M^e. *de Pompadour* mourut au moment où on la croyoit hors de péril. Eh bien !
qu'est-il resté de cette femme trop célèbre ?
Le Traité de Versailles et ses effets ; l'Amour
de *Bouchardon*, qu'on admirera à jamais ;

K

quelques pierres gravées de *Guai* qui éton-
neront les antiquaires à venir ; un bon petit
tableau de *Vanloo* qu'on regardera quelque fois, et une pincée de cendres.

Esquisses pour la Chapelle de Saint-Grégoire aux Invalides.

Carle n'auroit laissé que ces Esquisses,
qu'elles lui feroient un rang parmi les grands
peintres.

Mais, pourquoi les a-t-il appelées des
Esquisses ? Elles sont coloriées : ce sont des
tableaux, et de beaux tableaux qui ont
encore ce mérite, que le regret de la main
qui défaillit en les exécutant, se joint à
l'admiration et la rend plus touchante.

Il y en a sept : *Le Saint vend son bien
et le distribue aux pauvres. Il obtient par
ses prières la cessation de la peste. Il
convertit une femme hérétique. Il refuse
le pontificat. Il reçoit les hommages de
son clergé. Il dicte ses homélies à un
secrétaire. Il est enlevé aux cieux.*

On voit dans la première, le Saint à gauche placé sur la rampe d'un péristile ; il a derrière lui un assistant. A terre, sur le devant, c'est une pauvre mère groupée avec ses deux enfans. Qu'elle est touchée, cette mère ! Comme cette petite fille sollicite bien la charité du Saint ! Voyez l'avidité de ce petit garçon à manger son morceau de pain, et l'intérêt que ces figures jettent sur la partie la plus avancée du sujet ! Une foule d'autres mendians sont répandus autour de la balustrade, en tournant sur le fond ; c'est une masse de demi-teinte sur un fond clair. Une lumière qui s'échappe de dessous une arcade percée, vient éclairer toute la scène et y établir la plus douce harmonie.

C'est ici qu'il faut voir comment on peint la mendicité ; comment on la rend intéressante sans la montrer hideuse ; jusqu'où il est permis de la vêtir sans la rendre ni opulente, ni guénilleuse ; quelle est l'espèce de beauté qui convient aux hommes, aux femmes et aux enfans, qui ont souffert la faim et senti long-temps et par état les besoins urgens de la vie. Il y a là une ligne étroite sur laquelle il est difficile de se tenir. Belle

K 2

chose, mon ami ! belle de caractères, d'expression et de composition !

Dans la seconde, le Saint se promène, pieds nuds, dans les rues, pour fléchir le ciel et arrêter la peste. Il est suivi et précédé de son clergé; un groupe d'acolytes vêtus de blanc fixe la lumière au centre. La procession s'avance de gauche à droite vers le temple; le Saint et son assistant terminent la marche du clergé. Le Saint a les yeux tournés vers le ciel; il est en habit de diacre. Une douce clarté répandue autour de sa tête le désigne, mais plus encore sa simplicité, sa noblesse et sa piété. Comme tous ses jeunes acolytes sont beaux ! Comme ces torches allumées impriment la terreur ! Comme un seul incident suffit au génie, pour montrer toute la désolation d'une ville ! Il ne lui faut qu'une jeune fille qui soulève un vieillard moribond, et qui l'exhorte à bien espérer. Le geste du Saint attache les regards sur ce groupe. Quelle défaillance dans ce moribond ! Quelle confiance dans la jeune fille ! Belle chose, mon ami ! belle chose ! Un ciel orageux qui s'éclaircit, semble annoncer la fin prochaine du fléau.

Dans la troisième, le Saint, vêtu de blanc, ferme l'oreille, et éloigne du bras le député du clergé qui vient lui proposer la thiare. Il est évident que le Saint rétiré sous cette voûte, étoit en prière lorsque le député est venu; car il est courbé, et sa main touche encore à la pierre dont il s'est appuyé pour se relever. Que cela est simple! Comme cet homme refuse bien! Comme il est bien pénétré de son insuffisance! Ce n'est pas-là le *nolo espicopari* hypocrite de nos prestolets. La progression de l'âge a été gardée, sans nuire à la ressemblance. Belle chose, mon ami! Et l'effet de cette nuée claire sur le fond et de cet antre obscur sur le devant, qui est-ce qui ne le sent pas?

La quatrième nous le montre la tête couverte de la thiare, la croix pontificale à la main, assis sur la chaire de Saint-Pierre et vêtu des habits sacerdotaux. Il étend la main; il bénit son clergé prosterné. La scène ne s'est pas passée autrement; j'en suis sûr. Le bon Saint avoit ce caractère vénérable et doux : c'est ainsi que tous ces prêtres étoient prosternés. Le cardinal assistant étoit à sa gauche; il avoit à sa droite les autres

prélats. Il étoit sous un baldaquin. L'ombre
de ce baldaquin le couvroit, et il se déta-
choit en demi-teinte sur cette architecture
grisâtre. Il n'y avoit dans la position de tous
ces personnages, d'autre contraste que celui
de l'action. Regardez cette scène, et dites-
moi s'il y a une seule circonstance qui décèle la fausseté. Ce caractère des têtes est
pris de la vie ordinaire et commune. Je les
ai vues cent fois dans nos églises ; cela fait
foule sans confusion. Ces expressions de
visages et de dos sont tout-à-fait vraies. Voilà
la tête qui convient au père commun des
croyans. Et ce gros assistant, si bien nourri,
si bien vêtu, qu'on voit sur le devant au-
dessous du trône, qu'en dites-vous ? Ne
vous rappelle-t-il pas notre vieux, beau et
bon cardinal de Polignac ? Aucunement :
celui-ci eût été une trouvaille pour un buste,
ou pour un portrait de nos jours ; mais pour
des temps rustres et gothiques, il y falloit plus
de simplicité et moins de noblesse comme
dans l'assistant de *Vanloo*. Voulez-vous que
je vous dise une idée vraie ? C'est que ces
visages réguliers, nobles et grands, font
aussi mal dans une composition historique,
qu'un bel et grand arbre, bien droit, bien

arrondi, dont le tronc s'élève sans fléchir,
dont l'écorce n'offre ni rides, ni crévasses,
ni gerçures, et dont les branches s'étendant
également en tout sens, forment une vaste
cîme régulière, feroit mal dans un paysage.
Cela est trop monotone, trop symmétrique.
Tournez autour de cet arbre, il ne vous
présentera rien de nouveau ; on l'a tout
vu sous un aspect ; c'est de tout côté l'image
du bonheur et de la prospérité. Il n'y a point
d'humeur, ni dans cette belle tête, ni dans
ce bel arbre. Comme ce cardinal de l'Esquisse
est attentif ! Comme il regarde bien ! Le
beau corps ! la belle attitude ! Qu'elle est naturelle et simple. Ce n'est pas à l'académie
qu'on l'a prise ; et puis, un intérêt un,
une action une : tous les points de la toile
disent la même chose, chacun à sa façon.
Belle chose, mon ami ! belle chose !

On prétend que le gouvernement a voulu
les avoir ces Esquisses, et qu'il en a fait
offrir cent louis...... D'une ?...... Non, mon
ami, de toutes ; oui, de toutes : c'est-à-
dire le prix de chacune, et à-peu-près la
moitié de ce qu'il en a coûté à l'artiste en
études. Les héritiers les ont retirées à la

K 4

vente pour six ou sept mille livre. Cela s'en
ira quelque jour trouver la Famille de Ly-
comède et le Mercure de Pigal.

Vous me demanderez comment, avec
toutes les précautions qu'on prend quelquefois pour étouffer les sciences, les arts et
la philosophie, on n'y réussit pas ? Cela
confirmeroit dans l'opinion qu'on verseroit
des sacs d'or aux pieds du génie, qu'on n'en
obtiendroit rien, parce que l'or n'est pas sa
véritable récompense ; c'est sa vanité, et non
son avarice qu'il faut satisfaire. Réduisez-le
à dormir dans un grenier sur un grabat ;
ne lui laissez que de l'eau à boire et des
croutes à ronger, vous l'irriterez ; mais vous
ne l'éteindrez pas. Or, il n'y a point de lieu
au monde où il obtienne plus promptement,
plus pleinement qu'ici le tribut de la considération. Le pouvoir écrase quelquefois ;
mais la nation porte aux nues, et le génie
continue à travailler en enrageant et mou-
rant de faim.

Dans la cinquième Esquisse, *St.-Grégoire*
célèbre la messe. Le trône pontifical est à
droite dans la précédente ; l'autre est à gauche

dans celle-ci. On voit entre les mains du Saint
le pain eucharistique rayonnant et lumineux.
La femme hérétique, à genoux sur les mar-
ches de l'autel, regarde la merveille avec
surprise. Au-dessous de cette femme, le
peintre a placé le clergé et des assistans. Belle
chose, mon ami! composition riche sans
confusion!

La sixième est, à mon avis, la plus belle
de toutes. Il n'y a cependant que deux
figures, le Saint qui dicte ses homélies, et
son secrétaire qui les écrit. Le Saint est
assis, le coude appuyé sur la table; il est
en surplis et en rochet, la tête couverte
de la barette. La belle tête! On ne sait si
on arrêtera les yeux sur elle, ou sur l'attitude si simple, si naturelle et si vraie du
secrétaire; on va de l'un à l'autre de ces
personnages, et toujours avec le même plaisir. La nature, la vérité, la solitude, le
silence de ce cabinet; la lumière douce et
tendre qui l'éclaire de la manière la plus
analogue à la scène, à l'action, aux personnages : voilà, mon ami, ce qui rend
cette composition sublime, et ce que *Boucher* n'a jamais conçu. Cette Esquisse est

surprenante. Mais, dites-moi où cette bête
de *Vanloo* a trouvé cela ? car, c'étoit une
bête ; il ne savoit ni écrire, ni lire, ni parler, ni penser. Méfiez-vous de ces gens
qui ont leurs poches pleines d'esprit, et
qui le sèment à tout propos ; ils n'ont pas le
démon. Ils ne sont pas tristes, sombres,
mélancoliques et muets ; ils ne sont jamais
ni gauches, ni bêtes. Le pinçon, l'allouette,
la linotte, le serin, jasent et babillent tant
que le jour dure ; le soleil couché, ils
fourent leurs têtes sous l'aîle, et les voilà
endormis. C'est alors que le génie prend
sa lampe et l'allume, et que l'oiseau solitaire, sauvage, inapprivoisable, brun et
triste de plumage, ouvre son gosier, commence son chant, fait retentir le bocage et
rompt mélodieusement le silence et les ténèbres de la nuit.

La septième et dernière Esquisse est un
projet de plafond. On voit le Saint les mains
jointes et les yeux tournés vers le ciel, où
il est porté par une multitude d'anges. Il y
en a sept ou huit au moins, groupés de
la manière la plus variée et la plus hardie.
Une gloire éclatante perce le dôme et

montre les demeures éternelles ; et les anges
et le Saint ne forment qu'une masse, mais
une masse où tout se sépare et se distingue
par la variété et l'effet des accidens de la
lumière et de la couleur. On voit le Saint et
son cortège aller et s'élever verticalement.
Cette Esquisse n'est pas la moindre. Les
autres sont un peu grisâtres, comme il
convient à des Esquisses : celle-ci est coloriée.

Le temps que *Vanloo* avoit passé dans
l'attelier du statuaire *Legros* n'avoit pas
été perdu pour le peintre, sur-tout lorsqu'il s'agissoit d'exécuter ces morceaux
aëriens, où l'on saisit difficilement la vérité par la seule force de l'imagination,
et où le pinceau se refuse ensuite à
l'image idéale la plus nette et la mieux
conçue. *Carle* modeloit sa machine, et
il en étudioit les lumières, les raccourcis,
les effets, dans le vague même de l'air.
S'il y découvroit un point de vue plus
favorable qu'un autre, il s'y arrêtoit, et
retournoit toute sa composition d'une manière plus piquante, plus hardie et plus
pittoresque.

Ah ! monsieur Doyen (1), quelle tâche ces Esquisses vous imposent! Je vous attends au Salon prochain. Malgré tout ce que vous avez fait depuis votre *Diomède*, vos *Bacchantes* et votre *Virginie*, pour m'ôter la bonne opinion que j'avois de votre talent ; quoique je sache que vous vous piquez de bel-esprit, la pire de toutes les qualités dans un grand artiste; que vous fréquentez la bonne compagnie et les agréables, et que vous soyez une espèce d'agréable vous-même, je vous estime encore : mais je n'en suis pas moins d'avis que vous devriez un remerciement à celui qui brûleroit les Esquisses de *Vanloo* ; remerciment que vous ne feriez pas, parce que vous êtes présomptueux et vain : autre fâcheux symptôme.

(1) C'est Doyen qui a obtenu du duc de Choiseul l'agrément de faire les tableaux de la chapelle de *Saint Grégoire* aux Invalides, à la place de feu *Vanloo*. C'étoit le véritage génie de *Carle* que ces tableaux d'église; il y étoit presque toujours simple, grand, admirable. *Pierre* s'étoit offert d'exécuter les tableaux de la chapelle des Invalides, d'après les Esquises de *Vanloo* ; cette offre n'a pas été acceptée.

UNE VESTALE.

Tableau de deux pieds de large , sur deux et demi de haut ; appartenant à madame Geoffrin.

Mais pourquoi est-ce que ces figures de Vestales nous plaise ntpresque toujours ? C'est qu'elles supposent de la jeunesse, des graces , de la modestie, de l'innocence et de la dignité ; c'est qu'à ces qualités données d'après les modèles antiques , il se joint des idées accessoires de temple, d'autel , de recueillement, de retraite et de sacré ; c'est que leur vêtement blanc, large, à grands plis , qui ne laisse appercevoir que les mains et la tête, est d'un goût excellent; c'est que cette draperie, ou ce voile , qui retombe sur le visage et qui en dérobe une partie, est original et pittoresque; c'est qu'une Vestale est un être à-la-fois historique, poétique et moral.

Celle-ci est coiffée de son voile ; elle porte une corbeille de fleurs. On la voit de face ; elle a tous les charmes de son état. Il s'échappe à droite et à gauche, de dessous son voile, deux boucles de cheveux noirs. Ces boucles parallèles font mal ; elles lui rendent le col trop petit , sur-tout quand on la regarde à une certaine distance (1).

ETUDE D'UNE TÊTE D'ANGE,

Pour le plafond de la Chapelle des Invalides, de proportion colossale.

Elle est vigoureusement peinte , cette tête ; elle regarde le ciel. Mais on est tenté de lui trouver trop peu de hauteur de front pour son volume et pour l'énorme étendue du bas du visage. De près, tranchons le mot, elle paroît maussade et sans grace ; reste à savoir si , destinée pour une coupole de cent, deux cents pieds d'élévation, elle peut être bien jugée à quatre pas de distance.

(1) Je n'aime point le caractère de tête de cette Vestale qui tient un peu de la beauté flamande. C'est à Vien qu'il faut faire faire des Vestales.

Voilà tout ce que *Carle Vanloo* nous
a laissé. Il naquit, le 15 février 1705, à
Nice en Provence. L'année suivante, le
maréchal de *Berwick* assiégea cette ville.
On descendit l'enfant dans la cave. Une
bombe tomba sur la maison, traversa les
plafonds et consuma le berceau ; mais l'enfant n'y étoit plus, il avoit été transporté
ailleurs par son jeune frère.

Benedetto Lutti, donna les premiers principes de l'art à *Jean-Baptiste* et à *Carle
Vanloo*. Celui-ci fit connoissance avec le
statuaire *Legros*, et prit du goût pour la
sculpture. *Legros* meurt en 1719, et *Carle*
laisse l'ébauchoir pour le pinceau. Son goût,
dans les premiers temps, se ressentoit de la
fougue de son caractère. *Jean-Baptiste*,
son frère, plus tranquille, lui prêchoit sans
cesse la sagesse et la sévérité. Ils travail-
lèrent ensemble ; mais *Carle* quitta *Jean-
Baptiste*, pour se faire décorateur d'opéra.
S'il se dégoûta de ce mauvais genre, ce fut
pour se livrer à de petits portraits dessinés,
genre plus misérable encore : c'étoient les
écarts d'un jeune-homme qui aimoit éper-
dûment le plaisir, et pour qui les moyens
les plus prompts d'avoir de l'argent étoient

les meilleurs. En 1727, il fait le voyage de Rome avec *Louis* et *François Vanloo* ses neveux.

A Rome, il remporte le prix du dessin. Il est admis à la pension. On reconnoît son talent. L'étranger recherche ses ouvrages; et il peint, pour l'Angleterre, une femme orientale à sa toilette avec un bracelet à la cuisse, singularité qui a rendu ce morceau célèbre. De Rome, il passe à Turin. Il décore les églises, il embellit les palais; et les compositions des premiers maîtres ne déparent pas les siennes.

Il se montre à Paris avec la fille du musicien *Somis*, qu'il avoit épousée, et qui y porta le premier le goût de la musique italienne. Il ambitionne l'entrée de l'académie; il y est reçu. Il devient rapidement adjoint à professeur, professeur, recteur, chevalier de l'ordre de Saint-Michel, premier peintre du roi, directeur de l'école des élèves; voilà comment on encourage le talent.

Parmi ses tableaux de cabinet, on vante une *Résurrection*, son *Allégorie des Parques*, sa *Conversation espagnole*, qui est chez madame *Geoffrin*; un *Concert d'instrumens*. Son *St.-Charles-Borromée communiant*

muniant les pestiférés, sa *Prédication de Saint-Augustin,* sont distingués parmi ses tableaux publics.

Carle dessinoit facilement, rapidement et grandement. Il a peint large ; son coloris est vigoureux et sage : beaucoup de technique, peu d'idéal. Il se contentoit difficilement, et les morceaux qu'il détruisoit étoient souvent les meilleurs. Il ne savoit ni lire ni écrire. Il étoit né peintre, comme on naît apôtre. Il ne dédaignoit pas le conseil de ses élèves, dont il payoit quelquefois la sincérité d'un soufflet, ou d'un coup de poing ; mais le moment après, et l'incartade du maître et le défaut de l'ouvrage étoient réparés.

Il mourut le 15 juillet 1765, d'un coup de sang, à ce qu'on dit ; et j'y consens, pourvu qu'on m'accorde que les Graces maussades, qu'il avoit exposées au Salon précédent, ont accéléré sa fin (1). S'il leur eut

(1) Je ne crois pas que le mauvais succès des Graces du salon précédent ait influé sur sa vie ; et si ses Graces et son Auguste de ce salon-ci lui avoient causé quelque chagrin, ses esquisses de Saint-Grégoire et sa Susanne auroient eu de quoi le consoler. *Vanloo* étoit

L

échappé, les dernières qu'il a peintes n'auroient pas manqué leur coup. Sa mort est

homme à prendre un violent déplaisir, à avoir un terrible accès de désespoir, mais non pas à se laisser
ronger par le chagrin. Il avoit tous les symptômes du
génie. Il étoit naturellement d'une humeur enjouée, et
puis, tout-à-coup, il tomboit dans un silence effrayant
pour qui ne l'auroit pas connu. Il restoit muet quelquefois pendant des semaines entières, soupant tous les
soirs avec sa femme, ses enfans et ses élèves, sans
proférer une parole, et tournant sur eux des yeux étincelans et terribles. Il traitoit les élèves du roi qu'il
avoit chez lui, comme des enfans. Il les assembloit
quelquefois pour savoir leur jugement sur ce qu'il venoit
de faire. S'il s'élevoit parmi eux une voix sincère, ils
étoient obligés de se sauver tous, et à toutes jambes,
pour n'être pas assommés. Un quart-d'heure après,
il faisoit venir le censeur, et lui disoit : tu avois raison;
voilà 20 sols pour aller ce soir à la comédie ; et il n'auroit
pas fait bon de refuser ses présens. Quelquefois il en-
voyoit un élève lui acheter de la couleur, et quand
celui-ci lui rapportoit quatre ou cinq sols que le marchand lui avoit rendus, il lui disoit : c'est pour toi,
c'est pour toi; et il falloit les prendre ou s'exposer à
quelque scène. Il alloit tous les soirs au spectacle, et
sur-tout à la comédie italienne ; mais il étoit aussi de
grand matin dans son atelier, et quand il étoit pressé
ou obsédé d'une idée, il passoit la nuit à se promener
dans sa maison, comme un voleur qui cherche à s'échap-
per, et qui attend le retour de l'aurore avec impatience.

une perte réelle pour Doyen et pour Lagrenée.

Son confrère à l'académie *Dandré-Bardon*, qui sait
lire et écrire, mais qui ne sait pas faire de tableaux,
a publié un précis de sa vie, où il n'y a rien de piquant. C'est qu'il faut être peintre pour écrire la vie
d'un peintre. On trouve à la fin de cette brochure une
liste des principaux ouvrages de *Carle*.

L 2

MICHEL VANLOO,

Neveu de CARLE, *et son successeur dans la place de Directeur de l'École des Élèves pensionnaires du Roi.*

LE plus remarquable de ses portraits est celui de *Carle*, son oncle. Il étoit placé sur la face du Salon la plus éclairée : on voyoit au-dessus la Susanne., l'Auguste et les Graces ; de chaque côté, trois Esquisses; au-dessous, les Anges qui semblent porter au ciel Saint-Grégoire et son peintre ; plus bas, à quelque distance, la Vestale et les Arts supplians. C'étoit un mausolée que *Chardin*, qui présidoit à l'arrangement des tableaux, avoit élevé à la mémoire de son confrère.

Carle, en robe de chambre, en bonnet d'atelier, le corps de profil, la tête de face, sortoit du milieu de ses propres ouvrages.

Il ressembloit à étonner : la veuve ne put le regarder sans verser des larmes. La touche en est vigoureuse ; il est peint de grande manière, cependant un peu rouge. En général, *Michel* fait les portraits d'hommes largement, et les dessine bien. Pour ceux de femmes, c'est autre chose : il est lourd, il est sans finesse de tons ; il vise à la craie de *Drouais*. *Michel* est un peu froid ; *Drouais* est tout-à-fait faux. Quand on tourne les yeux sur toutes ces figures mortes qui tapissent le Salon, on s'écrie : *LATOUR, LATOUR, UBI ES ?*

BOUCHER.

JE ne sais que dire de cet homme-ci. La dégradation du goût, de la couleur, de la composition, des caractères, de l'expression, du dessin, a suivi pas-à-pas la dépravation des mœurs. Que voulez-vous que cet artiste jette sur sa toile? Ce qu'il a dans l'imagination. Et que peut avoir dans l'imagination un homme qui passe sa vie avec les prostituées du plus bas étage? La grace de ses bergères est la grace de *la Favart* dans *Annette et Lubin* ; celle de ses déesses est empruntée de *la Deschamps* (1). Je vous défie de trouver dans toute une campagne un seul brin d'herbe de ses paysages; et puis, une confusion d'objets entassés les uns sur les autres, si déplacés, si disparates, que c'est moins le tableau d'un homme

---

(1) Célèbre courtisanne, morte l'année précédente dans la plus austère pénitence.

sensé que le rêve d'un fou. C'est de lui qu'il
a été écrit :

Velut œgri somnia , vanœ
Fingentur species , ut nec pes nec caput.

J'ose dire que cet homme ignore vraiment
ce que c'est que la grace. J'ose dire qu'il
n'a jamais connu la vérité. J'ose dire que
les idées de délicatesse, d'honnêteté, d'innocence, de simplicité, lui sont devenues
presqu'étrangères. J'ose dire qu'il n'a pas
vu un instant la nature, du moins celle qui
est faite pour intéresser mon ame, la vôtre,
celle d'un enfant bien né, celle d'une
femme qui sent. J'ose dire qu'il est sans goût.
Entre une infinité de preuves que j'en don-
nerois, une seule suffira ; c'est que dans la
multitude d'hommes et de femmes qu'il a
peints, je défie qu'on en trouve quatre d'un
caractère propre au bas-relief, encore moins
à la statue. Il y a trop de mines, de petites mines, de manière, d'afféterie, pour
un art sévère. Il a beau me les montrer
nues, je leur vois toujours du rouge, des
mouches, des pompons, et toutes les fan-
fioles de la toilette. Croyez-vous qu'il ait

L 4

jamais eu dans sa tête quelque chose de cette image honnête et charmante du *Pétrarque* :

E'l riso, e'l canto, e'l parlar dolce umano ?

Ces analogies fines et déliées qui appellent sur la toile les objets les uns à côté des autres, et qui les y lient par des fils secrets et imperceptibles, sur mon dieu! il ne sait ce que c'est. Toutes ses compositions font aux yeux un tapage insupportable ; c'est le plus mortel ennemi du silence que je connoisse. Il en est venu à faire les plus jolies marionnettes du monde, et je vous prédis qu'il finira par des enluminures. Eh bien , mon ami! c'est au moment où *Boucher* cesse d'être un artiste, qu'il est nommé premier peintre du roi. Vous me direz qu'il est en son genre ce que *Crébillon* le fils est dans le sien , et vous aurez raison. Ce sont à-peu-près les mêmes mœurs ; mais peut-être trouverez-vous plus de talent à l'homme de lettres qu'au peintre. Le seul avantage de celui-ci sur l'autre, c'est une fécondité qui ne s'épuise point, une facilité incroyable, sur-tout dans les accessoires de ses pastorales. Il groupe bien les enfans ; mais qu'ils ne cessent pas de folâtrer sur des nuages : dans toute cette innombrable fa-mille, vous n'en trouverez pas un que vous puissiez employer à quelqu'action réelle de la vie, comme à étudier sa leçon, à lire, à écrire, à teiller du chanvre. Ce sont des natures romanesques et idéales ; de petits bâtards de Bacchus ou de Silène. Par exemple, ces enfans-là, la sculpture s'en accommoderoit assez autour d'un vase an-tique. Ils sont gras, jouflus, potelés ; ils donneroient à l'artiste l'occasion de montrer qu'il sait pétrir le marbre.... En un mot, prenez tous les tableaux de *Boucher*, et à peine y en aura-t-il un à qui vous ne puis-siez dire, comme *Fontenelle* à la sonate : *Sonate, que me veux-tu? Tableau, que me veux-tu?* Il fut un temps où il étoit pris de la fureur de faire des vierges. Eh bien! ces vierges ?... étoient de jolies petites catins. Et des anges ? de petits satyres liber-tins. Dans ses paysages, il est d'un gris de couleur et d'une uniformité de ton qui vous feroient prendre sa toile, à deux pieds de distance, pour un morceau de gazon, ou d'une couche de persil, coupé en quarré :

avec tout cela , ce n'est pas un sot pourtant ; c'est un faux bon peintre , comme
on est un faux bel-esprit. Il n'a pas la
pensée de l'art , il n'en a que les *concetti*.

JUPITER EN DIANE, ET CALISTO.

*Tableau ovale d'environ deux pieds de
haut , sur un pied et demi de large.*

On voit au centre le Jupiter métamor-
phosé. Il est de profil ; il se penche sur les
genoux de Calisto. D'une main , il cherche
à écarter doucement son linge ; cette main
qui s'occupe à la dévoiler. Au-dessous de
la nymphe , le peintre a répandu de la draperie , un carquois : des arbres occupent le
fond. On voit à gauche un groupe d'enfans
qui jouent dans les airs ; au-dessus de ce
groupe, l'aigle de Jupiter.

Mais, est-ce que les personnages de la
mythologie ont d'autres pieds et d'autres
mains que nous ? Ah, *Lagrenée !* que vou-

lez-vous que je pense de cela, lorsque je vous vois tout à côté, et que je suis frappé de votre couleur ferme, de la beauté de vos chairs, et des vérités de nature qui percent de tous les points de votre composition ? Des pieds, des mains, des bras, des épaules, une gorge, un col, s'il vous en faut comme vous en avez baisé quelquefois, *Lagrenée* vous en fournira ; pour *Boucher*, non. Passé cinquante ans, mon ami, il n'y a presque pas un peintre qui appelle le modèle ; ils ne font plus que de pratique, et *Boucher* en est-là. Ce sont ses anciennes figures tournées et retournées. Est-ce qu'il ne nous a pas déjà montré cent fois, et cette *Calisto*, et ce *Jupiter*, et cette peau de tigre dont il est couvert ?

ANGÉLIQUE ET MÉDOR.

Tableau de la forme et de la grandeur du précédent.

Les deux figures principales sont placées à droite de celui qui regarde. Angélique est

couchée nonchalamment à terre , et vue
par le dos, à l'exception d'une petite portion de son visage qu'on attrape et qui lui
donne l'air de la mauvaise humeur. Du même
côté, mais sur un plan plus enfoncé, Médor
debout, vu de face, le corps penché, porte
sa main vers le tronc d'un arbre sur lequel
il écrit apparemment les deux vers de
Quinault ; ces deux vers que *Lulli* a si
bien mis en musique, et qui donnent lieu
à toute la bonté d'ame de *Roland* de se
montrer, et de me faire pleurer quand les
autres rient :

ANGÉLIQUE engage son cœur;
MÉDOR en est vainqueur.

Des amours sont occupés à entourer l'arbre
de guirlandes. Médor est à moitié couvert
d'une peau de tygre, et sa main gauche
tient un dard de chasseur. Au-dessous d'Angélique, imaginez de la draperie, un coussin
(un coussin, mon ami !) qui va là comme
le tapis du Nicaise de *la Fontaine ,* un
carquois et des flèches. A terre, un gros
amour étendu sur le dos, et dans les airs,

deux autres qui jouent aux environs de l'arbre confident du bonheur de Médor ; et puis à gauche, un paysage et des arbres.

Il a plu au peintre d'appeler cela *Angélique et Médor* ; mais ce sera, mon ami, tout ce qu'il me plaira. Je vous défie de me montrer quoi que ce soit qui caractérise la scène et qui désigne les personnages. Eh, mordieu ! il n'avoit qu'à se laisser mener par le poëte. Comme le lieu de la scène est plus beau, plus grand, plus pittoresque et mieux choisi ! C'est un antre rustique ; c'est un lieu retiré ; c'est le séjour de l'ombre et du silence ; c'est-là que, loin de tout importun, on peut rendre un amant heureux, et nos pas en plein jour, en pleine campagne, sur un coussin : c'est sur la mousse du roc.... que Médor grave son nom et celui d'Angélique....... Tenez, monsieur *Boucher*, cela n'a pas le sens commun. Petite composition de boudoir ! Et puis, ni pieds, ni mains, ni vérité, ni couleur, et toujours du persil sur les arbres. Voyez ; ou plutôt ne voyez pas le Médor, ses jambes surtout ; elles sont d'un petit garçon qui n'a ni goût, ni étude. L'Angélique est une petite tripière. O le vilain mot! D'accord, mais il peint. Dessin rond et mou, chairs flasques. Cet homme ne prend le pinceau que pour me montrer des tettons et des fesses : je suis bien aise d'en voir, mais je ne puis souffrir qu'on me les montre.

CHARDIN.

Vous venez à temps, Chardin, pour récréer mes yeux que plusieurs de vos confrères avoient mortellement affligés. Vous revoilà donc, grand magicien, avec vos compositions muettes ! Qu'elles parlent éloquemment à l'artiste ! Tout ce qu'elles lui disent sur l'imitation de la nature, la science de la couleur et l'harmonie ! Comme l'air circule autour de ces objets ! la lumière du soleil ne sauve pas mieux les disparates des êtres qu'elle éclaire. C'est vous qui ne connoissez ni couleurs amies, ni couleurs ennemies.

S'il est vrai, comme le disent les philosophes, qu'il n'y a de réel que nos sensations; que ni le vide de l'espace, ni la solidité des corps n'est peut-être rien de ce que nous éprouvons qu'ils m'apprennent ces philosophes, quelle différence il y a pour eux, à quatre pas de distance, de tes tableaux entre le créateur et toi.

Chardin est si vrai, si vrai, si harmonieux, que, quoiqu'on ne voie sur sa toile que la nature inanimée, des vases, des jattes, des bouteilles, du vin, de l'eau, des raisins, des fruits, des pâtés, il se soutient et peut-être vous arrête à côté de deux des plus beaux *Vernets* auprès de qui il n'a pas balancé de se mettre. C'est, mon ami, comme dans l'univers, où la présence d'un homme, d'un cheval, d'un être animé ne détruit point l'effet d'un bout de roche, d'un arbre, d'un ruisseau. Le ruisseau, l'arbre, le bout de roche intéressent moins sans doute que l'homme, la femme, le cheval; mais ils sont également vrais.

Il me semble que cette peinture qu'on appelle *de genre*, devroit être celle des vieillards ou de ceux qui sont nés vieux; elle ne demande que de l'étude et de la patience. Nulle verve, peu de génie, guère de poésie, beaucoup de technique et de vérité; et puis, c'est tout. Or, vous savez que le temps où nous nous mettons à ce qu'on appelle, d'après l'usage plutôt que d'après l'expérience, la recherche de la vérité, la philosophie est précisément celui où nos tempes grisonnent et où nous aurions mau-

vaise

vaises grace à écrire une lettre galante.
Réfléchissez à cette ressemblance des philosophes avec les peintres de genre. Mais
à propos de cheveux gris, j'en ai vu ce
matin ma tête toute argentée, et je me suis
écrié comme *Sophocle*, lorsque *Socrate* lui
demandoit comment alloient les amours :
à domino agresti et furioso profugi : « J'é-
chappe au maître sauvage et furieux ».

Je m'amuse à causer ici avec vous d'autant plus volontiers, que je ne vous dirai de
Chardin qu'un seul mot, et le voici : Choi-
sissez son site ; disposez sur ce site les objets
comme je vais vous les indiquer, et soyez
sûr d'avoir vu ses tableaux.

Il a peint les attributs des sciences, les
attributs des arts, ceux de la musique ; des
rafraîchissemens, des fruits, des animaux.
Il n'y a presque point à choisir ; tous ces
tableaux sont de la même perfection. Je vais
vous les esquisser le plus rapidement que
je pourrai.

Les Attributs des Sciences.

On voit sur une table couverte d'un tapis rougeâtre, en allant, je crois, de la droite à la gauche, des livres posés sur la tranche, un microscope, une clochette, un globe à demi-caché d'un rideau de taffetas verd, un thermomètre, un miroir concave sur son pied, une lorgnette avec son étui, des cartes roulées, un bout de télescope.

C'est la nature même pour la vérité des formes et de la couleur. Les objets se séparent les uns des autres, avancent, reculent comme s'ils étoient réels. Rien de plus harmonieux, et nulle confusion, malgré leur nombre et le petit espace.

Les Attributs des Arts.

Ici ce sont des livres à plat, un vase antique, des dessins, des marteaux, des ciseaux, des règles, des compas, une statue en marbre, des pinceaux, des palettes et autres objets analogues. Ils sont posés sur une espèce de balustrade. La statue est celle de la fontaine de Grenelle, le chef-d'œuvre de Bouchardon.

Même vérité ! Même couleur ! Même harmonie !

Les Attributs de la Musique.

Le peintre a répandu sur une table, couverte d'un tapis rougeâtre, une foule d'objets divers, distribués de la manière la plus naturelle et la plus pittoresque. C'est un pupitre dressé ; c'est devant ce pupitre un flambeau à deux branches ; c'est par-derrière une trompette et un cor de chasse dont on voit le concave de la trompe par-dessus le pupitre ; ce sont des hautbois, une mandore, des papiers de musique étalés, le manche d'un violon avec son archet, et des livres posés sur la tranche. Si un être animé, malfaisant, un serpent étoit peint aussi vrai, il effrayeroit.

Ces trois tableaux ont chacun trois pieds dix pouces de large sur trois pieds dix pouces de haut.

M 2

Rafraîchissemens, fruits et animaux.

Imaginez une fabrique quarrée de pierre grisâtre; une espèce de fenêtre, avec sa saillie et sa corniche. Jettez sur cette fabrique, avec le plus de noblesse et d'élégance que vous pourrez, une guirlande de gros verjus qui s'étende le long de la corniche, et qui retombe sur les deux côtés. Placez dans l'intérieur de la fenêtre une verre plein de vin, une bouteille, un pain entamé, d'autres carafes qui rafraîchissent dans un seau de fayence, un cruchon de terre, des radis, des œufs frais, une salière, deux tasses à café servies et fumantes, et vous verrez le tableau de *Chardin*. Cette fabrique de pierre large et unie, avec cette guirlande de verjus qui la décore, est de la plus grande beauté. C'est un modèle pour la façade d'un temple de Bacchus.

Pendant du précédent tableau.

La même fabrique de pierre. Autour, une guirlande de gros raisins muscats blancs.

En dedans, des pêches, des prunes, des carafes de limonade dans un seau de fer-blanc peint en verd, un citron pelé et coupé par le milieu, une corbeille pleine d'échaudés, un mouchoir masulipatan pendant en-dehors, une carrafe d'orgeat avec un verre qui en est à moitié plein. Combien d'objets! Quelle diversité de formes et de couleurs, et cependant quelle harmonie! quel repos! Le mouchoir est d'une molesse à étonner.

Troisième tableau de rafraîchisse-mens, à placer entre les deux premiers.

S'il est vrai qu'un connoisseur ne puisse se dispenser d'avoir au moins un Chardin, qu'il s'empare de celui-ci. L'artiste commence à vieillir; il a fait quelquefois aussi bien, jamais mieux. Suspendez par la patte un oiseau de rivière. Sur un buffet au-dessous, supposez des biscuits entiers et rompus, un bocal bouché de liège et rempli d'olives, une jatte de la Chine peinte et couverte, un

M 3

citron, une serviette dépliée et jettée négligemment, un pâté sur un rondin de bois, avec un verre à moitié plein de vin; c'est ici qu'on voit qu'il n'y a guères d'objets ingrats dans la nature, et qu'il ne s'agit que de les savoir rendre. Les biscuits sont jaunes, le bocal est verd, la serviette blanche, le vin rouge; et ce jaune, ce verd, ce blanc, ce rouge, mis en opposition, récréent l'œil par l'accord le plus parfait. Et ne croyez pas que cette harmonie soit le résultat d'une manière foible, douce et léchée. Point du tout; c'est par-tout la touche la plus vigoureuse. Il est vrai que ces objets ne changent point sous les yeux de l'artiste; tels il les a vus un jour, tels il les retrouve le lendemain. Il n'en est pas ainsi de la nature animée : la constance n'est l'attribut que de la pierre.

Une Corbeille de raisins.

C'est tout le tableau. Dispersez seulement autour de la corbeille quelques grains de raisins séparés, un macaron, une poire et deux ou trois pommes d'api ; on conviendra que des grains de raisin séparés, un macaron, des pommes d'api isolées ne sont favorables ni de forme ni de couleur ; cependant, qu'on voie le tableau de *Chardin.*

Placez sur un banc de pierre un panier d'osier plein de prunes, auquel une méchante ficelle serve d'anse, et jettez autour des noix, deux ou trois cerises et quelques grapillons de raisin.

Cet homme est le premier coloriste du sallon, et peut-être un des premiers coloristes de la peinture. Je ne pardonne point à cet impertinent *Webb* d'avoir écrit un traité de l'art, sans citer un seul Français. Je ne pardonne pas davantage à *Hogarth* d'avoir dit que l'Ecole française n'avoit pas même un coloriste médiocre. Vous en avez menti, monsieur *Hogarth !* C'est, de votre part, platitude ou ignorance. Je sais bien que votre nation a le tic de dédaigner un auteur impartial qui ose parler de nous avec éloge ; mais faut-il que vous fassiez bassement la cour à vos concitoyens aux dépens de la

vérité ? Peignez, peignez-mieux, si vous
pouvez. Apprenez à dessiner, et n'écrivez
point. Nous avons, les Anglais et nous,
deux manières bien diverses. La nôtre est
de surfaire les productions anglaises ; la leur
est de déprimer les nôtres. *Hogarth* vivoit
encore il y a deux ans ; il avoit été en France,
et il y a trente ans que *Chardin* est un
grand coloriste.

Le faire de *Chardin* est particulier. Il a
de commun avec la manière heurtée, que
de près on ne sait ce que c'est, et qu'à
mesure qu'on s'éloigne, l'objet se crée et
finit par être celui de la nature même.
Quelquefois aussi, *Chardin* vous plaît également de près et de loin. Cet homme est
au-dessus de *Greuze*, de toute la distance
de la terre au ciel, mais en ce point seulement. Il n'a point de manière ; je me trompe,
il a la sienne. Mais puisqu'il a une manière
sienne, il devroit être faux dans quelques
circonstances, et il ne l'est jamais. Tâchez,
mon ami, de vous expliquer cela. Connoissez-vous en littérature un style propre à
tout ? Le genre de peinture de *Chardin*
est à la vérité le plus facile, mais aucun

peintre vivant, pas même *Vernet*, n'est aussi parfait dans le sien.

Je me rappelle deux paysages de feu *Deshays*, dont je ne vous ai rien dit. C'est que ce n'est rien; c'est qu'ils sont tous les deux d'un dur, aussi dur.... que ces derniers mots.

SERVANDONI.

CE Servandoni est un homme que tout l'or du Perou n'enrichiroit pas. C'est le *Panurge de Rabelais*, qui avoit quinze mille moyens d'amasser, et trente mille de dépenser. Grand machiniste, grand architecte, bon peintre, sublime décorateur, il n'y a aucun de ces talens qui ne lui ait valu des sommes immenses. Cependant, il n'a rien et n'aura jamais rien. Le roi, la nation, le public ont renoncé au projet de le sauver de la misère. On lui aime autant les dettes qu'il a que celles qu'il feroit

DEUX DESSUS DE PORTES.

Tableaux de quatre pieds huit pouces, sur deux pieds quatre pouces de haut.

L'un représente des ruines et un trophée d'armes. L'effet de la lumière en est beau, il est bien colorié ; mais je lui préférerois celui où l'on voit un tombeau avec des rochers, et une chûte d'eau, quoiqu'on puisse écrire au-dessous de tous les deux ces mots qui renferment un des mystères de l'art : *Parvus videri, sentiri magnus*. On sent grands des objets qu'il a peints petits.

Si l'Hercule Farnèse n'est qu'une figure colossale où toutes les parties de détail, la tête, le col, les bras, le dos, la poitrine, le corps, les cuisses, les jambes, les pieds, les articulations, les muscles, les veines ont suivi proportionnellement l'exagération de la grandeur, dites-moi pourquoi cette figure, réduite à la hauteur ordinaire, reste toujours un Hercule ? Pourquoi, réduite à quinze pouces de hauteur, c'est encore un Hercule ? Cela ne s'explique point, à moins qu'il n'y ait à ces productions énormes quelques formes affectées qui gardent leur excès, tandis que les autres le perdent. Mais à quelles parties de ces figures appartient cette exagération permanente qui subsiste au milieu de la réduction proportionnelle des autres ? Je vais tâcher de vous le dire. Permettez que je rompe, par quelqu'écart qui nous délasse,

la monotonie de ces descriptions, et l'ennui
de ces mots parasites: *heurté, empâté, vrai,
naturel, bien colorié, bien éclairé, chaudement fait, froid, dur, sec, moëlleux,*
que vous avez tant entendus, sans ce que
vous les entendrez encore.

Qu'est-ce que l'Hercule de la fable? C'est
un homme fort et vigoureux, qu'elle arme
d'une massue et qu'elle occupe sur les grands
chemins, dans les forêts, sur les montagnes,
à combattre des brigands et à écraser des
monstres. Voilà l'état donné. Sur quelles parties d'un homme de cet état, l'exagération
permanente doit-elle principalement tomber?
Sur la tête? Non: on ne combat pas de la
tête, on n'écrase pas de la tête. La tête gar-
dera donc à la rigueur sa proportion naturelle, conformément à la hauteur de la figure.
Sur les pieds? Non: il suffit que les pieds
portent bien la figure; et ils le feront s'ils
sont aussi à-peu-près proportionnés à la hauteur. Sur le col? Oui, sans doute; c'est
l'origine des muscles et des nerfs, et le col
sera exagéré de grosseur un peu au-delà de
la proportion donnée. J'en dis autant des
épaules, de la poitrine, de tous les muscles
de ces parties, mais sur-tout des muscles.

Ce sont les bras qui portent la massue , et qui frappent. C'est là que doit être vigoureux un tueur d'hommes , un écraseur de bêtes. Il doit avoir dans les cuisses quelqu'excès constant et de l'état, puisqu'il est destiné à grimper des rochers , à s'enfoncer dans les forêts , à roder sur les grands chemins. Tel est en effet l'Hercule de *Glycon*.

Regardez-le bien, et vous y reconnoîtrez un systême exagéré dans certaines parties désignées par la condition de l'homme : exagération qui , s'affoiblissant insensiblement, s'en va, avec un art, un goût, un tout sublime, rechercher les proportions de la nature commune à ses deux extrémités, et à toutes les parties que la condition de l'homme laisse sans fonction. Supposez à présent que d'un Hercule de huit à neuf pieds de haut , vous en fassiez , sur une échelle plus petite, un Hercule de cinq pieds et-demi. Ce sera encore un Hercule, parce qu'au milieu de la réduction de toutes les parties d'une nature ordinaire et commune, il y en a d'autres qui , quoiqu'aussi réduites proportionnellement, garderont cependant leur excès. Vous le verrez petit , vous le sentirez grand. Plus la partie non

exagérée d'une nature ordinaire et commune
sera voisine de la partie qui garde son excès,
plus vous la trouverez affoiblie; plus au contraire la distance entre la partie exagérée
et la partie non exagérée sera grande, moins
vous en appercevrez la disproportion. Tel
est encore le caractère de l'Hercule de *Gly-*
con. C'est de la tête au col, et non des
cuisses aux pieds, qu'on sent fortement le
passage d'une nature à l'autre.

Maintenant, à côté de cet Hercule, imaginez quelques-unes de ces natures légères,
élégantes, sveltes, un Mercure, par exemple.
Faites décroître l'une de ces figures en même
proportion que vous ferez croître l'autre.
Que le Mercure prenne successivement tout
ce que l'Hercule perdra de son exagération
permanente, et que l'Hercule prenne aussi
successivement tout ce que le Mercure perdra de sa légèreté de condition et d'état.
Suivez cette métamorphose idéale, jusqu'à
ce que vous ayez deux figures réduites, qui
se ressemblent parfaitement, et vous aurez
rencontré les proportions de l'Antinoüs.
Q'uest-ce donc que l'Antinoüs? C'est un homme
qui n'est d'aucun état; c'est un fainéant qui
n'a jamais rien fait, et dont aucune des fonc-

tions de la vie n'a altéré les proportions. L'Hercule est l'extrême de l'homme laborieux ; l'Antinoüs est l'extrême de l'homme oisif. Il est né grand comme il est. C'est un modèle primitif et commun ; c'est la figure que vous choisirez pour la plier à toutes sortes de conditions , soit par l'exagération de quelques parties pour les natures fortes , soit par l'affoiblissement de ces parties pour les natures légères; et c'est la connoissance plus ou moins profonde, plus ou moins exacte que vous aurez des conditions , qui déterminera les parties sur lesquelles l'excès ou l'affoiblissement doit tomber. Le difficile de la chose ne consiste pas dans ce choix; ce n'est pas là le sublime de *Glycon*. Ce que je vous demande, c'est que votre systême aille insensiblement des parties que vous aurez affoiblies ou exagérées , se confondre dans la nature commune des autres parties, avec tant d'art et de science que , grand ou petit , je reconnoisse toujours votre soldat, si c'est à l'état militaire que vous ayez conduit l'Antinoüs ; votre porte-faix , si c'est un portefaix que vous en ayez fait.

Mais, si c'est le dieu de la lumière ; si c'est le vainqueur du serpent Pithon; si l'état exige de la force, de la grace, de la grandeur et de la vélocité? Alors, vous laisserez à l'Antinoüs toutes ses proportions dans les parties supérieures : je dis ses proportions et non son caractère, car ce sont deux choses diverses ; et en répandant l'altération seulement sur les jambes et les cuisses, d'où elle ira rechercher par gradation les parties supérieures de l'Antinoüs, vous aurez *l'Apollon du Belvedère*, vigoureux d'en-haut, véloce par en-bas.

C'est ainsi qu'un maquignon expérimenté se forme l'idée d'un beau cheval de bataille. Le cheval de bataille est une nature moyenne entre le cheval de trait le plus vigoureux et le cheval de course le plus léger. Et soyez sûr que deux hommes consommés dans le maquignonage, ont, à de très-petites différences près, la même image dans la tête, et avec tous les retours délicats de l'exagération ou de l'affoiblissement à la nature ordinaire et commune.

Voilà, mon ami, un échantillon de la métaphysique du dessin (1). Toute science, tout

(1) Toute cette théorie subtile peut servir à la solution du problême, comment un Hercule de trois pieds,

art

t a la sienne, à laquelle le génie s'assu-
ettit par instinct, sans le savoir. Par instinct?
Oh! la belle occasion de métaphysiquer en-
ore ! Ce sera pour une autre fois; vous n'y
erdrez rien. Il y a sur le dessin des choses
lus fines encore que vous ne perdrez pas
avantage.

lacé à côté d'un Mercure de proportion colossale, de
euf pieds par exemple, l'Hercule reste toujours un
Hercule, c'est-à-dire un homme fort et nerveux, et le
Mercure toujours un dieu svelte et léger. Tout état, toute
ondition de la vie a ses habitudes de corps et de mouvement. Pour des yeux un peu fins, chaque homme porte
l'enseigne de son métier avec lui. Un écrivain, un tailleur
d'habits, un forgeron, un graveur, un boucher, un bou-
anger, n'ont entr'eux aucune partie du corps qui se ressemble, aucune direction de mouvement qui leur soit
commune. C'est toujours faute d'yeux assez perçans, assez
exercés, si nous ne remarquons pas entre les individus des
dissemblances prodigieuses. Voilà pourquoi on a dit que
pour dieu il n'y auroit point de chef-d'œuvre de l'art.
Oh! combien il nous montreroit de balourdises dans
l'Hercule de Glycon, ou dans l'Apollon du Belvedère !

N

LEPRINCE.

C'EST un débutant qui n'est pas sans mérite. Outre son morceau de réception qui est un très-beau tableau, il a exposé une quantité d'autres compositions, parmi lesquelles on en discerne quelques-unes qui peuvent arrêter un homme de goût. En général, il possède la base de l'art, le dessin. Il dessine très-bien. Il touche ses figures avec esprit. C'est dommage que sa couleur ne réponde pas tout-à-fait à ces deux qualités. En opposant le travail de *Leprince* à celui de *Vernet*, *Chardin* semble avoir dit au premier : Jeune-homme, regardez bien, et vous apprendrez à faire fuir vos lointains, à rendre vos ciels moins lourds, à donner de la vigueur à votre touche, sur-tout dans vos grands morceaux, à la rendre moins sourde et à tendre à l'effet.

Je ne réponds point des imitations russes; c'est à ceux qui connoissent le local et les mœurs du pays à prononcer là-dessus. Mais je les trouve, pour la plupart, foibles comme la santé de l'artiste, mélancoliques et douces comme son caractère.

VUE D'UNE PARTIE DE ST.-PÉTERSBOURG.

Tableau de cinq pieds de long, sur deux pieds six pouces de haut.

Elle est prise du palais qu'occupoit notre ambassadeur, M. *de l'Hôpital.* Elle montre l'île St.-Basile, le port, la douane, le sénat, les collèges de justice, la forteresse et la cathédrale. Les petites figures placées sur le devant, sont l'ambassadeur et les personnes de sa suite ; elles sont spirituelles. Ce chariot où l'on voit une femme couchée, se promenant et voyageant, sans doute à la manière du pays, fait très-bien. Mais je n'ai pas le courage de louer ce morceau à l'aspect du *Port de Dieppe de Vernet.* Il est sombre, il est triste, sans ciel, sans effet de lumière, sans effet du tout.

PARTI DE TROUPES COSAQUES ET TARTARES.

Tableau de sept pieds de haut, sur cinq pieds six pouces de large.

Ils reviennent du pillage. Ils ont rassemblé leur butin pour le partager. La scène est tranquille. Pourquoi s'asservir si scrupuleusement au costume et aux mœurs? Il me semble qu'une querelle survenue entre ces brigands auroit animé cette froide composition, où l'on n'est intéressé que par le pittoresque des vêtemens; et dont on n'a à louer que la touche des figures qui est plus large ici qu'en aucune des compositions de cet artiste. Le technique s'acquiert à la longue; la verve, l'idéal ne vient point, il faut l'apporter en naissant. Je dirois volontiers aux Quarante, rassemblés trois fois la semaine au Louvre: Eh! que m'importe qu'il n'y ait pas un sollécisme dans tous vos écrits, s'il n'y a pas une idée frappante, pas une ligne qui vive? Vous écrivez comme *Leprince* peint, et com me *Pierre* dessine: très-correctement, d'accord; mais très-froi-

dement. Il n'y a, à proprement parler, que
trois grands peintres originaux, *Raphaël*,
le Dominiquin et *le Poussin* (1). Entre les
autres, qui forment pour ainsi dire leurs
écoles, il y en a qui se sont distingués par
quelques qualités particulières. *Le Sueur* a
son coin ; *Rubens* le sien. On pourra re-
procher quelquefois à celui-ci une main es-
tropiée, une tête mal emmanchée ; mais
quand vous avez vu ses figures, elles vous
suivent et vous inspirent du dégoût pour les
autres.

PRÉPARATIFS POUR LE DÉPART
D'UNE HORDE.

*Tableau de deux pieds six pouces de
haut, sur deux pieds trois pouces de
large.*

A droite, des arbres auxquels on a suspendu un cimeterre, un carquois plein de
flèches, et d'autres armes. Un Calmouck est

(1) Et le Corrège ? à votre avis, n'est-ce pas un
peintre original ?

N 3

occupé à les détacher. Il obéit à l'orde de son officier, qui est debout et qui lui commande. Entre l'officier et le Calmouck, sous une tente formée d'un grand voile tendu, on voit un Tartare et sa femme assis. La femme est tout-à-fait agréable ; elle intéresse par son naturel et sa grace. Sur la gauche, l'Horde commence à défiler.

Morceau où l'on voit tout ce que l'artiste a de talent et de défauts. Bon, et puis c'est tout.

PASTORALE RUSSE.

Tableau de la grandeur du précédent.

Songez, mon ami, que je laisse toujours-là les mœurs que je ne connois point. Les artistes diront de celui-ci tout ce qu'il leur plaira ; mais il a un sombre, un repos, une paix, un silence, une innocence qui m'enchantent. Il semble qu'ici le peintre ait été secondé par sa propre foiblesse. Ce sujet simple demandoit une touche légère et douce ; elle y est. Peu d'effet de lumière ; il y en a peu. C'est un vieillard qui a cessé de jouer

de sa guitarre, pour entendre un jeune ber-
ger jouer de son chalumeau. Le vieillard est
assis sous un arbre : je le crois aveugle.
S'il ne l'est pas, je voudrois qu'il le fût.
Il y a une jeune fille à côté de lui. Le jeune
garçon est assis à terre, à quelque distance
du vieillard et de la jeune fille. Il a son
chalumeau à la bouche. Il est de position,
de caractère, de vêtement, d'une simplicité
qui ravit. Sa tête sur-tout est charmante. Le
vieillard et la jeune fille écoutent à merveille.
Le côté droit de la scène montre des rochers au pied desquels on voit paître quelques moutons. Cette composition va droit à
l'ame. Je me trouve bien là. J'y resterai
appuyé contre cet arbre, entre le vieillard
et la jeune fille, tant que le jeune garçon
jouera. Quand il aura cessé de jouer, et que
le vieillard remettra ses doigts sur sa bala-
laie, j'irai m'asseoir à côté du jeune garçon;
et lorsque la nuit s'approchera, nous re-
conduirons, tous les trois ensemble, le bon
vieillard dans sa cabane. Un tableau avec
lequel on raisonne, qui met le spectateur
en scène et le mêle avec ses acteurs, et
dont enfin l'ame reçoit une sensation déli-
cieuse, n'est jamais un mauvais tableau.

Vous me direz qu'il est foible de couleur...
D'accord !...... Qu'il est sourd et monotone...... Cela se peut. Mais il touche,
mais il arrête ; et que m'importent tes
passages de tons savans , ton dessin pur et
correct , la vigueur de ton coloris , la magie
de ton clair-obscur , si ton sujet me laisse
froid ? La peinture est l'art d'aller à l'ame
par l'entremise des yeux. Si l'effet s'arrête
aux yeux , le peintre n'a fait que la moindre
partie du chemin.

PÊCHE AUX ENVIRONS DE PÉTERSBOURG.

*Tableau de deux pieds six pouces de
haut , sur deux pieds trois pouces
de long.*

Triste et malheureuse victime de Vernet !

Plusieurs petits tableaux des mœurs de la Russie.

Quelques paysans se disposent à passer un bac, et se reposent en attendant. Mais pourquoi se reposent-ils simplement? Est-ce qu'il n'y avoit pas moyen de varier ce repos? C'est le moment où une femme peut donner à tetter à son enfant ; où des paysans peuvent compter ce qu'ils ont gagné ; où, s'il y a un jeune garçon et une jeune fille qui s'aiment, ils se le marqueront par quelques caresses furtives. Le batelier n'en viendra pas moins vîte. Ces montagnes qui sont à droite me semblent vraies. J'oserai dire que ces eaux ne sont pas mal, au hazard de faire rire *Vernet*, s'il m'entendoit. Ce rivage est bien. Si ces passagers qui attendent ne font que cela, ils le font naturellement, et ce passeur ne me déplaît pas.

PONT DE LA VILLE DE NERVA.

C'est peut-être une grande fabrique sur
les lieux. Elle peut en imposer par sa masse ,
surprendre par la bizarrerie de sa construction ; effrayer par la hauteur de ses arches.
Ce sera, si l'on veut, le sujet d'une bonne
planche dans un auteur de voyages ; mais
c'est une chose détestable en peinture. Si
vous me demandez ce que cela seroit
devenu sous le crayon ou le pinceau de
ce sorcier de *Servandoni*, je vous répondrai
que je n'en sais rien. Pour *Leprince* , il
n'en a fait qu'une plate composition. Le
pont est maigre et sans effet. Ces masses
aigues qui le soutiennent sont grossières,
sans aucun de ces accidens qui en auroient
rendu l'aspect piquant. Toute la montagne
est d'ocre. S'il y a quelque maître de
forges dans les environs , il a tort de ne
pas fouiller-là.

HALTE DE TARTARES.

On voit à droite des forêts, un chariot attelé et passant, un bout de roche. A-peu-près au centre, il y a sur un autre endroit où le terrein est rompu et forme une élé-vation, une femme debout et un homme assis. Vers la gauche, un Tartare ou un voyageur à cheval. Plus sur la gauche, d'autres Tartares. C'est sur l'élévation formée par la rupture du terrein, au centre de la toile, un peu au-delà, vers la gauche, près de la femme debout et de l'homme assis, que la halte se fait. Si les mœurs sont vraies, ce morceau peut intéresser par-là; du reste, c'est peu de chose. Les objets n'y sont liés que pour l'œil; aucune action commune ne les enchaîne. En effet, qu'ont entr'eux de commun, ce chariot qui passe, cette femme debout, cet homme assis, ce voyageur à cheval? Qu'ont-ils de commun avec la halte ou le sujet principal? Rien qui se sente. Cela est placé là comme dans un tableau de genre, un mouchoir, une tasse, une soucoupe, une jatte, une corbeille de fruits; et à moins qu'il n'y ait dans le tableau de genre la plus

grande vérité de ressemblance et le plus
beau faire , et dans un paysage tel que
celui-ci, une grande beauté de site , avec
la plus rigoureuse imitation des mœurs ,
cela ne signifie rien, et ne mérite pas
d'être regardé.

Paysage avec figures vêtues en différentes modes.

Ce paysage montre sur la droite une
montagne. Un peu au-delà de la montagne,
des eaux avec des bateaux à bord. En avançant vers la gauche , d'autres montagnes
qui occupent et forment le fond. Au centre
de la toile, un traîneau en brancard tiré
par un cheval. Sur ce traîneau , un panier
dans lequel on voit un mouton et un veau.
En allant toujours vers la gauche , un groupe
d'hommes diversement vêtus qui se reposent.
Puis, une fabrique élevée sur pilotis. Sur
cet espace piloté, un chariot. Près du chariot , un jeune-homme couché. Tout-à-fait à
gauche, des eaux.

Il faudroit à toutes ces actions isolées un

peu plus de mouvement et d'intérêt; quelque
chose dans les êtres animés qui refletât du
sentiment sur les êtres inanimés ; quelque
chose dans ceux-ci qui fît de l'effet sur les
premiers ; en un mot, de l'invention, une
convenance de scène particulière, un choix
d'incidens. Il n'y a rien de tout cela. Tout
homme qui sait dessiner seulement comme
notre ami *Carmontelle*, sans avoir plus de
verve que lui, n'a qu'à mettre les pieds
hors des barrières, sur les cinq heures du
soir, ou sur les neuf heures du matin, et
il trouvera des sujets pour mille tableaux;
mais ces tableaux ne pourront piquer la
curiosité. Oh! si le faire étoit supérieur; si
dans chaque figure l'imitation de la nature
étoit à son dernier point; si c'étoit un gueux
de *Calot*, ou un vielleux de *Berghem*, ou
un ivrogne de *Ténières*, la vérité de l'objet
en feroit oublier la pauvreté.

Nous venons de battre bien du pays. Je
ne sais, mon ami, si vous en êtes aussi fatigué que moi; mais, dieu merci! nous
voilà de retour. Asséyons-nous; délassons-
nous. Si nous nous rafraîchissions, ce ne
seroit pas trop mal fait. Nous quitterions

ensuite nos habits de voyage, et nous irions ensemble à ce Baptême russe auquel nous sommes invités.

LE BAPTÊME-RUSSE.

Tableau d'environ deux pieds six pouces de haut, sur quatre ou cinq pieds de large.

C'est, ma foi! une belle cérémonie! Cette grande cuve baptismale d'argent fait un bel effet. La fonction de ces trois prêtres, qui sont tous les trois à droite, debout, a de la dignité. Le premier embrasse le nouveau né par-dessous les bras, et le plonge par les pieds dans la cuve. Le second tient le rituel et lit les prières sacramentelles. Il lit bien, comme un vieillard doit lire, en éloignant le livre de ses yeux. Le troisième regarde attentivement sur le livre. Et ce quatrième qui répand des parfums dans une poële ardente placée vers la cuve baptismale, ne remarquez-vous pas comme il est bien richement et noblement vêtu? comme son action

est naturelle et vraie ? Vous conviendrez
que voilà quatre têtes bien vénérables. Mais
vous ne m'écoutez pas. Vous négligez les
prêtres vénérables et toute la sainte cérémonie, et vos yeux demeurent attachés sur
le parain et sur la maraine. Je ne vous en
sais pas mauvais gré. Il est certain que ce
parain a le caractère le plus franc et le plus
honnête qu'il soit possible d'imaginer. Si je
le retrouve hors d'ici, je ne pourrai jamais
me défendre de rechercher sa connoissance
et son amitié; j'en ferai mon ami, vous
dis-je. Pour cette maraine, elle est si aimable,
si décente, si douce..... que j'en ferai, dites-
vous, ma maîtresse, si je puis.... Et pourquoi
non ?.... Et s'ils sont époux, voilà donc votre
bon ami de Russie?.... Vous m'embarrassez.
Mais aussi, c'est qu'à la place du Russe,
ou je ne laisserois pas trop approcher mes
amis de ma femme, ou j'aurois la justice de
dire: ma femme est si charmante, si aimable,
si attrayante........ Et vous pardonneriez à
votre ami ?.... O non ! Mais ne voilà-t-il pas
une conversation bien édifiante, tout à travers la plus auguste cérémonie du christianisme; celle qui nous régénère en Jesus-
Christ, en nous lavant de la faute que notre

grand-père a commise il y a sept ou huit mille ans ? Allons , mon ami , contenez-vous. Voyez comme ce parain et cette maraine sont bien à leurs fonctions. Ils en imposent ; ils sont pieux sans bigoterie. Par derrière les trois prêtres , ce sont apparemment des parens , des témoins , des amis , des assistans qu'on voit. Les belles études de têtes que *le Poussin* feroit ici ! car elles ont tout-à-fait le caractère des siennes..... *Que voulez-vous dire avec vos études du Poussin?......* Je veux dire que j'oubliois que je vous parle d'un tableau. Et ce jeune-acolyte qui étend sa main pour recevoir les vaisseaux de l'huile sainte qu'un autre lui présente sur un plat, convenez qu'il est posé de la manière la plus simple et pourtant la plus élégante , qu'il étend son bras avec facilité et avec grâce , et que c'est de tout point une figure charmante. Comme il tient bien sa tête ! Comme cette tête est bien placée ! Comme ses cheveux sont bien jettés ! La physionomie distinguée qu'il a ! Comme il est droit, sans être maniéré ni roide ! Comme il est bien et simplement habillé ! Cet homme qui est à côté de lui , et qui est baissé sur un coffre ouvert, c'est apparamment le père ou quelque

assistant

ssistant qui cherche de quoi emmaillotter
promptement l'enfant au sortir de la cuve.
Regardez-bien cet enfant ; il a tout ce qu'il
faut pour faire un bel enfant. Ce jeune
homme que je vois derrière le parrain est ou
son page, ou son écuyer ; et cette femme
assise sur le fond, à gauche, à côté de lui,
c'est ou la sage-femme, ou la garde-malade.
Pour celle qu'on entrevoit dans un lit, sous
ce rideau, il n'y a pas à s'y tromper ; c'est
l'accouchée, à qui l'odeur de ces parfums
qu'on brûle donnera un mal de tête effroyable,
si l'on n'y prend garde. A cela près, voilà,
ma foi ! une belle cérémonie et un beau
tableau ! C'est le tableau de réception de
l'artiste(1). Combien de noms qu'on ne liroit

(1) *Leprince* a été agréé par l'académie, à son retour
de Russie. On est agréé sur la simple inspection d'un
tableau qui promet ; mais pour être reçu académicien,
il faut porter un tableau qui reste à l'académie, si, sur
ce tableau, l'auteur est jugé digne d'être reçu.
Leprince a offert son Baptême Russe quelques jours
après l'ouverture du Salon, et a été reçu académicien
d'une voix unanime. Du grade d'académicien, on monte
successivement à celui de conseiller ; et quand on est
peintre d'histoire du grand genre, on parvient à la
place d'adjoint-à-professeur, puis de professeur, enfin
de recteur de l'académie.

O

pas sur le livret , si l'on n'étoit admis à l'académie qu'en produisant de pareils titres? J'ai honte de vous dire que le coloris en est cuivreux et rougeâtre , que le fond en est trop brun , que les passages de lumières..... Mais il faut bien que l'homme perce par quelqu'endroit. Du reste , cette composition est soutenue ; toutes les figures en sont intéressantes ; la couleur même est vigoureuse. Je vous jure que l'artiste a fait celui-là, dans un intervalle de bonne santé , et que si j'étois jeune, libre, et qu'on me proposât cet honnête Russe pour beau-père , et pour femme cette jeune fille qui tient si modestement un cierge

Leprince a certainement du talent, mais il a une bien mauvaise santé. Il a de l'esprit , et il a l'air fin et malin. Le Salon prochain décidera du rang qu'il tiendra parmi nos artistes. Ce peintre a publié des cahiers gravés, contenant la représentation des habitans de différens pays du Nord qu'il a parcourus ; de leurs habits , de leurs usages, de leurs meubles, de leurs habitations., etc. Ce recueil est amusant, et si l'on peut compter sur la véracité et l'exactitude du crayon, il est aussi instructif qu'agréable. Il est à désirer pour *Leprince* que son Baptême Russe soit gravé. Comme il est précieux par le caractère des têtes, et que s'il pèche par quelque côté c'est par la couleur, il gagneroit beaucoup à la gravure.

à côté de lui , avec un peu d'aisance , tout autant qu'il en faudroit pour que ma petite Russe pût, quand il lui plairoit, dormir la grasse matinée, moi lui faire compagnie sur le même oreiller , et élever sans peine les petits bambins que ces vénérables papas schismatiques viendroient baptiser chez moi tous les neuf à dix mois, je serois, ma foi ! tenté d'aller voir quel temps il fait dans ce pays-là.

MANIÈRE DE VOYAGER EN HIVER.

Et pour faire sortir le décousu de tous ces objets, je vais décrire ce tableau comme si c'étoit un Chardin.

En allant de la droite à la gauche , de petites montagnes couvertes de neige. Derrière ces montagnes, les toîts blancs d'un hameau. Sur le devant et au pied des petites montagnes , un poteau de seigneur qui marque le chemin ; ce poteau est planté à l'entrée d'un pont de bois. Une voiture tirée par des chevaux et prenant vers la droite, est prête à entrer sur le pont. Au-dessous du pont , il faut supposer quelque grande rivière prise

O 2

et couverte de neige, car on apperçoit les arrières-becs et les mâts de quelques grands bateaux retirés vers le rivage. Sur le devant, un paysan voiture sur la gauche des provisions.

Tout ce qu'on apprend-là, c'est la manière dont les voitures sont construites en Russie(1). Je ne sais si ces bâtons recourbés ne seroient pas, en ce pays-ci même, sur-tout dans les provinces où les chemins sont unis et ferrés, d'un très-bon usage, avec la précaution d'y ajouter de larges roulettes de fer.

HALTE DE PAYSANS EN ÉTÉ.

A droite, on voit un bout de forêt, et près de-là un charriot chargé de bestiaux. Plus bas, un ruisseau. En s'avançant vers la

(1) Ces voitures sont des traîneaux fort communs en Allemagne et dans les pays du Nord, et dont les paysans se servent dans les temps de neige. Il ne seroit guère possible de s'en servir avec avantage sur des chemins qui ne seroient pas couverts de neige ; mais on voit dans le tableau des paysans qui se disposent à passer le bac, une voiture finlandoise, aussi simple qu'ingénieuse, et qui paroît particulière à ces pays-là.

gauche , un grand charriot. Vers ce charriot , une vache et un mouton. Un homme , vu par le dos, est penché sur le coffre de bois porté par le charriot. Sur le fond , encore un charriot. Sur un lieu plus bas et plus avancé vers la gauche, un groupe d'hommes et de femmes en repos. Tout-à-fait à gauche et vers le fond , un autre groupe d'hommes et de femmes.

Tous ces objets, quoiqu'isolés , sont assez harmonieusement disposés. Il y a quelque art à les avoir liés pour l'œil par la seule variété du site et des lumières ; mais la vue en est presqu'aussi froide que la description ; et s'ils sont vrais, ce que je suppose toujours , ils ne peuvent intéresser qu'un homme transplanté à sept ou huit cents lieues de son pays , et qui venant à jetter les yeux sur un de ces morceaux, se retrouve en un instant chez lui, au milieu de ses compatriotes , proche de son père , de sa mère , de sa femme , de ses parens , de ses amis. Si j'étois à Moscou, doutez-vous , cher Grimm , que la vue d'une carte de Paris ne me fît plaisir? Je dirois: Voilà la rue Neuve-de-Luxembourg. C'est-là qu'habite celui que je chéris. Peut-être il pense à moi dans ce moment. Il me regrette; il me souhaite tout le bonheur que je puis avoir loin de lui. Voilà la rue Neuve-des-Petits-Champs; c'est-là que demeurent la gaîté, la plaisanterie, la raison, la confiance, l'amitié, l'honnêteté, la tendresse et la liberté. L'hôtesse aimable avoit promis à l'esculape de Genève de s'endormir à dix heures, et nous causions et nous riions encore à minuit. Voilà la rue Royale-Saint-Roch; c'est-là que se rassemble tout ce que la capitale renferme d'honnêtes et d'habiles gens. Ce n'est pas assez, pour trouver cette porte ouverte, que d'être titré ou savant, il faut encore être bon; c'est-là que le commerce est sûr; c'est-là qu'on parle histoire, politique, finance, belles-lettres, philosophie; c'est-là qu'on s'estime assez pour se contredire; c'est-là qu'on trouve le vrai cosmopolite, l'homme qui sait user de sa fortune, le bon père, le bon ami, le bon époux. C'est-là que tout étranger de quelque nom et de quelque mérite veut avoir un accès, et peut compter sur l'accueil le plus doux et le plus poli. Et cette aimable baronne vit-elle encore? Sa santé étoit si frêle! Se mocque-t-elle toujours de beaucoup de gens qui ne l'en aiment

pas moins? Voilà la rue des Vieux-Augus-
tins. Ici, mon ami, la parole me manque-
roit. Je m'appuyerois la tête sur les deux
mains ; quelques larmes tomberoient de mes
yeux, et je me dirois à moi-même : elle est-
là ; comment se fait-il que je sois ici(1)?

———————

LE BERCEAU POUR LES ENFANS.

C'est une des meilleures compositions de
Leprince...... Vous le trouvez, me dites-vous,
mieux colorié que le Baptême?... Oh! non.....
Il vous paroît plus intéressant que le Baptême ?... Oh! non. Mais aussi, diable! c'est
que ce Baptême Russe, auquel vous voulez comparer ce tableau-ci, est une belle
chose.

(1) Heureusement, cher ami, vous n'avez qu'un pas
à faire pour y aller. Elle vous attend, et je vais vous
chasser de chez moi à l'instant, pour que vous n'en per-
diez pas par ma faute. Mais, convenez auparavant que
ces tableaux de Leprince ont un attrait particulier pour
ceux qui ne connoissent pas les mœurs et les usages
qu'il a peints. Rien n'attache davantage que les tableaux
qui représentent des mœurs étrangères.

Dans le Berceau pour les enfans , on voit
à droite une portion d'une baraque en bois.
A la porte de cette baraque , sur un banc
grossier , un vieux paysan en chemise , jambes
singulièrement vêtues et pieds singulièrement
chaussés. Autour de ce vieillard , à terre ,
sur le devant , parmi de mauvaises herbes ,
une terrine , un auget , des bâtons , un coq
qui cherche la vie. Devant le vieillard , une
espèce de petit hamac , occupé par un bam-
bin , gras , potelé , bien nourri , tout nud ,
étendu sur ses langes ; ce hamac est suspendu
par une corde à une grosse branche d'arbre :
la corde fait plusieurs tours autour de la
branche. Une grande servante , assez jeune
et assez bien vêtue pour n'être pas la femme
du vieux paysan , tire la corde , comme si
son dessein étoit d'élever le hamac ou berceau , ou peut-être le descendre. Autour du
hamac , deux autres enfans ; l'un sur le fond ,
l'autre sur le devant : l'un vu de face , l'autre
vu par le dos ; tous les deux regardant avec
joie le petit suspendu. Sur le devant , une
chèvre et un mouton. Plus , vers la gauche ,
une vieille avec sa quenouille et son fuseau ;
elle a interrompu son ouvrage pour parler
à celle qui tient la corde du hamac. Tout-

à-fait à gauche, vers le devant et sur le fond, chaumière et hameau. Autour de la chaumière, différens outils et agrêts champêtres.

Le paysan est très-beau. Vrai caractère, vraie nature rustique. Sa chemise, tout son vêtement, larges et de bon goût. J'en dis autant de la vieille qui filoit et qui paroît être la grand'mère des enfans ; c'est une vieille excellente. Belle tête, belle draperie, action simple et vraie. Les enfans, et celui qui est dans le hamac, et les deux autres, charmans. Mais il y a tout plein de choses ici qui me chiffonnent, et qui tiennent peut-être à la connoissance des mœurs. Voilà bien la chaumière du paysan ; mais il est trop grossier, trop pauvrement vêtu pour que cette vieille soit sa femme. Celle qui tient la corde du hamac, et qui remonte ou descend le berceau, peut bien être la fille ou la servante de la vieille, mais elle n'est de rien au paysan. Quel est l'état de ces deux femmes ? Où est leur habitation ? Ou je me trompe fort, ou il y a quelqu'amphibologie dans cette composition. En Russie, les femmes seroient-elles mieux vêtues que les hommes? Quoi qu'il en soit, ici le coloris

du peintre et sa touche sont beaucoup plus
fermes. Il est moins briqueté, moins rougeâtre de ton que dans son Baptême ; mais
ce Baptême intéresse bien autrement : il
est bien plus riche de caractères.

INTÉRIEUR D'UNE CHAMBRE DE PAYSAN RUSSE.

On voit dans cette chambre une paysanne
russe assise. Cette paysanne est aussi très-
bien vêtue, notez cela; c'est comme au tableau précédent. Près d'elle, vers la droite,
une petite table sur laquelle elle est accou-
dée, le bras étendu sur une corbeille pleine
d'œufs. Devant elle, un jeune paysan, fort
démonstratif, les bras élevés et tenant un
œuf dans chaque main. Un grand rideau
blanc attaché sur une perche, tombe, en
s'élargissant, derrière la paysanne. Elle a à
ses pieds un chat qui fait le dos et qui se
frotte contr'elle. Elle est élevée sur une
espèce d'estrade qui n'a qu'une marche. Le
peintre a répandu sur cette estrade et au-
dessous, à terre, un panier, un autre panier,
une terrine remplie de différens légumes.

Plus sur la gauche et sur le devant, il y a
une table avec un pot-à-l'eau. Tout-à-fait
à gauche et dans l'ombre, une vieille qui
dort, et qui laisse à la jeune marchande
d'œufs, sa fille, toute la facilité possible
d'accepter l'échange qu'on lui propose. Ce
tableau est joli. L'idée en est polissonne,
ou je me trompe fort. Le jeune paysan est
vigoureux. Jeune fille, je n'entends pas trop
ce qu'il vous promet; mais, en France, je
vous conseillerois d'en rabattre la moitié.
Mais laissons ce point. Il faudroit savoir,
pour le traiter à fond, jusqu'où les hommes
tiennent parole aux femmes en Russie.

CASANOVA.

C'EST un grand peintre ce *Casanove*(1) !
Il a de l'imagination et de la verve ; il sort
de son cerveau des chevaux qui hennissent,
bondissent, mordent et combattent, ruent,
des hommes qui s'égorgent en cent manières
diverses, des crânes entr'ouverts, des poi-
trines percées, des cris, des menaces, du
feu, de la fumée, du sang, des morts,
des mourans, toute la confusion, toutes les

(1) *Casanove* est Allemand ; mais, comme je n'accorde pas que *Roslin* prouve quelque chose contre
l'Allemagne et le Nord, je ne prétends pas non plus
que *Casanove* fasse preuve en leur faveur. Et, pour
tout dire, je trouve l'éloge que le philosophe en fait,
trop magnifique. Je doute que *Casanove* parvienne
jamais à la réputation d'un peintre de la première force.
Les érudits en peinture reconnoissent ses groupes et
ses lambeaux pillés, ses larcins de toute espèce ; et les
tableaux qu'il a exposés dans ce Salon n'ont pas fait
la sensation qui précède la réputation d'un grand
peintre.

horreurs d'une mêlée. Il sait aussi ordonner des positions plus tranquilles ; et montrer le soldat en marche ou faisant halte, comme en bataille, et quelques-unes des parties les plus importantes du technique ne lui manque pas.

UNE MARCHE D'ARMÉE.

Tableau d'environ onze pieds de long, sur près de sept pieds de hauteur.

Voici une des plus belles machines et des plus pittoresques que je connoisse. Le beau spectacle ! La belle et grande poésie! Comment vous transporterai-je aux pieds de ces roches qui touchent le ciel? Comment vous montrerai-je ce pont de grosses poutres soutenues en-dessous par des chevrons, jetté du sommet de ces roches vers ce vieux château? Comment vous donnerai-je une idée vraie de ce vieux château, des antiques tours dégradés qui le composent, et de cet autre pont en voûte qui les unit et les sépare ? Comment ferai-je descendre le torrent des montagnes, en précipiterai-je les eaux sous ce pont, et les répandrai-je

tout au tour du site élevé sur lequel toute
cette masse de pierre est construite ? Comment vous tracerai-je la marche de cette
armée qui part du sentier étroit qu'on a
pratiqué sur le sommet des roches, et qui
en conduit laborieusement et tortueusement
les colonnes, du haut de ces roches sur le pont
par lequel on communique au château ? Comment vous effrayerai-je pour ces soldats,
pour ces lourdes et pesantes voitures de bagage qui passent de la montagne au château
sur cette tremblante fabrique de bois ? Comment vous ouvrirai-je entre ces bois pourris,
des précipices obscurs et profonds ? Comment ferai-je passer tout ce monde sous les
portes d'une des tours, pour le conduire de ces
portes sous la voûte de pierre qui les unit,
et les disperser ensuite dans la plaine ?
Dispersés dans la plaine , vous exigerez
que je vous montre les uns baignant leurs
chevaux , les autres se désaltérant, ceux-
ci étendus nonchalamment sur les bords de
cet étang vaste et tranquille, ceux-là sous
une tente qu'ils ont formée d'un grand voile
qui tient ici au tronc d'un arbre ; là à un
bout de roche, buvant, causant, riant ,man-
geant, dormant, assis, debout, couchés sur

le dos, couchés sur le ventre, hommes, femmes, enfans, armes, chevaux, bagages ? Mais peut-être qu'en désespérant de réaliser dans votre imagination tant d'objets animés, inanimés, ils le sont et je l'ai fait ? Si cela est, Dieu soit loué ! Cependant je ne m'en tiens pas quitte. Laissons respirer la muse de Casanove et la mienne, et regardons son ouvrage plus froidement.

A droite du spectateur, imaginez une masse de grandes roches de différente hauteur. Sur les plus basses de ces roches, un pont de bois jetté de leur sommet au pied d'une tour. Cette tour unie et séparée d'une autre tour par une voûte de pierre. Cette fabrique d'ancienne architecture militaire bâtie sur un monticule. Des eaux qui descendent des montagnes, se rendent sous le pont de bois, sous la voûte de pierre, font le tour par derrière le monticule, et forment à sa gauche un vaste étang. Supposez un arbre au pied du monticule. Couvrez le monticule de mousse et de verdure. Adossez contre la tour qui est à droite, une chaumière. Faites sortir d'entre les pierres dégradées du sommet de l'une et l'autre tour, des arbrisseaux et des plantes parasites. Hérissez-en la cîme des

montagnes qui sont à gauche. Au-delà de
l'étang que les eaux ont formé à droite, supposez quelques ruines lointaines, et vous aurez une idée du local. Voici maintenant la
marche de l'armée.

Elle défile du sommet des montagnes qui
sont à droite, par un sentier escarpé. Elle
se rend sur le pont de bois jetté des plus basses
de ces montagnes au pied d'une des tours
du château. Elle tourne le monticule sur
lequel le château est élevé. Elle gagne la
voûte de pierre qui unit les deux tours. Elle
passe sous cette voûte, et de-là elle se répand
de gauche et de droite autour du monticule,
sur les bords de l'étang, et arrive, en se
repliant, au bas de ces hautes montagnes
du sommet desquelles elle est partie. En
levant les yeux, chaque soldat peut mesurer
avec effroi la hauteur d'où il est descendu.

Passons aux détails. On voit au sommet
des roches quelques soldats en entier. A
mesure qu'ils s'engagent dans le sentier escarpé, ils disparoissent. On les retrouve,
lorsqu'ils débouchent sur le pont de bois. Ce
pont est chargé d'une voiture de bagage. Une
grande partie de l'armée a déja fait le tour
du monticule, a passé sous la voûte de pierre,

et

et se repose. Imaginez autour du monticule sur lequel le château s'élève, tous les incidens d'une halte d'armée, et vous aurez le tableau de Casanove. Il n'est pas possible d'entrer dans le récit de ces incidens: ils varient à l'infini; et puis, ce que j'en ai esquissé dans les premières lignes, suffit.

Ah! si la partie technique de cette composition répondoit à la partie idéale; si *Vernet* avoit peint le ciel et les eaux, *Loutherbourg* le château et les roches, et quelqu'autre grand maître, les figures! Si tous ces objets placés sur des plans distincts avoient été éclairés et coloriés selon la distance de ces plans! Il faudroit avoir vu une fois en sa vie ce tableau; mais malheureusement celui de *Casanove* manque de toute la perfection qu'il auroit reçue de ces différentes mains: c'est un beau poëme, bien conçu, bien conduit et mal écrit.

Ce tableau est sombre; il est terne, il est sourd. Toute la toile ne paroît vous offrir d'abord que les divers accidens d'une grande croute de pain brûlé. Et voilà l'effet de ces grandes roches, de cette grande masse de pierre élevée au centre de la toile, de ce merveilleux pont de bois et de cette précieuse

P

voûte de pierre, détruit et perdu; et voilà l'effet de toute cette variété infinie de groupes et d'actions, détruit et perdu. Il n'y a point d'intelligence dans les tons de la couleur, point de dégradation dans la perspective, point d'air entre les objets: l'œil est arrêté et ne sauroit se promener. Les objets de devant n'ont rien de la vigueur exigée par leur sîte. Cependant, si la scène se passe proche du spectateur, la figure la plus voisine de lui sera au moins huit ou dix fois plus grande que celle qui sera placée en arrière, à huit ou dix toises de cette figure. Alors, ou il faut de la vigueur sur le devant, ou il n'y aura point de vérité, point d'effet. Si, au contraire, la scène se passe dans l'enfoncement de la toile, et que le spectateur en soit loin, les objets seront relativement d'une dégradation plus insensible, et exigeront des tons plus doux, parce qu'il y aura une plus grande masse d'air entre l'œil et la scène: la proximité de l'œil sépare les objets; son éloignement les presse et les confond. Voilà l'A. B. C. que *Casanove* paroît avoir oublié. Mais, comment, me direz-vous, a-t-il oublié ce dont il se souvient si bien ailleurs? Vous répondrai-je comme je sens? C'est qu'ailleurs

son ordonnance est à lui ; il est l'inventeur ;
ici je le soupçonne de n'être que compila-
teur. Il aura ouvert ses porte-feuilles d'estampes ; il aura habilement fondu trois
ou quatre tableaux de paysages ensemble ;
il en aura fait un croquis admirable : mais
lorsqu'il aura été question de peindre ce
croquis , le faire , le métier , le talent , le
technique l'aura abandonné. S'il avoit vu la
scène dans la nature ou dans sa tête , il l'auroit vue avec ses plans , son ciel, ses eaux ,
ses lumières , ses vraies couleurs; et il l'auroit exécutée. Rien n'est si commun , et cependant si difficile à reconnoître , que le plagiat en peinture. Je vous en dirai peut-être
un mot dans l'occasion. Le style le décèle
en littérature; la couleur en peinture. Quoi
qu'il en soit, combien de beautés détruites
par le monotone de ce tableau , qui reste
malgré cela par la poésie , la variété, la fécondité des détails et des actions , la plus
belle production (1) de Casanove !

(1) Cette belle production n'a pas fait de sensation.
Son enharmonie et le défaut d'entente dans les lumières
ont blessé les ignorans , et ont prouvé aux connoisseurs
que ce tableau n'étoit qu'un centon pillé çà et là , et
assorti sans jugement.

UNE BATAILLE,

Tableau de quatre pieds de long, sur trois pieds de haut.

C'est un combat d'Européens : on voit sur le devant un soldat mort ou blessé; auprès, un cavalier dont le cheval reçoit un coup de bayonnette. Ce cavalier lâche un coup de pistolet à un autre qui a le sabre levé sur lui. Vers la gauche, un cheval abattu, dont le cavalier est renversé. Sur le fond, une mêlée de combattans. A droite, sur le devant, des roches et des arbres rompus. Le ciel est éclairé de feux et obscurci par la fumée. Voilà la description la plus froide qu'il soit possible d'une action fort chaude.

AUTRE BATAILLE.

Mêmes dimensions qu'au précédent.

C'est une action entre des Turcs et des Européens. Sur le devant, un enseigne turc dont le cheval est abattu d'un coup porté à la cuisse gauche : le cavalier semble d'une main couvrir sa tête de son drapeau, et de l'autre se défendre de son sabre. Cependant un Européen s'est saisi du drapeau et menace de son épée la tête de l'ennemi. A droite, sur le fond, des soldats diversement attaquans ou attaqués. Entre ces soldats, on en remarque un, le sabre à la main, spectateur immobile. Sur le fond, à gauche, des morts, des mourans, des blessés et d'autres soldats presque de repos.

Cette dernière bataille, c'est de la belle couleur prise sur la palette et transportée sur la toile; mais nulle forme, nul effet, point de dessin. Et pourquoi? C'est que les figures sont un peu grandes, et que M. *Casanove* ne les sait pas rendre. Plus un morceau est grand, plus l'esquisse en est difficile à conserver.

La composition précédente, où les figures sont plus petites, est mieux. Toutefois, il y a du feu, du mouvement, de l'action dans toutes deux. On y frappe bien, on s'y défend bien; on y attaque, on y tue bien : c'est l'image que j'ai des horreurs d'une mêlée.

Casanove ne dessine pas précieusement; ses figures sont courtes. Quoique chaud

dans sa composition, je le trouve monotone
et stérile. C'est toujours au centre de la
toile un grand cheval avec ou sans cavalier. Je sais bien qu'il est difficile d'imaginer
une action plus grande, plus noble, plus belle
que celle d'un beau cheval, appuyé sur ses
deux pieds de derrière, jettant avec impétuo-
sité ses deux autres pieds en avant, la tête
retournée, la crinière agitée, la queue ondoyante, franchissant l'espace au milieu d'un
tourbillon de poussière; mais, parce qu'un
objet est beau, faut-il le répéter à tout propos?
Les autres affectent de pyramider de haut en
bas, celui-ci de pyramider de la surface de
la toile vers le fond : autre monotonie du-
dit homme. C'est toujours un point au centre
de la toile, très-saillant en-devant; puis,
de ce point, sommet de la pyramide, partent
des objets qui vont successivement en s'étendant jusqu'à la partie la plus enfoncée, où
se trouve le plus étendu de tous ces plans,
ou la base de la pyramide. Cette ordonnance
lui est si propre, que je le reconnoîtrois d'un
bout à l'autre d'une galerie.

UN CAVALIER ESPAGNOL.

*Petite composition de dix pouces de large,
sur quatorze pouces de haut.*

L'Espagnol est à cheval ; il occupe presque
toute la toile. La figure, le cheval et l'action
sont du plus grand naturel. On voit à droite
une troupe de soldats qui défilent vers le
fond ; à gauche, ce sont des montagnes très-
suaves.

Beau petit tableau, très-vigoureux, très-
chaud de couleur et très-vrai. Bonne touche
et spirituelle. Effet décidé, sans dureté.
Achetez ce beau petit tableau, et soyez
sûr de ne vous en jamais dégoûter, à moins
que vous ne soyez né inconstant dans vos
goûts. On quitte la femme la plus aimable
sans autre motif que la durée de ses complai-
sances ; on s'ennuie de la plus douce des jouis-
sances sans trop savoir pourquoi. Pourquoi
le tableau auroit-il quelque privilège sur la
chose ? C'est pourtant un présent bien agréable
que la vie ! L'habitude rend les choses plus
nécessaires, la possession moins flatteuse et
les privations plus cruelles. Comme cela est
arrangé ! Y avez-vous jamais rien compris ?

BAUDOUIN.

Peintre en miniature. Bon garçon, qui a de la figure , de la douceur, de l'esprit, un peu libertin ; mais, qu'est-ce que cela me fait ? Ma femme a ses quarante-cinq ans passés, et il n'approchera pas de ma fille , ni lui, ni ses compositions.

Il y avoit au Salon une quantité de petits tableaux de *Baudouin*, placés dans l'embrâ-sure d'une fenêtre , et toutes les jeunes filles, après avoir promené leurs regards distraits sur quelques tableaux, finissoient leur tournée à l'endroit où l'on voyoit la *Paysanne querellée par sa mère* et le *Cueilleur de cerises* : c'étoit pour cette travée qu'elles avoient réservé toute leur attention. A un certain âge , on lit plutôt un ouvrage libre qu'un bon ouvrage, et l'on s'arrête plutôt devant un tableau ordurier que devant un bon tableau. Il y a même des vieillards qui sont punis de la continuité de leurs débauches, par le goût stérile qu'ils

en ont conservé. Quelques-uns de ces vieillards se traînoient aussi, béquille en main,
dos voûté, lunettes sur le nez, aux petites
infamies de *Baudouin*.

LE CONFESSIONNAL.

Un confessionnal est occupé par un prêtre ;
il est entouré d'un troupeau de jeunes
filles qui viennent s'accuser du péché qu'elles
ont fait, ou qu'elles feroient volontiers :
voilà pour l'oreille gauche du confesseur.
Son oreille droite entendra les sotises des
vieilles, des vieux et des petits morveux
qui occupent ce côté. Le hazard ou la pluie
a fait entrer deux grands égrillards dans
l'église ; les voilà qui ruent tout à travers
le troupeau des jeunes pénitentes. Le scan-
dale s'élève : le prêtre s'élance de sa boîte ;
il s'adresse durement à nos jeunes étourdis ;
voilà le moment du tableau. Le prêtre est
à moitié hors du confessionnal ; il a l'air
indigné. Un de ces jeunes gens, la lorgnette
à la main, l'air ironique et méprisant, la
tête retournée vers le confesseur, est tenté

de lui dire son fait. Son camarade, qui pressent que l'affaire peut devenir grave, cherche à l'entraîner. Les jeunes filles ont la plupart les yeux hypocritement baissés. Les vieilles et les vieillards sont courroucés. Les marmousets, placés derrière leurs parens, sourient. Cela est plaisant ; mais la piété de notre archevêque (1), qui n'entend pas la plaisanterie, a fait ôter ce morceau du salon.

L'ESPÉRANCE DÉÇUE.

Dans un petit appartement de plaisir, un boudoir, on voit, nonchalamment étendu sur une chaise longue, un petit-maître peu disposé à renouveller sa fatigue. Debout, à côté de lui, une jeune fille en chemise, l'air piqué, semble lui dire en se remettant du rouge : *Quoi ! c'est-là tout ce que vous savez ?*

(1) Nota que la piété éclairée du prélat n'a pas été choquée du *Cueilleur de cerises*, ni de *la Fille querellée*, mais seulement du *Confessionnal.*

LE CUEILLEUR DE CERISES.

On voit sur un arbre un grand garçon jardinier qui cueille des cerises. Au pied de l'arbre, une jeune paysanne prête à les recevoir dans son tablier. Une autre paysanne, assise à terre, regarde le cueilleur. Entre celle-ci et l'arbre, un âne, chargé de ses paniers, qui broute. Le jardinier a jetté sa poignée de cerises dans le giron de la paysanne; il ne lui en est resté dans la main que deux accouplées qu'il tient suspendues au doigt du milieu. Mauvaise pointe. Idée grossière et plate; mais je dirai mon avis sur cela, à la fin.

PETITE IDYLLE GALANTE.

A droite, une ferme avec son colombier. A la porte de la ferme, au-dessous du colombier, une jeune paysanne assise, ou plutôt voluptueusement renversée sur un banc de pierre. Derrière elle, sa sœur cadette, debout: elles regardent, toutes deux, deux pigeons qui sont à terre, à quelque

distance, et qui se caressent. L'aînée rêve
et soupire ; la cadette lui fait signe du doigt
de ne pas effaroucher les deux oiseaux. Au
haut de la maison, à la fenêtre d'un grenier
à foin, un jeune paysan qui sourit mali-
gnement de l'attention voluptueuse de l'une
et de la crainte ingénue de l'autre. Passe
pour cela ! c'est comme ma description. On
y entend tout ce qu'on veut et tout ce qui
y est sans rougir. Autour du banc, on a
jetté confusément un chaudron, des choux,
des panais, une cruche, un tonneau et d'autres objets champêtres.

LE LEVER.

C'est une jeune femme assise sur le bord
d'un lit à baldaquin ; elle vient d'en sortir.
Debout, sur un plan plus reculé, une femme
de chambre lui présente sa chemise. A ses
pieds, et plus sur le devant, un autre femme
de chambre se dispose à lui mettre ses mules.
Je ne sens pas le sel de cela. Voilà des mules
où ces pieds n'entreront jamais. Cela est
ridicule et vrai.

La Fille querellée par sa Mère.

La scène est dans une cave. La fille et son
doux ami en étoient sur un point, sur un
point...... c'est dire assez que ne le dire
point.... Lorsque la mère est arrivée, justement, justement... c'est dire encore ceci assez
clairement. La mère est en grande colère ;
elle a les deux poings sur les côtés. Sa fille
debout, ayant derrière elle une belle botte
de paille, fraîchement foulée, baisse les yeux
et pleure ; elle n'a pas eu le temps de rajus-
ter son corset et son fichu, et il y paroît
bien. A côté d'elle, sur le milieu de l'escalier
de la cave, on voit par le dos un gros garçon
qui s'esquive. A la position de ses bras et de
ses mains, on n'est aucunement en doute
sur la partie de son vêtement qu'il relève :
nos amans étoient du reste gens avisés. Au
bas de l'escalier, il y a sur un tonneau, un
pain, des fruits, une serviette, avec une bouteille de vin.

Cela est tout-à-fait libertin ; mais on peut
aller jusques-là. Je regarde ; je souris, et je
passe.

La Force du Sang,

Ou la Fille qui reconnoît son Enfant à Notre-Dame parmi les Enfans-trouvés.

L'église. Entre deux piliers, le banc des enfans-trouvés. Autour de ce banc, une foule d'hommes, de femmes, d'enfans de tout âge, de tout sexe, et caractérisés par le bruit, la joie, la surprise. Dans la foule, derrière la sœur-grise, une grande fille qui tient un enfant et qui le baise.

Beau sujet manqué! Je prétends que cette foule nuit à l'effet, et réduit un évènement touchant et pathétique à un incident qu'on a peine à deviner; qu'il n'y a plus ni silence, ni repos, et qu'il ne falloit là qu'un petit nombre de spectateurs. Le dessinateur *Cochin* répond que plus la scène est nombreuse, plus la force du sang paroît. Le dessinateur *Cochin* raisonne comme un homme de lettres, et moi je raisonne comme un peintre.

Veut-on faire sortir la force du sang dans

toute sa violence, et conserver à la scène
son repos, sa solitude et son silence; voici
comme il falloit s'y prendre, et comme
Greuze s'y seroit pris. Je suppose qu'un
père et une mère s'en soient allés à Notre-
Dame avec leur famille, composée d'une
fille aînée, d'une sœur cadette et d'un petit
frère. Ils arrivent au banc des enfans-trouvés, le père et la mère avec le petit garçon
d'un côté, la fille aînée et la sœur cadette
de l'autre. L'aînée reconnoît son enfant.
A l'instant, emportée par la tendresse ma-
ternelle, qui lui fait oublier la présence de
son père, homme violent à qui sa faute avoit
été cachée, elle s'écrie, elle s'élance et
porte ses deux bras vers cet enfant. Sa sœur
cadette a beau la tirer par sa robe, elle
n'entend rien. Pendant que cette cadette lui
dit tout bas : *Ma sœur, que faites-vous ?*
Vous n'y pensez pas....... Vous vous per-
dez...... Mon père...... la pâleur s'empare du
visage de la mère. Le père prend un air
terrible et menaçant; il jette sur sa femme
des regards pleins de fureur. Le petit garçon, pour qui tout cela est lettre-close,
baille aux corneilles. La sœur-grise est dans
l'étonnement. Le petit nombre de spectateurs,

hommes et femmes d'un certain âge, car il ne doit point y en avoir d'autres, marquent, les femmes de la joie, de la pitié, les hommes de la surprise. Et voilà ma composition qui vaut mieux que celle de *Baudouin*; mais il faut trouver l'expression de cette fille aînée, et cela n'est pas aisé. J'ai dit qu'il ne devoit y avoir autour du banc que des spectateurs d'un certain âge; c'est qu'il est honnête et d'usage que les autres, jeunes garçons et jeunes filles, ne s'y arrêtent pas. Donc? Donc *Cochin* ne sait ce qu'il dit (1). S'il défend son confrère contre la lumière de sa conscience et de son propre goût, à la bonne heure!

Greuze s'est fait peintre-prédicateur des bonnes mœurs; *Baudouin*, peintre-prédicateur des mauvaises. *Greuze*, peintre de familles et d'honnêtes-gens; *Baudouin*, peintre de petites-maisons et de libertins. Mais

(1) Et moi qui sais ce que je dis au moins dans cette occasion-ci, je dis que voilà un des plus beaux sujets de tableau qu'on puisse trouver, et que je suis désolé qu'il ne soit pas sorti de la tête de *Greuze*. De quoi se mêle ce barbouilleur de *Baudouin* de traiter un sujet de ce pathétique avec sa petite manière froide et léchée? Qu'il reste peintre et poëte de boudoir!

heureusement

heureusement, il n'a ni dessin, ni génie, ni couleur, et nous avons du génie, du dessin, de la couleur, et nous serons les plus forts.

Baudouin me disoit un jour le sujet d'un tableau. Il vouloit montrer, chez une sage-femme, une fille qui vient d'y accoucher clandestinement, et que la misère forçoit d'abandonner son enfant aux enfans-trouvés. Eh! que ne placez-vous, lui répondis-je, la scène dans un grenier, et que ne me montrez-vous une honnête-femme que le même motif contraint à la même action? Cela sera plus beau, plus touchant et plus honnête. Un grenier prête plus au talent que le taudis d'une sage-femme. Quand il n'en coûte aucun sacrifice à l'art, ne vaut-il pas mieux mettre en scène la vertu préférablement au vice? Votre composition n'inspirera qu'une pitié stérile; la mienne inspirera le même sentiment avec fruit. — Oh! cela est trop sérieux; et puis, des modèles de filles j'en trouverai tant qu'il me plaira. — Eh bien! voulez-vous un sujet gai? — Oui, et même un peu graveleux, si vous pouvez; car, je ne m'en défends pas, j'aime la gravelure, et le public ne la hait

Q

pas. — Puisqu'il vous en faut, il y en aura,
et vos modèles seront encore rue Fromenteau. — Dites, dites vîte ? — Tandis qu'il
se frottoit les mains d'aise , imaginez, con-
tinuai-je., un fiacre qui s'en va, entre onze
heures et midi, prendre le chemin de Saint-
Denis. Au milieu de la rue Saint-Denis.,
une des soupentes du fiacre casse , et voilà
la voiture sur le côté. Les glaces de bois
se baissent , la portière s'ouvre , et il en
sort un moine avec trois filles. Le moine se
met à courir pour se soustraire aux regards
du public. La caniche du fiacre saute d'à-
côté de son maître , suit le moine , l'atteint
et saisit des dents sa longue jaquette. Tandis
que le moine se démène pour se débarrasser
du chien , le fiacre , qui ne veut pas perdre
sa course , descend de son siège et va au
moine. Cependant une des filles pressoit avec
sa main , ou avec la lame de son couteau,
une bosse qu'une de ses compagnes s'étoit
faite au front; et l'autre , à qui l'aventure
paroissoit comique , toute débraillée et les
mains sur les côtés, éclatoit de rire. Les
marchands et les marchandes en rioient aussi
sous leurs portes, et les polissons qui s'étoient
assemblés autour du moine, lui crioient:

Ah ! il a chié au lit ! Ah ! il a chié au lit ! — Cela est excellent, dit *Baudouin.....* Et même un peu moral, ajoutai-je. C'est du moins le *vice puni* ; et qui sait si le moine, à qui ce contre-temps est arrivé il y a huit jours, faisant un tour au salon, ne se reconnoîtra pas et ne rougira pas ? Et n'est-ce rien que d'avoir fait rougir un moine ?

La Mère qui querelle sa fille est le meilleur des petits tableaux de *Baudouin*. Il est mieux dessiné que les autres, et d'une assez jolie couleur : toujours un peu grisâtre. L'abattement de l'homme étendu sur le sopha de la fille qui remet du rouge, pas mal. Toute la scène du Confessionnal vouloit être mieux dessinée, demandoit plus d'humeur, plus de force. Cela est sans effet ; et par-dessus le marché, la besogne de la patience, du temps, du tiers et du quart, augmentée, revue et corrigée par le beau-père (1).

Il y a aussi des miniatures et des portraits ; de jolis portraits et assez joliment peints. Un Silène porté par des Satyres, durs, secs, rougeâtres, et les Satyres, et le Silène. Tout cela n'est pas absolument sans mérite ; mais

(1) Baudouin étoit gendre de Boucher.

il y manque.... Comment dirai-je ce qui y
manque? Cela n'est pas moins difficile à dire
qu'essentiel à avoir, et malheureusement
cela ne vient pas comme des champignons.
Mais, pourquoi suis-je si embarrassé? Vous
savez bien ce qu'il faut garder comme ses
deux prunelles. Il y eut une fois un professeur de l'université qui tomba amoureux de
la nièce d'un chanoine, en lui apprenant le
latin. Il fit un enfant à son élève. Le chanoine
s'en vengea cruellement. Est-ce que *Baudouin* auroit montré à peindre et fait un
enfant à la nièce d'un chanoine? Du moins,
il n'a pas l'air d'avoir ce qu'*Abailard* perdit
dans cette occasion. Bon soir donc à M.
Baudouin! et sur ce, je prie dieu qu'il vous
ait, mon ami, en sa sainte garde, et si ce
n'est pas sa volonté de vous préserver des
nièces de chanoine, qu'il vous garantisse du
moins des oncles.

ROLAND DE LA PORTE.

On a dit, mon ami, que celui qui ne
rioit pas aux comédies de *Regnard*, n'avoit
pas le droit de rire aux comédies de *Molière*. Eh bien! dites à ceux qui passent
devant *Roland de la Porte* sans s'arrêter,
qu'ils n'ont pas le droit de regarder *Chardin*. Ce n'est pourtant, ni la touche, ni la
vigueur, ni la vérité, ni l'harmonie de *Chardin*; c'est tout contre, c'est-à-dire, à mille
lieues et à mille ans. C'est cette petite distance imperceptible qu'on sent et qu'on ne
franchit point. Travaillez, étudiez, soignez,
recommencez : peines perdues. La nature a
dit · *tu iras-là, jusques-là, et pas plus
loin que là.* Il est plus aisé de passer du
pont Notre-Dame à *Roland de la Porte*,
que de *Roland de la Porte à Chardin.*

MÉDAILLON DU ROI,

Ovale de deux pieds neuf pouces de haut.

C'est l'imitation d'un vieux plâtre avec tous les accidens de l a vétusté. Il est écorné, troué : il y a la poussière , la crasse, la saleté ; c'est le vrai , ma *un pocco freddo*. Et puis, ce genre est si facile qu'il n'y a plus que le peuple qui l'admire.

Un Morceau de genre.

Sur une table de bois , un mouchoir Masulipatan , un pot-à-l'eau de fayence , un verre d'eau , une tabatière de carton , une brochure sur un livre......

Pauvre victime de *Chardin !* Comparez seulement le Masulipatan de *Chardin* avec celui-ci; combien *Roland* vous paroîtra dur, sec et empesé !

Un autre Morceau de genre.

Un grand évier coupe horizontalement la toile en deux, et allant de la droite à la gauche, on y voit des champignons autour d'un pot de terre où trempe une branche de laurier-thim ; puis, une botte d'asperges, des œufs frais sur un tablier de cuisine, dont une portion retombe au-devant de l'évier, et dont le reste, sur le fond et dans l'ombre, passe derrière la botte d'asperges ; puis, un chaudron de cuivre incliné et vu par le dedans, une poivrière de fer blanc, un égrugeoir de bois avec son pilon.....

Autre victime de *Chardin* ; mais, monsieur *Roland de la Porte*, consolez-vous. Que le diable m'emporte si, excepté vous et *Chardin*, personne s'en doute ! Et soyez persuadé que celui qui, chez les anciens, auroit su produire cette illusion-là, n'en déplaise aux mânes de *Caylus* et aux oreilles vivantes de *Webb*, auroit été chanté, apothéosé par les poëtes, et auroit vu sa statue au Céramique, ou dans quelque recoin du Pritanée.

Deux Portraits.

Je les ai vus. Monsieur *Roland*, prêtez l'oreille à vos deux portraits, et vous les entendrez, malgré l'air foible et éteint qu'ils ont, vous dire d'une voix claire et forte : *retourne à la chose inanimée*. Ils sont de bon conseil ; ils disent comme s'ils étoient vivans.

Autre Tableau de genre.

Je pourrois vous en faire grace, mais ces morceaux circulent dans le commerce ; des fripons de brocanteurs les baptisent comme il leur plaît, et font des dupes.

Toujours en allant de droite à gauche, c'est mon allure. Sur une table brisée et d'un marbre bleuâtre, des raisins, de petits morceaux de sucre, une tasse avec sa soucoupe de terre blanche ; sur le fond, une jatte pleine de pêches, une bouteille de ratafia, une caraffe d'eau ; autour, quelques prunes, des mies-de-pain, des poires, des pêches ; enfin, une boîte-à-café de fer-blanc. Ces différens

objets ne vont point ensemble, et c'est une
faute que *Chardin* ne commet pas.

Celui, mon ami, qui sait faire de la chair
excelle dans tous ces sujets, et celui qui
excelle dans ces sujets ne sait pas pour cela
faire de la chair. Les couleurs de la rose des
jardins sons belles, mais la vie n'y est pas
comme sous les roses du visage d'une jeune
fille. Les premières sont tout ce qu'on peut
comparer de mieux à celles-ci, mais c'est
elles qu'on flatte.

DESCAMPS.

Encore à celui-ci la petite politesse que vous savez. Vous peignez gris, monsieur *Descamps* ; vous peignez lourd et sans vérité. Cet enfant qui tient un oiseau est roide : l'oiseau n'est ni mort ni vivant; c'est un de ces morceaux de bois peint qui ont un sifflet à la queue. Et cette grosse, courte et maussade Cauchoise, à qui en veut-elle ? Elle est entre deux de ses enfans ; et c'est moi qu'elle regarde. Celui-ci qui pleure, si c'est du poids de l'énorme tête que vous lui avez faite, il a raison. On dit que vous vous mêlez de littérature ; dieu veuille que vous soyez meilleur en belles-lettres qu'en peinture ! Si vous avez la manie d'écrire, écrivez en prose, en vers, comme il vous plaira, mais ne peignez plus. Ou si, par délassement, vous passez d'une muse à l'autre, mettez les productions de celle-ci dans votre cabinet. Vos amis, après dîner, la serviette sur le bras et le cure-dent à la main , diront : *mais cela n'est pas mal.* Jeune-homme qui dessine , Elève qui modèle , Petite-fille qui donne à manger à ton oiseau , allez tous au cabinet de monsieur *Descamps* , votre père , et n'en sortez pas.

————————

BELLENGÉ.

Un tableau de fleurs, plusieurs tableaux de fruits, au pont Notre-Dame, chez Tremblin, sans rémission. Le tableau de fleurs est pourtant son morceau de réception ! On prétend qu'il n'est pas sans mérite. Mais la couleur en est-elle fraîche, vraie, séduisante ? — Non. — Le velouté des fleurs y est-il ? — Non. — Qu'est-ce qu'il y a donc ?....

PAROCEL.

Deux Tableaux.

Céphale se reconciliant avec Procris,
et Procris tuée par Céphale.

Avez-vous vu quelquefois dans les au-
berges des copies de grands-maîtres ? Eh bien !
c'est cela ; mais gardez-m'en le secret. C'est
un père de famille que ce *Parocel*, qui n'a
que sa palette pour nourrir une femme et
cinq ou six enfans. En regardant ce Céphale
tuer sa Procris en plein Salon, je lui disois :
tu fais bien pis que tu ne crois... Ce *Parocel*
est mon voisin ; c'est un bon-homme qui a
même, à ce qu'on dit, quelque talent pour
la décoration. Il me voit au Salon ; il m'aborde :
Voilà mes tableaux, me dit-il, qu'en pensez-
vous ?— Mais..... mais.... j'aime votre Procris ;
elle a de beaux gros tettons. — Eh ! oui, cela
séduit, cela séduit.... Tirez-vous-en mieux,
si vous pouvez.

GREUZE.

Je suis peut-être un peu long; mais si vous saviez comme je m'amuse en vous ennuyant! Vous me direz que c'est comme tous les ennuyeux du monde; ils ennuient sans s'en appercevoir. Quoi qu'il en soit, voilà toujours plus de cent dix tableaux de décrits, et trente-un peintres jugés.

Voici votre peintre et le mien; le premier qui se soit avisé parmi nous de donner des mœurs à l'art, et d'enchaîner des événemens d'après lesquels il seroit facile de faire un roman. Il est un peu vain, notre peintre! mais sa vanité est celle d'un enfant; c'est l'ivresse du talent. Otez-lui cette naïveté qui lui fait dire de son propre ouvrage: *voyez-moi cela ! c'est cela qui est beau !* vous lui ôterez la verve, vous éteindrez le feu, et le génie s'éclipsera. Je crains bien, lorsqu'il deviendra modeste, qu'il n'ait raison de l'être. Nos qualités, certaines du

...oins , tiennent de près à nos défauts. La
...lupart des honnêtes-femmes ont de l'hu-
...neur. Les grands artistes ont un petit coup
...e hache à la tête. Presque toutes les femmes
...alantes sont généreuses. Les dévotes, les
...onnes même, ne sont pas ennemies de la
...nédisance. Il est difficile à un maître qui
...ent qu'il fait le bien de n'être pas un peu
...lespote. A qui passera-t-on les défauts,
...i ce n'est aux grands-hommes? Je hais
...outes ces petites bassesses qui ne montrent
...qu'une ame abjecte, mais je ne hais pas les
...grands crimes. Premièrement , parce qu'on
...en fait de beaux tableaux et de belles tra-
...gédies ; et puis , c'est que les grandes et su-
...blimes actions et les grands crimes portent
...e même caractère d'énergie. Si un homme
...n'étoit pas capable d'incendier une ville ,
...un autre homme ne seroit pas capable de se
...précipiter dans un gouffre pour la sauver.
...Si l'ame de *César* n'eut pas été possible ,
...celle de *Caton* ne l'auroit pas été davan-
...tage. L'homme est né citoyen, tantôt du
...Ténare , tantôt de l'Olympe. C'est *Castor*
...et *Pollux* ; un héros, un scélérat; *Marc-*
...*Aurèle , Borgia* : *Diversis studiis ovo pro-*
...*gnatus eodem.*

Nous avons trois peintres habiles, féconds et studieux observateurs de la nature, ne commençant, ne finissant rien sans avoir appelé plusieurs fois le modèle; c'est *la Grenée*, *Greuze* et *Vernet*. *Greuze* porte son talent par-tout, dans les cohues populaires, dans les églises, aux marchés, aux promenades, dans les maisons, dans les rues; sans cesse il va recueillant des actions, des caractères, des passions, des expressions. *Chardin* et lui parlent fort bien de leur art; *Chardin* avec jugement et de sang-froid, *Greuze* avec chaleur et enthousiasme : *Latour*, en petit comité, est aussi fort bon à entendre.

Greuze a exposé un grand nombre de morceaux, quelques-uns médiocres, plusieurs bons, beaucoup d'excellens. Parcourons-les.

LA JEUNE-FILLE QUI PLEURE SON OISEAU,

Tableau ovale de deux pieds de haut.

La jolie élégie ! Le charmant poëme ! La belle idylle que *Gesner* en feroit ! C'est la vignette

vignette d'un morceau de ce poëte. Tableau
délicieux! le plus agréable et peut-être le
plus intéressant du Salon. La pauvre petite
est de face; sa tête est appuyée sur sa main
gauche. L'oiseau mort est posé sur le bord supérieur de la cage, la tête pendante, les aîles
traînantes, les pattes en l'air. Le joli cata-
falque que cette cage! Que cette guirlande
de verdure qui serpente autour, a de grace!
La pauvre petite, ah! qu'elle est affligée!
Qu'elle est naturellement placée! Que sa tête
est belle! Qu'elle est élégamment coëffée!
Que son visage a d'expression! Sa douleur
est profonde: elle est à son malheur; elle y
est toute entière. O! la belle main! la belle
main! Le beau bras! Voyez la vérité des
détails de ces doigts, et ces fossettes, et cette
mollesse, et cette teinte de rougeur dont la
pression de la tête a coloré le bout de ses
doigts délicats, et le charme de tout cela.
On s'approcheroit de cette main pour la
baiser, si on ne respectoit cet enfant et sa
douleur. Tout enchante en elle, jusqu'à son
ajustement. Ce mouchoir de col est jetté d'une
manière! Il est d'une souplesse et d'une légèreté! Quand on apperçoit ce tableau, on dit
délicieux ! Si l'on s'y arrête, ou qu'on y

R

revienne ; on s'écrie : *délicieux ! délicieux !*
Bientôt on se surprend conversant avec cet
enfant et la consolant. Cela est si vrai, que
voici ce que je me souviens de lui avoir dit
à différentes reprises :

Pauvre petite, votre douleur est bien profonde, bien réfléchie ! Pourquoi cet air rêveur
et mélancolique ? Quoi, pour un oiseau ! Vous
ne pleurez pas ; vous êtes affligée, et la pensée accompagne votre affliction. La petite !
Ouvrez-moi votre cœur ; parlez-moi vrai.
Est-ce bien la mort de cet oiseau qui vous
retire si fortement et si tristement en vous-
même ?..... Vous baissez les yeux. Vous
ne me répondez pas. Vos pleurs sont prêts
à couler. Je ne suis pas père ; je ne suis ni
indiscret ni sévère..... Eh bien ! je le conçois : il vous aimoit ; il vous le juroit, et
le juroit depuis si long-temps ! Il souffroit
tant ! Le moyen de voir souffrir ce qu'on aime !
Eh ! laissez-moi continuer ; pourquoi me fermer la bouche de votre main ?..... Ce matin
là..... par malheur votre mère étoit absente.
Il vint. Vous étiez seule. Il étoit si beau,
si passionné, si tendre, si charmant ! Il avoit
tant d'amour dans les yeux, tant de vérité
dans les expressions ! Il disoit de ces mots

qui vont si droit à l'ame! Et en les disant,
il étoit à vos genoux...... cela se conçoit encore. Il tenoit une de vos mains. De temps
en temps vous y sentiez la chaleur de quelques larmes qui tomboient de ses yeux, et
qui couloient le long de votre bras. Votre
mère ne revenoit toujours point. Ce n'est
pas votre faute, c'est la faute de votre mère....
Ne voilà-t-il pas que vous pleurez de plus
belle?...... Mais ce que je vous en dis n'est
pas pour vous faire pleurer. Et pourquoi
pleurer? Il vous a promis. Il ne manquera à
rien de ce qu'il vous a promis. Quand on a été
assez heureux pour rencontrer un enfant
charmant comme vous, pour lui plaire, pour
s'y attacher, c'est pour toute la vie..... Et
mon oiseau ?.... Mon ami, elle sourit. Ah!
qu'elle étoit belle? Ah! si vous l'aviez vu
sourir et pleurer!..... Je continuai: eh bien!
votre oiseau? Quand on s'oublie soi-même,
se souvient-on de son oiseau? Lorsque l'heure
du retour de votre mère approcha, votre
tendre ami s'en alla. Qu'il eut de peine à
s'arracher d'auprès de vous !.... Vous me regardez. Eh oui! je sais tout cela. Combien
il se leva et se rassit de fois ! Combien il
vous dit et redit adieu sans s'en aller! Com-

bien de fois il sortit et rentra! Qu'il étoit
heureux, content, transporté! Je viens de
le voir chez son père. Il est d'une gaîté charmante, d'une gaîté qu'ils partagent tous sans
pouvoir s'en défendre..... Et ma mère? Votre
mère? A peine fut-il parti qu'elle rentra.
Elle vous trouva rêveuse comme vous l'étiez
tout-à-l'heure; on l'est toujours comme cela.
Votre mère vous parloit, et vous n'entendiez
pas ce qu'elle vous disoit. Elle vous com-
mandoit une chose, et vous en faisiez une
autre. Quelques pleurs se présentoient aux
bords de vos paupières. Vous les reteniez de
votre mieux, ou bien vous détourniez la tête
pour les essuyer furtivement. Vos distrac-
tions continues impatientèrent votre mère.
Elle vous gronda, et ce vous fut une occasion de pleurer sans contrainte et de soulager
votre cœur..... Continuerai-je, petite? Je
crains que ce que je vais dire ne renouvelle
votre peine. Vous le voulez?..... Eh bien!
Votre bonne mère se reprocha de vous avoir
affligée. Elle s'approcha de vous; elle vous
prit les mains; elle vous baisa le front et les
joues, et vous en pleurâtes bien davantage.
Votre tête se pencha sur elle, et votre visage
que la rougeur commençoit à colorer.....

Tenez! tout comme le voilà qui se colore....
alla se cacher dans son sein. Combien cette
bonne mère vous dit de choses douces, et
combien ces choses douces vous faisoient
de mal! Cependant votre serin avoit beau
s'égosiller, vous avertir, vous appeler, battre
des ailes, se plaindre de votre oubli, vous
ne le voyiez point, vous ne l'entendiez point :
vous étiez à d'autres pensées. Son eau et sa
graine ne furent point renouvellées; et ce matin l'oiseau n'étoit plus..... Vous me regardez
encore ? Est-ce qu'il me reste encore quelque chose à dire? Ah! j'entends, petite. Cet
oiseau, c'est lui qui vous l'avoit donné. Eh
bien! il en retrouvera un autre aussi beau.....
Ce n'est pas tout encore. Vos yeux se fixent
sur moi, et se remplissent de nouveau de
larmes. Qu'y a-t-il donc encore ? Parlez, je
ne saurois vous deviner.... Et si la mort de cet
oiseau n'étoit que le présage?.... Que ferois-je !
Que deviendrois-je, s'il étoit ingrat! Quelle
idée! Ne craignez rien, pauvre petite! Cela
ne se peut. Cela ne sera pas..... Quoi, mon
ami, vous me riez au nez! vous vous moquez
d'un grave personnage qui s'occupe à consoler un enfant en peinture de la perte de
son oiseau, de la perte de tout ce qu'il vous

R 3

plaira! Mais voyez donc comme elle est belle, comme elle est intéressante! Je n'aime point à affliger; malgré cela il ne me déplairoit pas trop d'être la cause de sa peine.

Le sujet de ce petit poëme est si fin que beaucoup de personnes ne l'ont pas entendu; ils ont cru que cette jeune fille ne pleuroit que son serin. *Greuze* a déja peint une fois le même sujet. Il a placé devant une glace fêlée une grande fille en satin blanc, pénétrée d'une profonde mélancolie. Ne pensez-vous pas qu'il y auroit autant de bêtise à attribuer les pleurs de notre jeune fille à la perte d'un oiseau que la mélancolie de l'autre jeune fille à son miroir cassé? Cette enfant pleure autre chose, vous dis-je. D'abord vous l'avez entendue, elle en convient, et son affliction réfléchie le dit de reste. Tant de douleur! A son âge! Et pour un oiseau!..... Mais quel âge a-t-elle donc?.....Quelle question m'avez-vous faite, et que vous répondrai-je? Sa tête est de quinze à seize ans, et son bras et sa main, de dix-huit à dix-neuf. C'est un défaut de cette composition, qui devient d'autant plus sensible que la tête étant appuyée contre la main, une de ces parties donne tout contre la mesure de l'autre.

Placez la main autrement, et l'on ne s'appercevra plus qu'elle est un peu trop forte
et trop caractérisée. C'est que la tête a été
prise d'après un modèle, et la main d'après
un autre. Du reste, elle est très-vraie, cette
main, très-belle, très-parfaitement coloriée
et dessinée. Si vous voulez passer à ce tableau
cette tache légère, avec un ton de couleur un peu violâtre, c'est une chose très-
belle. La tête est bien éclairée, de la couleur
la plus agréable qu'on puisse donner à une
blonde: car elle est blonde, notre petite;
peut-être demanderoit-on que cette tête fît
un peu plus le rond de bosse. Le mouchoir
rayé qu'elle a autour du col est large,
léger, du plus beau transparent. Le tout
fortement touché, sans nuire aux finesses de
détails. *Greuze* peut avoir fait aussi bien,
mais pas mieux.

Lorsque le salon fut tapissé, on en fit les premiers honneurs au marquis de *Marigny*. Le directeur ordonnateur des arts s'y rendit avec le
cortège des artistes favoris qu'il admet à sa
table; les autres s'y trouvèrent. Il alla, il
regarda, il approuva, il dédaigna. La *pleureuse de Greuze* l'arrêta et le surprit. *Cela
est beau*, dit-il à l'artiste qui lui répondit:

Monsieur, je le sais. On me loue de reste, mais je manque d'ouvrage. C'est, lui répondit Vernet, que vous avez une nuée d'ennemis, et parmi ces ennemis, il y en a un qui a l'air de vous aimer à la folie, et qui vous perdra. Et qui est cet ennemi, lui demanda Greuze ? C'est vous, répondit Vernet (1).

(1) Il est vrai, mon ami Greuze, que vous avez des torts impardonnables avec vous-même. Vous imaginez qu'il ne s'agit que d'avoir du génie, un grand talent, un ame fière et sensible, de faire de beaux tableaux, et d'attendre que la fortune vienne vous retirer de votre grenier du quartier de la Sorbonne, et vous offrir un asyle dans quelque maison royale. D'où venez-vous donc ? Que n'apprenez-vous à avoir le jarret souplé, à faire le valet dans l'antichambre de M. le directeur-ordonnateur, à flagorner vos confrères qui ont du crédit sur lui, à les regarder comme vos maîtres, et à les assurer que vous n'êtes qu'un enfant auprès d'eux ? Peut-être, à force de bassesses, réussirez-vous à vous faire pardonner d'avoir du génie, et de faire de beaux tableaux ? Vous m'objectez que quand vous aurez appris tous mes beaux secrets, vous pourriez bien avoir désappris celui de faire de beaux tableaux ; mais, qu'importe ? Vous aurez un logement au Louvre, des pensions, le cordon de Saint-Michel peut-être. Vos chef-d'œuvres ne blesseront plus la vanité d'aucun de vos confrères, et toute l'académie de peinture s'écriera que vous êtes un grand-

peintre, dès que vous aurez cessé de l'être. Vous ne voulez pas vous soumettre à mes avis ? *Vernet* vous l'a bien dit ; vous êtes le plus cruel de vos ennemis. Restez donc avec votre génie et votre pauvreté. Faites de beaux tableaux, et ne prétendez pas faire fortune ? Voici la liste des graces que M. le directeur-ordonnateur des arts a procurées à M. *Greuze* jusqu'à ce jour. Lorsque le talent de ce peintre fut connu, on lui permit de faire un voyage à Rome à ses dépens ; et lorsqu'il eût mangé le peu d'argent qu'il avoit amassé pour ce voyage, on lui permit de revenir à Paris, avant d'en avoir pu tirer le fruit qu'il en espéroit. Depuis son retour, on lui a permis de faire les plus beaux tableaux, et de les vendre le moins mal qu'il pouvoit. Lors du succès de son tableau du *Paralytique* au dernier Salon, on lui permit de le faire porter à Versailles pour être montré au roi et à la famille royale, et de dépenser une vingtaine d'écus à ce voyage. Depuis, n'ayant pas trouvé d'acheteur pour ce tableau, qui lui a coûté deux cents louis en études, on vient de lui permettre de le vendre à l'académie impériale des Arts à Pétersbourg, afin de porter la réputation du peintre aux dernières limites de l'Europe. La suite des graces accordées à M. *Greuze* pour le Salon prochain.

(*L'article des autres tableaux de* Greuze, *exposés à ce Salon, manque dans le manuscrit.*)

VERNET.

LE PORT DE DIEPPE.

GRANDE et immense composition ; ciel léger et argentin ; belle masse de bâtimens. Vue pittoresque et piquante : multitude de figures occupées à la pêche, à l'apprêt, à la vente du poisson, au travail, au racommodage des filets et autres pareilles manœuvres. Actions naturelles et vraies ; figures rigoureusement et spirituellement touchées. Cependant, car il faut tout dire, ni aussi vigoureusement, ni aussi spirituellement que de coutume.

Dans les quatre parties du jour, la plus belle entente de lumières. Je vais parcourant ces morceaux, et ne m'arrêtant qu'au talent particulier, au mérite propre qui les distinguent. Qu'en arrivera-t-il ? c'est qu'à la fin vous concevrez que cet artiste a tous les talens et tous les mérites.

Vues de Nogent-sur-Seine.

Excellente leçon pour le *Prince* dont on a entremêlé les tableaux avec ceux de *Vernet !* Il ne perdra pas ce qu'il a , et il connoîtra ce qui lui manque. Il y a beaucoup d'esprit , de légéreté et de naturel dans les figures de le *Prince* ; mais de la foiblesse, de la sécheresse , peu d'effet. *Vernet* peint dans la pâte, est toujours ferme, d'accord, et étouffe son voisin. Ses lointains sont vaporeux , ses ciels légers ; on n'en sauroit dire autant de le *Prince*. Celui-ci n'est pourtant pas sans mérite. En s'éloignant de *Vernet*, il se fortifie et s'embellit ; l'autre l'efface et l'éteint. Ce cruel voisinage est encore une des malices du tapissier.

Deux Pendans.

Un Naufrage , un Paysage.

Le paysage est charmant ; mais le naufrage est tout autre chose. C'est sur-tout aux figures qu'il faut s'attacher. Le vent est terrible ; les hommes ont peine à se tenir de-

bout. Voyez cette femme noyée qu'on vient
de retirer des eaux ; et défendez-vous de
la douleur de son mari, si vous le pouvez.

Autre Naufrage au clair de la lune.

Considérez bien ces hommes occupés à
réchauffer une femme évanouie, au feu qu'ils
ont allumé sous une roche, et dites que vous
avez vû un des groupes les plus intéressans
qu'il fût possible d'imaginer. Et cette scène
touchante, comme elle est éclairée ! Et cette
voûte, comme elle est teinte de la lueur
rougeâtre des feux ! Et ce contraste de la
lumière foible et pâle de la lune, et de la
lumière forte, rouge, triste et sombre des
feux allumés ! Il n'est pas permis à tout peintre
d'opposer ainsi des phénomènes discordans, et
d'être harmonieux en dépit d'eux. Il vient un
point où les deux lumières se rencontrent, se
fondent ensemble, et forment une teinte
particulière, et où il n'est pas aisé de n'être
pas faux.

Marine au coucher du soleil.

Si vous avez vu la mer à cinq heures du soir en automne, vous connoissez ce tableau.

Sept petits tableaux de Paysages ; appartenans à madame Geoffrin.

Je voudrois en savoir un médiocre, je vous le dirois. Le plus foible est beau ; j'entends beau pour un autre : car il y en a un ou deux qui sont au-dessous de l'artiste ; et que *Chardin* a cachés. Pensez des autres tant de bien qu'il vous plaira.

Le jeune *Lutherbourg* a aussi exposé une scène de nuit que nous aurions pu comparer avec celle de *Vernet,* si le tapissier l'eût voulu ; mais il a placé l'une de ces compositions à un des bouts du Salon, et l'autre à l'autre bout. Il a craint que ces deux morceaux ne se tuassent. Je les ai bien regardés ; mais j'avoue que je n'en sais pas assez pour juger entr'eux. Il y a, ce me semble, plus de vigueur d'un côté, plus d'harmonie et de moëlleux de l'autre. Quant à l'intérêt, des pâtres mêlés avec leurs animaux qui se réchauffent sous une roche, ne sont pas à comparer avec une femme mourante qu'on rappelle à la vie. Je ne crois pas non plus que le paysage qui occupe le reste de la toile de *Loutherbourg* soit à mettre en parallèle avec la marine qui occupe le reste de la toile de *Vernet*. Les lumières de *Vernet* sont infiniment plus vraies, et son pinceau plus précieux. Je résume : *Loutherbourg* seroit vain du tableau de *Vernet* ; *Vernet* ne rougiroit pas de celui de *Loutherbourg*.

Un des morceaux des *Quatre Saisons*, celui ou l'on voit à droite, sur le fond, un moulin à eau, autour du moulin, les eaux courantes, au bord des eaux, des femmes qui lavent du linge, m'a singulièrement frappé par la couleur, la fraîcheur, la diversité des objets, la beauté du site et la vie de la nature.

Le reste des paysages fait dire : *Aliquando bonus dormitat Homerus*. Ces roches jaunâtres sont ternes, sourdes, sans effet ; c'est par-tout la même teinte : composition malade de bile répandue. Le pélerin qui les traverse est pauvre, mesquin, dur et sec. Un peintre jaloux de sa réputation n'auroit pas montré ce tableau ; un peintre envieux de la gloire

le son confrère, l'auroit mis au grand jour.
Le tapissier la placé dans un coin. J'aime
à voir que *Chardin* pense et sente bien.

Autre composition malade d'une maladie
plus dangereuse ; c'est la bile verte répandue.
Ce morceau est aussi sec , aussi monotone,
aussi terne, aussi froid, aussi sale que le précédent. *Chardin* l'a fourré dans le même coin.
M. *Chardin*, je vous en loue.

Il y aura , mon ami, dans cet article de
Vernet quelques redites de ce que j'en
écrivois il y a deux ans; mais l'artiste me
montrant le même génie et le même pinceau, il faut bien que je retombe dans le
même éloge. Je persiste dans mon opinion.
Vernet balance le *Claude Lorrain* dans
l'art d'élever des vapeurs sur la toile, et lui
est infiniment supérieur dans l'invention des
scènes , le dessin des figures, la variété des
incidens et le reste. Le premier n'est qu'un
grand paysagiste tout court ; l'autre est un
peintre d'histoire , selon mon sens. Le *Lorrain* choisit des phénomènes de nature plus
rares, et par cette raison peut-être plus piquans;
l'atmosphère de *Vernet* est plus commune ,
et par cette raison plus facile à reconnoître.

ROSLIN.

UN PÈRE ARRIVANT DANS SA TERRE OU IL EST REÇU PAR SES ENFANS.

Tableau de dix pieds sur huit.

CE tableau représente les portraits de toute la famille de la *Rochefoucault*, une des plus illustres maisons de France, et une des plus respectables par ses vertus et la noblesse de ses sentimens. Pour faire ce tableau, il y avoit concurrence entre *Roslin* et *Greuze*. Notre amateur, M. *Watelet*, qui sait en peinture tout ce qu'il en a écrit en poésie, et M. le marquis de *Marigny*, chef et protecteur des arts, ont fait préférer *Roslin*. Voyons ce qu'a fait celui-ci, et nous dirons ensuite un mot de ce que l'autre se proposoit de faire.

Le tableau de *Roslin* représente M. le duc de *la Rochefoucault*, chef de la maison, mort depuis quelques années. Il arrive dans

dans une de ses terres où sa famille l'attend.
Ses deux filles, madame la duchesse d'*Enville*
et madame la duchesse d'*Estissac*, vont au-
devant de lui ; elles sont suivies par leurs
enfans. Les figures sont de petite nature. Je
vais prendre ma description par la droite,
et la suivre jusqu'à l'extrémité gauche de
la toile.

On voit d'abord un carosse de campagne,
le cocher sur son siège, et quelques valets de pieds à la livrée de *la Rochefoucault*. Vers la portière, sur le devant, une
paysanne par le dos, étalant son tablier pour
recevoir quelque largesse. Au pied de cette
femme, un enfant aussi par le dos, age-
nouillé et le corps appuyé sur une hotte ;
puis, un autre domestique ; plus, sur le devant, un enfant en chemise et en culotte,
tête et pieds nuds, avec un groupe de paysans et de paysannes auxquels un autre
valet du pied distribue des aumônes. Au
milieu de la toile, le chef de la famille,
ayant un de ses petits-fils derrière lui. Au
devant de lui ses deux filles, suivies de leurs
enfans, s'avancent bien posément. Derrière
ce groupe, à quelque distance, un jeune-
homme faisant une révérence maussade :

S

c'est le fils aîné de la duchesse d'*Estissac*. Proche de lui, deux autres jeunes enfans. Tout-à-fait sur la gauche, une jeune fille. Voilà les personnages et quelque-uns des accessoires du tableau. Couvrez le fond d'une grande terrasse de verdure, et vous aurez toute la sublime composition de *Roslin*.

Jamais composition ne fut plus sotte, plus platte et plus triste. Le roide des figures l'a fait surnommer le *Jeu de Quilles de Roslin*. Au premier aspect, on se croiroit sur le théâtre de *Nicolet*, au milieu de la plus belle parade. On reconnoît le père *Cassandre* à son air long, sec, triste, enfumé et maussade. Cette grande créature qui s'avance en satin blanc, c'est Mamselle *Zirzabelle*, et ce grand flandrin qui tire sa révérence, c'est monsieur *le beau Liandre*; le reste, ce sont les bambins de la famille.

Les valets de pied, les paysans, les enfans, le carosse, durs et secs tant qu'on veut. Les autres figures sans expression dans les têtes, sans graces, sans dignité dans le maintien. C'est un cérémonial d'un froid et d'un empesé à faire bailler. Quoi ! ces filles ne songent pas à aller au-devant de leur père, les bras ouverts ; ni ce père à ouvrir ses bras pour les recevoir ; ni aucun de ces petits enfans à se détacher des autres, et à crier en courant : *Bon jour, mon grand papa !* *bon jour, mon grand papa !* Je ne sais si tous ces gens-là étoient bien pressés, bien contens de se rejoindre. Cela devroit être ; car c'est la famille de France la plus unie, la plus honnête, et où l'on s'aime le plus. C'est l'hôtel de la Rochefoucault que la tendresse paternelle et la piété filiale ont choisi pour asyle ; mais il n'en reste aucun vestige sur la toile de *Roslin.* Ici, il n'y a ni ame, ni vie, ni joie, ni vérité. Ni ame, ni vie, ni joie, ni vérité dans les maîtres. Ni ame, ni vie, ni joie, ni vérité dans les valets. Ni ame, ni vie, ni vérité, ni joie, ni mouvement dans les paysans. C'est un grand et triste éventail. Cette grande terrasse verte et monotone qui occupe le fond, joue très-bien le vieux tapis usé d'un billard, et achève d'obscurcir, d'assourdir et d'attrister la scène.

Cependant, il faut avouer qu'il y a des étoffes, des draperies, des imitations de détail de la plus grande vérité. Ce satin, par exemple, de mamselle *Zirzabelle* est ou

ne peut mieux , de molesse , de couleur ,
de reflet et de plis ; mais s'il ne faut pas
habiller une personne comme un mannequin ,
il ne faut pas habiller un mannequin comme
une personne. Plus la draperie est vraie ,
plus l'ensemble est choquant , si la figure
est fausse. J'en dis autant de la perfection
de ces broderies. Plus elles sont parfaites ,
plus elles font sortir la maussaderie des objets
faux sur lesquels elles sont appliquées. Puisque toutes les figures sont mannequinées ,
il falloit aussi mannequiner les draperies. Voulez-vous sentir la vérité de cette observation?
Attachez un beau point de Hongrie sur un bras
de bois , et vous verrez comme le travail et
la richesse du point et la vérité des plis des-
sècheront et roidiront ce bras de bois encore
davantage.

Ce rare morceau coûte quinze mille francs ,
et l'on donneroit toute chose à un homme
de goût pour l'accepter , qu'il n'en vou-
droit point. Une seule tête de *Greuze* auroit mieux valu.... Mais, me direz-vous ,
Greuze fait le portrait, et supérieurement à
Roslin? — Il est vrai. — *Greuze* compose ,
et *Roslin* n'y entend rien? — D'accord!
— Pourquoi donc M. *Watelet* et M. de *Mu-*

vigny ? — Eh! qui sait les motifs particuliers qui meuvent ces grandes têtes-là? *Greuze* proposoit de rassembler la famille dans un sallon le matin; d'occuper les hommes à de la physique expérimentale, les femmes à travailler, et les enfans turbulens à déranger et à agacer les uns et les autres. Il proposoit quelque chose de mieux ; c'étoit d'amener au château du bon seigneur, les paysans, les pères, mères, frères, sœurs, enfans, pénétrés de reconnoissance des secours qu'ils en avoient obtenus dans la disette de 1757. Dans cette année malheureuse, M. le duc de *la Rochefoucault* employa soixante mille francs à faire travailler et subsister les habitans de ses terres : on donnoit six liards, deux sols, aux enfans de cinq ans qui ramassoient des pierres dans de petits paniers. Voilà l'action qu'il convenoit de consacrer par la peinture (1). Ce spectacle eut autrement

(2) Il y avoit cent traits de cette illustre et respectable famille à consacrer. M. le duc de la Rochefoucault étoit en ces derniers temps presque le seul qui vécût dans ses terres en grand seigneur. Il joignoit à l'avantage d'être le chef d'une des plus illustres maisons de France, le mérite d'être un des plus honnêtes hommes du royaume. Son rang se montroit, non dans la hauteur

S 3

affecté que les complimens du père *Cas-*
sandre, les révérences de M. *Liandre*, le
satin de Mamselle *Zirzabelle*, et toute la
parade de *Nicolet*.

UNE TÊTE DE JEUNE FILLE.

Cet essai de pastels à l'huile ne me déplaît
pas. Cette manière de peindre a de la vigueur. Cela tiendra mieux que cette poussière précieuse que le peintre en pastel dé-
pose sur sa toile, et qui s'en détache aussi
facilement que celle des aîles d'un papillon.

des manières, mais par d'éminentes vertus. Sa fortune immense servoit à répandre des bienfaits, à encourager
l'industrie, à mettre le pauvre en état de gagner sa vie par
son travail. Cet esprit de bienfaisance et de bonté s'est
perpétué dans sa famille. Madame la duchesse d'Enville est
une des plus excellentes femmes que j'aie jamais connues.
Tout ce qu'elle a fait pour secourir, soutenir, protéger
la malheureuse famille *Calas*, est incroyable. Je ne
pardonnerai à M. Roslin, ni à la vie, ni à la mort, d'avoir
aussi ridiculement et aussi maussadement travesti la
femme de France que j'aime et que je respecte le
plus.

Autres Portraits.

Ses autres portraits, parmi lesquels il y a celui de madame *Adélaïde* et celui de madame *Victoire*, sont communs, pour ne rien dire de pis. Nulle transparence. Ces teintes imperceptibles, cette dégradation délicate d'où résulte l'harmonie, ne vous y attendez pas : ils sont tous, je ne dis pas d'un coloris, mais d'une couleur entière ; c'est du rouge et du plâtre.

Madame *Adélaïde* et madame *Victoire*, bien engoncées, bien roides, bien massives, bien ignobles, bien maussades, bien plaquées de vermillon, ressemblent supérieurement à deux têtes de coëffeuses, surchargées de de graines, de chenilles, d'agrémens, de chaînettes, de points, de soucis de hanne-ton, de fleurs d'Italie, de festons, de toute la boutique d'une marchande de modes. Ce sont, si vous l'aimez mieux, deux grosses créatures en chasubles qu'on ne sauroit re-garder sans rire ; tant le mauvais goût en est choquant !

Roslin, suédois de naissance, est aujour-d'hui un aussi bon brodeur que *Carle*

S 4

Vanloo fut autrefois un grand teinturier.
Cependant il pouvoit être un peintre; mais
il falloit venir de bonne-heure dans Athênes.
C'est-là qu'aux dépens de l'honneur, de la
bonne-foi, de la vertu, des mœurs, on fait
des progrès surprenans dans les choses de
goût, dans le sentiment de la grace, dans la
connoissance et le choix des caractères, des
expressions et des autres accessoires d'un
art qui suppose le tact le plus délié, le plus
délicat, le jugement le plus exquis, je ne
sais quelle noblesse, une sorte d'élévation,
une multitude de qualités fines, vapeurs
délicieuses qui s'élèvent du fond d'un lieu
empesté. Vos artistes, mon ami, auront de
la verve ; mais elle sera dure, agreste et sauvage. Les Goths et les Vandales ordonneront
une scène ; mais combien de siècles s'écou-
leront avant qu'ils sachent, je ne dis pas
l'ordonner comme *Raphaël*, mais sentir combien *Raphaël* l'a noblement, simplement,
grandement ordonnée! Croyez-vous que les
beaux-arts puissent avoir aujourd'hui à
Francfort et à Léipsick le caractère qu'ils
ont eu autrefois dans Athènes et dans Rome,
ou même celui qu'ils ont sous nos yeux dans
Paris ? Non, les mœurs n'y sont pas. Les

peuples sont dispersés par petits pelotons.
Chacun parle un ramage particulier, dur et
barbare. Il n'y a point de concurrence d'une
petite souveraineté à une autre; et il faut
quelquefois la rivalité et l'effervescence de
vingt millions d'hommes réunis, pour faire
sortir de la foule un grand artiste. Prenez
ces soixante mille ouvriers qui forment notre
manufacture de Lyon, dispersez-les dans le
royaume; peut-être la main-d'œuvre restera-
t-elle la même, mais le goût sera perdu. Il
est une empreinte nationale que *Roslin* a
apportée en France, et qu'il a gardée. Si
Meings fait des prodiges, c'est qu'il s'est
expatrié jeune; c'est qu'il est à Rome; c'est
qu'il n'en est point sorti. Faites-lui repasser
les Alpes, séparez-le des grands modèles,
enfermez-le à Dresde ou ailleurs, et nous
verrons ce qu'il deviendra. Et pourquoi ne
vous le garantirois-je pas abâtardi, nul, avant
qu'il soit dix ans, moi qui vois tous les jours
nos maîtres et nos élèves perdre ici, dans
la capitale, le grand goût qu'ils ont apporté
de l'Ecole romaine; moi qui ai vécu dans
le même grenier avec *Preisler* et *Wille*,
et qui sais ce qu'ils sont devenus, l'un allant à
Copenhague, l'autre restant à Paris? *Preisler*

étoit cependant beaucoup plus fort que *Wille*;
aujourd'hui il n'est plus rien du tout, et *Wille*
est devenu le prémier graveur de l'Europe.
Jusqu'à présent je n'ai connu qu'un seul
homme dont le goût soit resté pur et intact
au milieu des barbares (1) : c'est *Voltaire ;*
mais quelles conséquences générales peut-on
tirer d'un être singulier et bizarre, qui devient
généreux et gai à l'âge où les autres deviennent
avares et tristes ?

(1) Sur ce sujet je dirai, en prenant le ton irrésolu
et l'accent gascon de M. *de Mairan*, qu'il y a bien des
choses à dire ; mais c'est la matière d'un traité et non
pas d'une feuille. Au reste, le philosophe ressemble
ici aux prédicateurs à qui un mauvais passage d'un
livre apocryphe fournit le texte d'un sermon important.
M. *Roslin* ne valoit pas trop la peine de faire agiter cette
grande question qui intéresse la réputation des diverses
nations de l'Europe. M. *Roslin* auroit beau eu venir
en France en quittant le berceau, il auroit toujours été
froid et sans grace, tout comme feu M. *Coypel*, quoique
né en France et décoré du titre de premier peintre du roi,
n'a pas laissé d'être froid comme glace et un des plus mauvais peintres de l'académie. M. *Roslin* ne devroit jamais
peindre la figure, ni la nature animée ; il faut qu'il
s'en tienne aux étoffes, aux broderies, aux dentelles.

VALADE.

Nous devons, mon ami, des remercîmens à nos mauvais peintres ; car ils ménagent votre copiste et mon temps. Vous m'acquitterez auprès de M. *Valade* , si vous le rencontrez jamais.

Roslin est un *Guide* , un *Titien* , un *Paul-Veronèse* , un *Vandeick* , en comparaison de *Valade*.

DESPORTES NEVEU.

Ne m'oubliez pas non plus auprès de M. Desportes.

Desportes le neveu peint les animaux et les fruits. Voici un de ses morceaux, et ce n'est pas le plus mauvais.

Imaginez à droite un grand arbre. Suspendez à ses branches un lièvre groupé avec un canard. Au-dessous, accrochez la gibecière, la carnassière et la poire à poudre.

Etendez à terre un lapin et quelques fai-
sans. Placez au centre du tableau, sur le
devant, un chien couchant formant un arrêt
sur le gibier qui est au pied de l'arbre, et
sur le fond, un lévrier qui retourne la tête
et fixe le gibier suspendu.

Cela n'est pas sans couleur, ni sans vérité.
M. Desportes, attendez que Chardin ne soit
plus et nous vous regarderons.

Je ne me soucie, ni de ce morceau, ni
de celui où, sur une table de marbre, on
voit à droite des livres à plat, avec un gros
in-folio sur la tranche qui sert d'appui à un
livre de musique ouvert, contre lequel est
dressé un violon; à gauche, une guirlande
de muscats blancs, des fruits, des prunes,
des grains de raisins détachés et des roses;
mais j'aime mieux le premier.

Vous avez vu comme cela étoit dur et
cru? Eh bien! entre vingt mille personnes
que l'exposition des tableaux a attirées au
Salon, je gage qu'il n'y en a pas cinquante
en état de distinguer ces tableaux de ceux
de *Chardin*. Et puis, travaillez? donnez-vous
bien de la peine? Effacez, peignez, repei-
gnez, et pour qui? Je sais votre réponse par
cœur: pour cette petite église invisible d'élus,

me direz-vous, qui entraînent à la longue les suffrages de la multitude, et qui assurent tôt ou tard à un artiste son véritable rang. Oui; mais en attendant, il est confondu dans la foule, et il meurt avant que vos apôtres clandestins aient opéré la conversion des sots. Il faut, mon ami, travailler pour soi; et tout homme qui ne se paie pas par ses mains, en recueillant dans son cabinet, par l'ivresse, par l'enthousiasme du métier, la meilleure partie de la récompense, feroit fort bien de demeurer en repos.

MADAME VIEN.

Un Pigeon qui couve.

Il est posé sur son panier d'osier. On voit des brins de la paille du nid qui s'échappent irrégulièrement autour de l'oiseau. Il a de la sécurité. Sans voir le nid, un savant pigeonnier comme vous devineroit ce qu'il fait. Il est de profil, et l'on croit le voir en entier. Son plumage brun est de la plus grande

vérité. La tête et le col sont à tromper. La
finesse et le précieux de ce morceau arrêtent
et font plaisir. Si je ne craignois qu'on m'ac-
cusât de m'arrêter à des misères, je dirois
que les brins d'osier du panier sont trop fai-
blement touchés par devant, et que c'est le
contraire aux brins de paille qui sortent du
panier par derrière.

DE MACHY.

LES belles études qu'il y auroit à faire au
Salon! Que de lumières à recueillir de la
comparaison de *Vanloo* avec *Vien*, de
Vernet avec *Leprince*, de *Chardin* avec
Roland, de *Machy* avec *Servandoni*!
Il faudroit être accompagné d'un artiste habile et véridique, qui nous laisseroit voir et
dire tout à notre aise, et qui nous coigneroit
de temps-en-temps le nez sur les belles choses
que nous aurions dédaignées, et sur les mauvaises qui nous auroient extasiés. On ne tar-
deroit pas à s'entendre au technique. Pour
l'idéal, cela ne s'apprend pas; mais celui qui
sait juger un poëte sur ce point, sait aussi

juger un peintre. Il y auroit seulement quelques sujets où le *Cicerone* nous feroit sentir
que l'artiste a préféré telle action moins vraie,
tel caractère plus foible, telle position moins
frappante, à d'autres dont il ne méconnoissoit
pas l'avantage, mais où il y avoit plus à perdre
qu'à gagner pour l'ensemble. *De Machy*, vu
tout seul, peut obtenir un signe d'approbation;
placé devant *Servandoni*, il fait pitié. En
voyant l'un agrandir de petites choses, on
sent que l'autre en rapetisse de grandes. Le
coloris ferme et vigoureux du premier fait
sortir le papier mâché, le gris, le blafard
du second. Quelqu'obtus qu'on soit, il faut
être frappé de la fadeur, de l'insipidité de
celui-ci, mises en contraste avec la verve et
la chaleur de celui-là.

Allons au fait.

Le Portail de Sainte-Geneviève, le jour que le Roi en posa la première pierre.

Ce Portail, qui est grand et noble, est
devenu sous le pinceau de *Machy* un petit
château de cartes. Ce concours, ce tumulte
du peuple où il y eut plusieurs citoyens bles-

sés , étouffés, écrasés, on n'en voit pas trace chez M. *de Machy* ; mais à la place, de petits bataillons quarrés de marionnettes bien droites, bien tranquilles, bien de file les unes à côté des autres, la froide symétrie d'une procession, à la place du désordre et du mouvement d'une grande cérémonie. Il n'y a là ni verve, ni variété, ni caractère, ni couleur, ni esprit. Nul effet général. Ton blafard. *Cochin* vaut infiniment mieux dans ses Bals de la cour.

La Colonnade du Louvre , second tableau de *Machy*, ne donne aucune idée de la chose. Il n'y a là de surprenant que l'art du peintre de réduire à rien un des plus grands, des plus imposans monumens du monde. Ecrivez sous ce morceau, *magnus videri, sentiri parvus* ; car c'est tout au rebours de *Servandoni*. *Machy* sait rendre petit et mesquin ce qui est noble et grand.

Le passage sous le péristile du Louvre, du côté de la rue Fromenteau , troisième morceau. Peint gris. Grande architecture appauvrie ; c'est le talent particulier de l'homme. Il y a cependant un rayon de soleil, qui vient du dedans de la cour, qui a de l'effet.

La

La Construction de la nouvelle Halle, quatrième morceau, est plate, toujours grise, sans entente de lumière. C'est un vrai tableau de lanterne magique. Comme il montre des grues, des échafauds, du fracas, et qu'il papillotte bien d'ombres noires, très-noires, et de lumières blanches, très-blanches, je suis persuadé que, projetté sur un grand drap, il réjouiroit beaucoup les enfans.

Je ne sais ce que c'est que ses autres ruines; ni vous, ni moi, ni personne.

D R O U A I S, *Portraitiste.*

BIEN mes remercîmens à M. *Drouais*, avec les vôtres : vous m'entendez. Tous les visages de cet homme-là ne sont que le rouge vermillon le plus précieux, artistement couché sur la craie la plus fine et la plus blanche. Passons tous ces portraits, vîte, vîte, pour nous arrêter un moment devant ce jeune homme vêtu à l'espagnol et jouant de la guittarre. Il est certain qu'il est charmant de caractère, d'ajustement et de visage ; et que si un enfant de cet âge et de cette figure se

T

promenoit au Palais-Royal ou aux Tuileries,
il arrêteroit les regards de toutes nos femmes,
et qu'à l'église il n'y a point de dévote qui
n'en eût quelque distraction ; mais il est beau
comme toutes nos dames que nous voyons
passer dans leurs chars dorés, sur le boule-
vard, surchargées de rouge et de pompons.
Il n'y en a pas une de laide dans le fond de
sa voiture, et pas une qui ne déplût sur la
toile. Ce n'est pas de la chair ; car où sont
la vie, l'onctueux, le transparent, les tons,
les dégradations, les nuances ? C'est un masque
de cette peau fine dont on fait les gants de
Strasbourg. Aussi ce jeune homme, attrayant
par sa jeunesse, la grace de sa position, le
luxe et le goût de son ajustement, est-il froid,
insipide et mort !

Vous voulez, mon ami, que je vous dise
un mot de ce petit anglais à cheveux courts,
plats et sans poudre, à chemise sans man-
chettes, en habit gris, chapeau sous le bras,
ajusté en un mot comme tous les enfans
d'Angleterre (1). Supposez-lui une couleur

(1) Le petit espagnol est le marquis de *la Jamaïque*,
fils du duc *de Berwick*, à qui l'on a seulement un peu
éclairci le teint espagnol et jaunâtre. Le second est le

vraie, et le morceau sera précieux ; car il
est bien vêtu et d'une naïveté d'expression
et de caractère tout-à-fait piquante. Il a quelque chose de plus original que ce polisson
de *Drouais*, qui, avec son porte-feuille sous
le bras et son chapeau sur la tête, fit une
fortune si générale à un des Salons précédens.

JULIART.

A M. *Juliart* la même politesse, s'il vous
plaît, qu'à M. *Drouais*. Si vous trouvez
ame qui vive à Paris, autre que le menu
M. de *la Ferté*, qui sache que M. *Juliart*
ait fait un paysage, deux paysages, trois
dessins de paysages, j'ai tort de ne les avoir

portrait du petit *Fox*, le plus jeune des fils de milord
Holland.

Je ne comprends pas comment *Drouais* n'est pas
le peintre de toutes les femmes de Paris. Sa craie et
son vermillon avec de la grace dans les positions, et
du goût dans la parure, sont précisément ce qu'il leur
faut. *Roslin* est aussi faux que *Drouais*, et par-dessus
le marché, maussade et froid. Cependant il a la pratique
des femmes, et *Drouais* paroît réduit aux enfans.

pas vus, admirés, et de m'en taire. Cependant, mon ami, ma devise n'est pas celle du sage d'*Horace : Nil admirari.* Si l'on ne peut obtenir et garder le bonheur qu'à cette condition, *Denis Diderot* est fort à plaindre. Vous me direz que j'entends mal le *nil admirari* du poëte. C'est, *il ne faut s'étonner de rien.* — *Grimm*, prenez-y garde. On n'admire guère ce qui n'étonne pas (1), et comptez que si M. de *la Ferté*, propriétaire des productions de M. *Juliart*, admire ses productions, c'est qu'il est plus ou moins étonné du *prodigieux talent de l'artiste.*

DESHAYS.

C'EST le frère de celui que nous venons de perdre. Ces deux frères me rappellent une aventure de la jeunesse de *Piron*; car aujourd'hui ce vieux fou se frappe la

(1) En revanche, on peut s'étonner sans admirer; ainsi, si je m'étonne du goût de M. de *la Ferté*, je ne l'admire pas pour cela.

poitrine et se fesse devant dieu de tous les
mots plaisans qu'il a dits et de toutes les
drôles de sottises qu'il a faites. Pardieu,
mon ami! cet atôme qu'on appelle homme
a de la vanité bien plus gros que lui! Un
malheureux méchant petit poëte qui s'imagine qu'il a fâché l'Eternel, qu'il le réjouit,
et qu'il est en son pouvoir de faire rire ou
pleurer dieu, à son gré, comme un idiot
du parterre! Ce *Piron* donc qui s'étoit un
soir énivré avec un acteur, un musicien
et un maître à danser, s'en revenoit avec
ses convives faisant bacchanale dans les
rues. On les arrête; on les conduit chez le
commissaire *Lafosse*, qui demande à l'auteur qui il est: celui-ci répond, *le père des
Fils ingrats*; à l'acteur, qui répond qu'il
est *le tuteur des Fils ingrats*; au maître
à danser et au musicien qui répondent, l'un
qu'il apprend à danser, l'autre qu'il montre
à chanter aux *Fils ingrats*. On les jouoit
alors. Le commissaire, sur ces réponses,
n'a pas de peine à deviner à quelle espece
de gens il a à faire. Il quitte son air grave,
et se met de bonne humeur avec eux. Il dit
à *Piron* qu'il étoit un peu de la famille, et
qu'il avoit eu un frère qui étoit homme

d'esprit et poëte (1). Pardieu! lui répond *Piron*, je le crois bien; j'en ai bien un, moi, qui est bête à manger du foin. Le *Deshays* qui est mort en auroit pu dire autant, et même à un commissaire ; car il s'exposoit volontiers à rendre visite à ces magistrats subalternes, qui veillent ici à ce qu'on ne casse pas les lanternes et qu'on ne batte pas les filles chez elles. Je m'amuse à vous faire des contes, parce que je n'ai rien à vous dire du cadet des *Deshays*, dont les tableaux sont encore plus mauvais que ceux de l'aîné n'étoient bons, quoiqu'ils fussent très-bons ; qui n'a pas une bluette de génie, qui est sans talent, et qui est entré à l'académie de peinture, comme l'abbé *du Resnel* à l'académie française. Ce dernier disoit : connoissez-vous un homme plus heureux que moi ? J'ai désiré trois choses en ma vie, et je les ai eues toutes trois. J'ai voulu être poëte, et je l'ai été ; j'ai voulu être de l'académie, et j'en suis ; j'ai voulu avoir un carosse, et j'en ai un. Un conte, mon ami, et un propos plaisant valent mieux

(1) Le frère du commissaire *Lafosse*, dont il est question ici, a fait une tragédie de *Manlius* qui est restée au théâtre.

que cent mauvais tableaux et tout le mal
qu'on en pourroit dire.

L É P I C I É.

MON ami, si nous continuions à faire
des contes !

LA DESCENTE DE GUILLAUME-LE-CONQUÉRANT EN ANGLETERRE.

*Tableau de vingt-six pieds de large, sur
douze de haut.*

Un général ne pouvoit guère faire mieux
entendre à ses soldats qu'il falloit vaincre
ou mourir, qu'en brûlant les vaisseaux qui
les avoient apportés. C'est ce que fit *Guillaume*. Le beau trait pour l'historien ! Le
beau modèle pour les conquérans ! Le beau
sujet pour le peintre ! pourvu que ce peintre
ne soit pas *Lépicié*. Quel instant croyez-
vous que celui-ci ait choisi ? Celui, n'est-ce
pas, où la flamme consume les vaisseaux,
et où le général annonce à son armée l'al-
ternative terrible ? Vous croyez qu'on voit

T 4

sur la toile les vaisseaux en flamme,
Guillaume sur son cheval, parlant à ses
troupes , et qu'on remarque sur cette
multitude innombrable de visages, toute
la variété des impressions de l'inquiétude,
de la surprise, de l'admiration, de la terreur,
de l'abattement, de la confiance et de la
joie? Votre tête se remplit de groupes.
Vous y cherchez l'action véritable de *Guillaume*, les caractères de ses principaux
officiers, le silence ou le murmure, le
repos ou le mouvement de son armée? Tran-
quillisez-vous, et ne vous donnez pas une
peine dont l'artiste s'est dispensé. Quand
on a du génie, il n'y a point d'instans ingrats ; le génie féconde tout. *Lépicié* s'est
fié au sien, comme vous verrez par l'instant
qu'il a choisi.

On voit dans son tableau , à droite, du
côté de la mer et des vaisseaux, une foible
lueur , avec de la fumée qui indique que
l'incendie est tombé , quelques soldats oisifs
et muets, sans mouvement, sans passion,
sans caractère. Puis on voit tout seul , un
gros homme court, les bras étendus, criant
à tue-tête : je lui ai demandé plus de cent
fois à qui il en vouloit, sans avoir pu le

savoir. Ensuite *Guillaume*, au centre de
son armée, sur son cheval, s'avançant de
la droite à la gauche, comme dans son pays
et dans une occasion commune. Son cheval
est de biais, et on le voit par la croupe, et
lui presque par le dos, avec la tête tournée
du côté du spectateur. Il est précédé d'in-
fanterie et de cavalerie, en marche du
même côté et vues par le dos. Ainsi, toute
l'armée s'avance vers le fond du tableau de
droite à gauche. Du reste, ni bruit, ni tumulte, ni enthousiasme militaire, ni clairons,
ni trompettes. Cela est mille fois plus froid
et plus maussade que le passage d'un régiment sous les murs d'une ville de province,
cheminant vers sa garnison. Trois objets seuls
se font remarquer : cette grosse, courte et
lourde figure pédestre, placée seule entre
Guillaume et les vaisseaux brûlés, les bras
étendus, et criant sans qu'on l'entende :
Guillaume sur son cheval, l'homme et le
cheval aussi pesans et aussi monstrueux,
aussi faux et aussi tristes, moins nobles et
moins signifians que votre *Louis XIV* de
la place Vendôme ; et puis, le dos énorme
d'un autre cavalier, et la croupe plus énorme
encore de son cheval.

Maintenant, voulez-vous un tableau ? Laissez ces figures à-peu-près comme elles sont distribuées, et faites leur faire volte-face. Enflammez les vaisseaux ; faites parler *Guillaume*, et montrez-moi sur les visages les passions avec leur expression accrue par la lueur rougeâtre de la flamme des vais-seaux. Que l'incendie vous serve encore à produire quelqu'étonnant effet de lumière ; la disposition des figures s'y prête, même sans la changer. Mais voyez un peu le prestige de l'étendue et de la masse ? Le tableau de *Lépicié* frappe et appelle d'abord ; il est vrai qu'il n'arrête pas long-temps. Si j'avois la tête de *Rubens*, de *le Sueur*, du *Carrache*, ou de tel autre, je vous dirois comment on auroit pu tirer parti de l'instant que l'artiste a préféré ; mais au défaut de l'une de ces têtes-là, je n'en sais rien. Je conçois seulement qu'il faut remplacer l'intérêt du moment qu'on néglige, par je ne sais quoi de sublime qui s'accorde très-bien avec la tranquillité apparente ou réelle du moment suivant, qu'on ose choisir, et qui est infiniment au-dessus du mouvement : témoin ce déluge universel *du Poussin*, dont l'effet est terrible, et où il n'y a cependant que trois ou quatre figures! Mais, qui est-ce qui trouve de ces choses-là ? Et quand l'artiste les a trouvées, qui est-ce qui les sent ? Au théâtre, ce n'est pas dans les scènes violentes et lorsque la multitude s'extasie, que le grand acteur s'attire mon admiration et me montre son talent. Rien n'est si facile que de se livrer à la fureur, aux injures, à l'emportement, que de me montrer *un fils tout dégoûtant du meurtre de son père, et, sa tête à la main, demandant son salaire.* Dans ces effets, le poëte qui fait le même rôle que l'instant dans le tableau, est pour la moitié. Mais c'est, *prends un siège, Cinna*, qu'il est difficile de bien dire. C'est lorsque la passion retenue, couverte, dissimulée, bouillonne secrètement au fond du cœur, comme le feu dans la chaudière souterraine des volcans; c'est dans le moment qui précède l'explosion; c'est quelquefois dans le moment qui la suit, que je vois ce qu'un homme sait faire. C'est dans la scène tranquille que l'acteur me montre son intelligence et son jugement. C'est lorsque le peintre a laissé de côté tout l'avantage qu'il pouvoit tirer d'un moment chaud, que j'attends de lui de grands caractères, du repos, du silence et tout le merveilleux, d'un idéal rare et d'un technique presqu'aussi rare (1). Vous trouverez cent peintres qui se tireront d'une bataille engagée, contre un qui sache se tirer d'une bataille perdue ou gagnée. Dans le tableau de *Lépicié*, rien ne remplace l'intérêt qu'il a négligé ; il n'y a ni harmonie, ni noblesse : il est sec, dur et cru.

JESUS-CHRIST BAPTISÉ PAR SAINT-JEAN.

Tableau de sept pieds neuf pouces de haut, sur sept pieds six pouces de large.

Pressés de finir et d'être payés, ces gens-là ne savent ce qu'ils font. Malheur aux productions de l'artiste qui mesure le temps et qui ne voit que son salaire ! Celui-ci a fait, comme l'autre, de son Baptême, une scène solitaire, et par le ton vaporeux et

(1) Toute cette subtile théorie de l'effet du repos et du silence dans les ouvrages de poésie et de peinture, mériteroit d'être mieux développée. Je ne connois rien d'écrit là-dessus.

grisâtre dont elle est peinte, ses figures et ses groupes font l'effet d'un arrangement fortuit et bizarre de nuées. On voit, à droite, sur le fond, trois apôtres effrayés. Et de quoi? Une voix qui dit: *voilà mon fils bien aimé*, n'a rien d'effrayant. Ce *Saint-Jean*, les yeux tournés vers le ciel, verse l'eau sur la tête du Christ, sans regarder ce qu'il fait. Et ce gros quartier de pierre équarri, sur lequel il est posé, qui est-ce qui l'a apporté là? On diroit qu'il étoit essentiel à la cérémonie, et qu'un bout de roche détaché n'eut pas été tout aussi bon, plus naturel et plus pittoresque. Car, que fait un mâçon, quand il taille une pierre? Il en ôte tous les accidens; c'est le symbôle de l'éducation qui nous civilise, nous ôte l'empreinte brute et sauvage de la nature; nous rend très-agréables dans le monde, très-plats dans un poëme ou sur la toile. Et ce vêtement mou, flexible et doux, si vous me donnez cela pour une peau de mouton, vous avez raison : c'en est une en effet, mais bien peignée, bien soufrée, bien blanche, bien passée en mégie, et nullement celle de l'homme des forêts et de la montagne. Ce Christ, qui est vers la gauche, est étique

avec son air toujours ignoble et gueux.
Est-il donc impossible de s'affranchir de ce
misérable caractère traditionnel ? Je le crois
d'autant moins, que nous avons deux différens caractères de Christ ; le Christ sur la
croix est autre que le Christ au milieu de
ses Apôtres. On voit encore à gauche, comme
de coutume, au centre de la lumière, la
divine et chétive colombe. Autour d'elle,
d'un côté, quelques chérubins ; de l'autre,
quelques anges groupés. Et puis, il faut voir la
couleur, les pieds, les mains, le dessin, les
chairs de tout cela.

Mais il me semble que les tableaux dont
on décore les temples, n'étant faits que pour
graver dans la mémoire les faits et gestes des
héros de la religion, et accroître la vénéra-
tion des peuples, il n'est pas indifférent
qu'il soit bon ou mauvais. A mon sens, un
peintre d'église est une espèce de prédica-
teur plus clair, plus frappant, plus intelligible, plus à portée du commun des hommes
que le curé et son vicaire. Ceux-ci parlent
aux oreilles qui sont souvent bouchées ;
le tableau parle aux yeux, comme le spectacle de la nature, qui nous a appris presque
tout ce que nous savons. Je pousse la chose

plus loin , et je regarde les iconoclastes et les contempteurs des processions, des images, des statues et de tout l'appareil du culte extérieur, comme des exécuteurs aux gages du philosophe ennemi de la superstition; avec cette différence , que ces valets lui font bien plus de mal que leur maître. Supprimez tous les symboles sensibles ; et le reste se réduira bientôt à un galimatias métaphysique , qui prendra autant de formes et de tournures bizarres qu'il y aura de têtes. Que l'on suppose pour un instant que tous les hommes devinssent aveugles ; et je gage qu'avant qu'il soit dix ans, ils disputeront et s'extermineront à propos de la forme , de l'effet et de la couleur des êtres les plus familiers de l'univers. De même en religion , supprimez toute représentation et toute image , et bientôt ils se brouilleront et s'entr'égorgeront sur les articles les plus simples de leur croyance. Ces absurdes rigoristes en religion ne connoissent pas l'effet des cérémonies extérieures sur le peuple. Ils n'ont jamais vu notre Adoration de la Croix, le Vendredi-Saint , l'enthousiasme de la multitude à la procession de la Fête-Dieu ; enthousiasme qui me gagne moi-même quel-

quefois. Je n'ai jamais vu cette longue file
de prêtres en habits sacerdotaux ; ces jeunes
acolytes, vêtus de leurs aubes blanches,
ceints de leurs larges ceintures bleues, et
jettant des fleurs devant le Saint-Sacrement;
cette foule qui les précède et qui les suit
dans un silence religieux, tant d'hommes
le front prosterné contre la terre ; je n'ai
jamais entendu ce chant grave et pathétique,
entonné par les prêtres et répondu affec-
tueusement par une infinité de voix d'hommes, de femmes, de jeunes filles et d'enfans, sans que mes entrailles ne s'en soient
émues, n'en aient tréssailli, et que les larmes
ne m'en soient venues aux yeux. Il y a là-
dedans je ne sais quoi de grand, de sombre,
de solemnel, de mélancolique. J'ai connu
un peintre protestant qui avoit fait un long
séjour à Rome, et qui convenoit qu'il n'a-
voit jamais vu le souverain Pontife officier
dans Saint-Pierre, au milieu des cardinaux
et de toute la prélature romaine, sans devenir catholique ; il reprenoit sa religion à
la porte. Mais, disent-ils, ces images, ces
cérémonies conduisent à l'idolâtrie. Il est
plaisant de voir des marchands de mensonges
craindre que le nombre n'en augmente avec
l'engouement.

l'engouement. Mon ami, si nous aimons mieux la vérité que les beaux-arts, prions dieu pour les iconoclastes.

SAINT-CRÉPIN ET SAINT-CRÉPINIEN
DISTRIBUANT
LEURS BIENS AUX PAUVRES.

Tableau de sept pieds de haut, sur cinq pieds de large.

Mon ami, encore un petit conte!

Un poëte qui fait des tragédies, comme M. *Lépicié* des tableaux, lisoit un jour à l'abbé de *Voisenon* une de ses tragédies, farcie des plus beaux vers de *Corneille*, de *Racine* et de *Voltaire*. Pendant la lecture, voilà l'abbé qui à tout moment se lève, et fait à chaque fois une profonde révérence. *Eh! à qui en avez vous donc avec vos révérences*, lui dit le poëte? *Eh! quand on voit passer des gens de sa connoissance, ne faut-il pas les saluer*, lui répondit l'abbé? Mon ami, tirez aussi votre chapeau; faites la révérence à *Saint-Crépin* et *Saint-Crépinien*, et saluez *le Sueur*.

V

Les deux jeunes Saints sont élevés et debout sur une espèce d'estrade. A droite, au-dessous de l'estrade, des vieillards, des femmes, des enfans, une foule de pauvres, les bras tendus vers eux et attendant la distribution. Sur l'estrade, derrière les Saints, à gauche, deux assistans ou compagnons.

Le *Saint-Crépin* est beau de draperie et de caractère; c'est la simplicité même et la commisération; mais il appartient à *le Sueur*. Pour tous ces gueux, ils sont trop bien vêtus; ils ont les couleurs et les chairs trop fraîches; les enfans sont gras et potelés; les femmes du plus bel embonpoint; les vieillards bien nourris et vigoureux, et dans un état bien policé, ces fainéans ne seroient pas-là, ils seroient renfermés. *Carle Vanloo,* dans ses esquisses pour la chapelle des Invalides, a mieux connu la limite de la poésie et de la vérité.

Je vous ai promis quelque part un mot sur le plagiat en peinture. Rien, mon ami, n'est si commun et si difficile à reconnoître. Un artiste voit une figure; c'est une femme qui lui plaît de position. En deux coups de crayon, voilà le sexe changé et la position prise. L'expression d'un enfant, on la transporte sur le visages d'un adulte. La joie, la frayeur d'un adulte, on la donne à un enfant, etc. On ouvre son porte-feuille d'estampes. On détache ici un bout de paysage ; là un autre bout de site. On dérobe à celui-ci sa chaumière, à celui-là sa vache et son mouton ; à cet autre une montagne, ou son étang, ou son ruisseau ; et de toutes ces pièces rapportées, on se fait une grande fabrique générale, précisément comme on dit que feu le maréchal de *Belle-Isle* s'étoit fait sa terre de Bissy. On a encore la ressource de jetter dans l'ombre ce qui étoit dans le clair, et réciproquement d'exposer à la lumière ce qui étoit dans l'ombre. Je veux qu'un peintre, qu'un poëte en instruise, en inspire, en échauffe un autre, et cet emprunt de lumières et d'inspiration n'est point un plagiat (1). *Sedaine* entend dire à une femme décrépite qui se mouroit dans

(1) Mais, n'est-il pas bien étrange qu'en dérobant ainsi à un homme sublime les choses les plus précieuses, le plagiaire réussisse à en faire des choses communes, plates et froides ? C'est qu'on peut tout prendre, excepté le génie de l'homme, qui fait le véritable prix de tous les ouvrages de l'art.

V 2

son fauteuil, le visage tourné vers une fenêtre que le soleil éclairoit : *ah ! mon fils, que cela est beau, le soleil !* Il s'en souvient, et il fait dire à une jeune fille, étroitement resserrée par un jaloux, la première fois qu'elle voit les rues : *ah ! ma bonne, que c'est beau, les rues !* Voilà en petit, comme il est permis d'imiter en grand.

AMAND.

SALUEZ encore celui-ci, non comme plagiaire, ce qu'il a est bien à lui, malheureusement !

Son *Mercure*, de toutes les natures célestes la plus svelte, est lourd, paralysé d'un bras, et c'est celui dont il menace *Argus*. Cet *Argus* endormi est bien maigre, bien sec, comme le doit être un surveillant ; mais il est roide et hideux, comme aucune figure ne doit être en peinture. Et cette vache qui est couchée entre *Mercure* et lui, ce n'est qu'une vache. Point de douleur, nulle passion, point d'ennui, rien qui in-

ûique la métamorphose. Quand on a du
génie, c'est-là qu'on le montre ; jamais un
ancien n'eut pris le pinceau sans s'être fait
de cette vache une imagination singulière.
Monsieur Amand, ce morceau n'est qu'une
vieille croute qui a noirci chez le brocanteur.
Qu'elle y retourne.

JOSEPH VENDU PAR SES FRÈRES.

Optez, mon ami, voulez-vous la description de ce tableau, ou aimez-vous mieux
un conte ?.....
Mais il me semble, dites-vous, que la
composition n'en est pas mauvaise. — J'en
conviens. — Que ce gros quartier de roche,
sur lequel on compte le prix de l'enfant,
fait assez bien au centre de la toile. —
D'accord. — Que le marchand penché sur
cette pierre, et cet autre qui est derrière,
sont passables de caractère et de draperie.—
Je ne le nie pas. — Que parce que ce *Jo-
seph* est roide, court, sans grace, sans belle
couleur, sans expression, sans intérêt, et
même un peu hydropique des jambes, ce
n'est pas une raison pour déchirer tout le
tableau. — Je n'ai garde, — Que ces groupes

V 3

de frères d'un côté, de marchands de l'autre, sont même distribués avec intelligence. — Cela me semble aussi. — Que la couleur... — Ho! ne parlons pas de la couleur ni du dessin. Je ferme les yeux là-dessus ; mais ce que je sens, c'est un froid mortel que me gagne dans le sujet le plus pathétique. Où avez-vous pris qu'il fut permis de me montrer une pareille scène , sans me fendre le cœur ? Ne parlons plus de ce tableau, je vous en prie. Y penser m'afflige.

TANCRÈDE PANSÉ PAR HERMINIE.

Au pont Notre-Dame.

ARMIDE ET RENAUD.

Pis , cent fois pis que *l'Angélique et Médor* de *Boucher*. Chez *Tremblin* (1).

Grands sujets traités par un je ne sais qui ; car ce n'est pas un artiste que cela. Cela n'en a aucune des parties, si ce n'est

(1) *Tremblin*, célèbre brocanteur du pont Notre-Dame.

une étincelle de verve qui s'éteint quand l'homme veut passer de l'esquisse au tableau. Ah ! monsieur *Amand*, que le mot de *le Moyne* est vrai !

Ce *Cambyse* qui tue le dieu *Apis*, esquisse, est court ; mais il est heurté fièrement, et voilà ce qu'on peut appeler de la fureur.

———

PSAMMITICHUS qui, au défaut de coupe, fait ses libations avec son casque.

Autre esquisse. Beau sujet, bien poétique, bien pittoresque ; mais je le cherche, et n'apperçois que cinq ou six valets de tuerie qui terrassent un bœuf. Cela est chaud pourtant, mais strapassé, tant qu'on veut.

———

MAGON répandant au milieu du Sénat de Carthage les anneaux des Chevaliers Romains tués à la bataille de Cannes.

Quel sujet encore ! Cette esquisse est moins chaude que les précédentes, mais mieux entendue de lumières, et bien ordonnée pour l'effet. Ah! si je pouvois dépouiller cet *Amand* de ce qu'il a de chaleur et de poésie pour en doter *Lagrenée!* Et si j'avois un enfant qui eût déjà fait quelques progrès dans l'art, comme en lui tenant un moment les yeux sur la *Justice et la Clémence* de *Lagrenée*, entre *l'Angélique et Médor* de *Boucher*, et le *Renaud et Armide* d'*Amand*, il auroit bientôt conçu ce que c'est que le vrai et le faux, l'extravagant et le sage, le froid et le chaud, le noble et le maniéré, la bonne et la mauvaise couleur, etc.

FRAGONARD.

LE GRAND-PRÊTRE CORÉSUS S'IMMOLE POUR SAUVER CALLIRHOÉ.

Tableau de douze pieds six pouces de de large, sur neuf pieds six pouces de haut.

IL m'est impossible, mon ami, de vous entretenir de ce tableau. Vous savez que je n'ai pu le voir, et qu'il n'étoit plus au salon lorsque la sensation qu'il fit m'y appela. C'est votre affaire d'en rendre compte. Nous en causerons ensemble : cela sera d'autant mieux, que peut-être découvrirons-nous pourquoi, après un premier tribut d'éloges payé à l'artiste, après les premières exclamations, le public a semblé se refroidir. Le premier aspect en frappoit ; au second instant, l'impression s'affoiblissoit. Toute composition dont le succès ne se soutient pas, manque d'un vrai mérite. Mais pour remplir l'article de *Fragonard*, je vais vous faire part d'une vision assez étrange qui me tourmenta une nuit, après un jour dont j'avois passé la matinée à voir quelques tableaux, et la soirée à lire quelques dialogues de *Platon.*

L'ANTRE DE PLATON.

Il me sembla que j'étois renfermé dans le lieu qu'on appelle l'antre de ce philosophe ; c'étoit une longue caverne obscure. J'y étois assis parmi une multitude d'hommes, de femmes et d'enfans. Nous avions tous les pieds et les mains enchaînés, et la tête si bien prise entre des éclisses de bois, qu'il nous étoit impossible de la tourner. Mais ce qui m'étonnoit, c'est que la plupart de mes compagnons de prison buvoient, rioient, chantoient, sans paroître gênés de leurs chaînes ; vous eussiez dit à les voir que c'étoit leur état naturel, et qu'ils n'en désiroient pas d'autre. Il me sembloit même qu'on regardoit de mauvais œil ceux qui faisoient quelqu'effort pour recouvrer la liberté de leurs pieds, de leurs mains et de leurs têtes, ou qui vouloient en procurer l'usage aux autres ; qu'on les désignoit par des noms odieux ; qu'on s'éloignoit d'eux, comme s'ils eussent été infectés d'un mal contagieux ; et que lorsqu'il arrivoit quelque désastre dans la caverne, on ne manquoit jamais de les en accuser. Equipés comme je viens de vous le dire, nous avions tous le dos tourné à l'entrée de cette demeure, et nous n'en pouvions regarder que le fond qui étoit tapissé d'une toile immense.

Par derrière nous, il y avoit des rois, des ministres, des prêtres, des docteurs, des apôtres, des prophètes, des théologiens, des politiques, des charlatans, des fripons, des artisans d'illusions, et toute la troupe des marchands d'espérances et de craintes.

Chacun d'eux avoit une petite provision de figures transparentes et colorées propres à son état, et toutes ces figures étoient si bien faites, si bien peintes, en si grand nombre et si variées, qu'il y avoit de quoi fournir à la représentation de toutes les scènes comiques, tragiques et burlesques de la vie.

Ces charlatans, comme je le vis ensuite, placés entre nous et l'entrée de la caverne, avoient par-derrière eux une grande lampe suspendue, à la lumière de laquelle ils exposoient leurs petites figures, de façon que leurs ombres, portées par-dessus nos têtes et s'agrandissant en chemin, alloient se projetter sur la toile tendue au fond de la caverne, et y former des scènes si naturelles, si vraies, que nous les prenions pour réelles, et que tantôt nous en riions à gorge déployée, tantôt nous en pleurions à chaudes larmes. Ce qui vous paroîtra d'autant moins étrange, qu'il y avoit derrière la toile d'autres fripons subalternes, aux gages des premiers, qui prêtoient à ces ombres les accens, les discours, les vraies voix de leurs rôles.

Malgré le prestige de cet apprêt, il y avoit

quelques-uns d'entre nous dans la foule qui
le soupçonnoient, qui secouoient de temps en
temps leurs chaînes, et qui avoient la meilleure
envie de se débarrasser de leurs éclisses et
de tourner la tête ; mais à l'instant, tantôt
l'un, tantôt l'autre des charlatans que nous
avions à dos, se mettoit à crier d'une voix
forte et terrible : *Garde-toi de tourner la
tête ! Malheur à qui secouera sa chaîne !
Respecte les éclisses !* Je vous dirai une
autre fois ce qui arrivoit à ceux qui mépri-
soient le conseil de la voix ; les périls
qu'ils couroient, les persécutions qu'ils avoient
à souffrir. Ce sera pour quand nous ferons
de la philosophie : aujourd'hui qu'il s'agit de
tableaux, j'aime mieux vous en décrire
quelques-uns de ceux que je vis sur la grande
toile. Je vous jure qu'ils valoient bien les
meilleurs du salon. Sur cette toile, tout paroissoit d'abord assez décousu : on pleuroit,
on rioit, on jouoit, on buvoit, on chan-
toit, on se mordoit les poings ; on s'arrachoit
les cheveux, on se caressoit, on se fouet-
toit ; au moment où l'un se noyoit, un autre
étoit pendu, un troisième élevé sur un
piédestal ; mais à la longue tout se lioit,
s'éclaircissoit et s'entendoit. Chacun avoit sa

suite de tableaux à parcourir sur la grande toile, et voici ce que je vis s'y passer à différens intervalles que je rapprocherai pour abréger.

D'abord, ce fut un jeune homme, ses longs vêtemens sacerdotaux en désordre, la main armée d'un thyrse, le front couronné de lierre, en un mot, dans tout l'appareil d'un grand-prêtre de Bacchus. Il versoit d'un grand vase antique, des flots de vin dans de larges et profondes coupes qu'il portoit ensuite à la bouche de quelques femmes aux yeux hagards et à la tête échevelée. Il s'enivroit avec elles, elles s'enivroient avec lui; et quand ils étoient ivres, ils se levoient et se mettoient à courir les rues en poussant des cris mêlés de fureur et de joie. Les peuples, frappés de ces cris, se renfermoient dans leurs maisons et craignoient de se trouver sur le passage de ces furieux. Ils pouvoient mettre en pièces le téméraire qu'ils auroient rencontré, et je vis qu'ils le faisoient quelquefois.... Eh bien! mon ami, qu'en dites-vous?

GRIMM.

Je dis que voilà deux assez beaux tableaux de *Bacchanales*, à-peu-près du même
genre.

DIDEROT.

En voici un troisième d'un genre différent.

Le jeune prêtre qui conduisoit ces furieuses
étoit de la plus belle figure. Je le remarquai,
et il me sembla, dans le cours de mon rêve,
que plongé dans une ivresse plus dangereuse que celle du vin, il s'adressoit, avec
le visage, le geste et les discours les plus
passionnés et les plus tendres, à une jeune
fille qui refusoit de l'entendre et dont il
embrassoit vainement les genoux.

GRIMM.

Celui-ci, pour n'avoir que deux figures
principales, n'en seroit pas plus facile à
faire.

DIDEROT.

Sur-tout s'il falloit leur donner l'expression forte et le caractère peu commun qu'elles
avoient sur la toile.

Tandis que ce prêtre sollicitoit inutilement
sa jeune inflexible, voilà que j'entends tout-
à-coup dans le fond des habitations, des
cris, des ris, des hurlemens, et que j'en
vois sortir des pères, des mères, des femmes,
des filles, des enfans. Les pères se précipi-
toient sur leurs filles qui avoient perdu tout
sentiment de pudeur ; les mères sur leurs
fils qui les méconnoissoient. Les enfans de
différens sexes, mêlés, confondus, se rou-
loient à terre. C'étoit un spectacle de joie
extravagante, de licence effrénée, d'une
ivresse et d'une fureur inconcevables. Ah !
si j'étois peintre ! J'ai encore tous ces visages-
là présens à mon esprit.

G R I M M.

Je connois un peu nos artistes, et je vous
jure qu'il n'y en a pas un seul en état d'ébaucher ce tableau.

D I D E R O T.

Au milieu de ce tumulte, quelques vieillards que l'épidémie avoit épargnés, les yeux
baignés de larmes, prosternés dans un temple, frappoient la terre de leurs fronts, em-
brassoient de la manière la plus suppliante les

autels du dieu, et j'entendis très-distincte-
ment le dieu, ou plutôt le fripon subal-
terne placé derrière la toile, qui disoit :
*Qu'elle meure ; ou qu'un autre meure pour
elle !*

GRIMM.

Mais, mon ami, du train dont vous rêvez,
un seul de vos rêves suffiroit pour une galerie entière.

DIDEROT.

Attendez, attendez : vous n'y êtes pas !
J'étois dans une extrême impatience d'apprendre quelle seroit la suite de cet oracle
funeste, lorsque le temple s'ouvrit de rechef
à mes yeux. Le pavé en étoit couvert d'un
grand tapis rouge, bordé d'une large frange
d'or ; ce riche tapis et sa frange retom-
boient au-dessous d'une longe marche qui
régnoit tout le long de la façade. A droite,
près de cette marche, il y avoit un de ces
grands vaisseaux de sacrifice destiné à recevoir le sang des victimes. De chaque côté
de la partie du temple que je découvrois,
deux grandes colonnes d'un marbre blanc et
transparent sembloient en s'élevant chercher
la voûte. A droite, au pied de la colonne

la

la plus avancée, on avoit placé une urne de marbre noir, couverte en partie des linges nécessaires aux cérémonies sanglantes. De l'autre côté de la même colonne, c'étoit un grand candelabre de la forme la plus noble ; il étoit si haut, que peu s'en falloit qu'il n'atteignît le chapiteau de la colonne. Dans l'intervalle des deux colonnes, de l'autre côté, il y avoit un grand autel ou trépied triangulaire, sur lequel le feu sacré étoit allumé. Je voyois la lueur rougeâtre des brasiers ardens, et la fumée des parfums me déroboit une partie de la colonne intérieure. Voilà le théâtre d'une des plus terribles et des plus touchantes représentations qui se soient exécutées sur la toile de ma caverne pendant ma vision.

GRIMM.

Mais, dites-moi, mon ami, n'avez-vous confié votre rêve à personne ?

DIDEROT.

Non. Pourquoi me faites-vous cette question ?

GRIMM.

C'est que je crois que vous avez rêvé

X

l'histoire de *Corésus et de Callirhoé*, avec tous ses détails ; du moins, le temple que vous venez de décrire est exactement le lieu de la scène du tableau de *Fragonard*.

DIDEROT.

Cela se peut. J'avois tant entendu parler de ce tableau les jours précédens, qu'ayant à faire un temple en rêve, j'aurai fait le sien. Quoi qu'il en soit, tandis que mes yeux parcouroient ce temple, et remarquoient des apprêts qui me présageoient je ne sais quoi dont mon cœur étoit oppressé, je vis arriver seul, un jeune acolyte vêtu de blanc. Il avoit l'air triste : il alla s'accroupir au pied du candelabre, et s'appuyer les bras sur la saillie de la base de la colonne intérieure. Il fut suivi d'un prêtre ; ce prêtre avoit les bras croisés sur la poitrine, la tête tout-à-fait penchée : il paroissoit absorbé dans la douleur et la réflexion la plus profonde. Il s'avançoit à pas lents. J'attendois qu'il relevât sa tête. Il le fit, en tournant les yeux vers le ciel et poussant le soupir le plus douloureux, que j'accompagnai moi-même d'un cri, quand je reconnus ce prêtre ; c'étoit le même que j'avois

vu, quelques instans auparavant, presser,
avec tant d'instance et si peu de succès, la
jeune infléxible. Il étoit aussi vêtu de blanc:
toujours beau ; mais la douleur avoit fait
une impression profonde sur son visage. Il
avoit le front couronné de lierre, et il tenoit dans sa main droite le couteau sacré;
il alla se placer debout, à quelque distance
du jeune acolyte qui l'avoit précédé. Il vint
bientôt un second acolyte, encore vêtu de
blanc, qui s'arrêta derrière lui.

Je vis entrer ensuite une jeune fille : elle
étoit pareillement vêtue de blanc ; une cou-
ronne de roses lui ceignoit la tête. La pâleur
de la mort couvroit son visage ; ses genoux
tremblans se déroboient sous elle : à peine
eut-elle la force d'arriver jusqu'aux pieds
de celui dont elle étoit adorée ; car c'étoit
celle qui avoit si fièrement dédaigné sa tendresse et ses vœux. Quoique tout se passât
en silence, il n'y avoit qu'à les regarder
l'un et l'autre, et se rappeler les mots de
l'oracle, pour comprendre que c'étoit la
victime, et qu'il alloit en être le sacrificateur. Lorsqu'elle fut proche du grand-prêtre,
son malheureux amant, ah! cent fois plus
malheureux qu'elle! la force l'abandonna

tout-à-fait, et elle tomba renversée sur le lit ou le lieu même où elle devoit recevoir le coup mortel. Elle avoit le visage tourné vers le ciel; ses yeux étoient fermés : ses deux bras, que la vie sembloit avoir déjà quittés, pendoient à ses côtés. Le derrière de sa tête touchoit presque aux vêtemens du grand-prêtre, son sacrificateur et son amant : le reste de son corps étoit étendu ; seulement, l'acolyte qui s'étoit arrêté derrière le grand-prêtre le tenoit un peu relévé.

Tandis que la malheureuse destinée des hommes et la cruauté des dieux ou de leurs ministres, car les dieux ne sont que les instrumens de ceux-ci, m'occupoient, et que j'essuyois quelques larmes qui s'étoient échappées de mes yeux, il étoit entré un troisième acolyte vêtu de blanc, comme les autres, et le front couronné de roses. Que ce jeune acolyte étoit beau ! Je ne sais si c'étoit sa modestie, sa jeunesse, sa douceur, sa noblesse qui m'intéressoient, mais il me parut l'emporter sur le grand-prêtre même. Il s'étoit accroupi à quelque distance de la victime évanouie, et ses yeux attendris étoient attachés sur elle. Un quatrième acolyte, en habit blanc aussi, vint se ranger près de

celui qui soutenoit la victime; il mit un
genou en terre et il posa sur son autre
genou un grand bassin qu'il prit par les
bords, comme pour le présenter au sang
qui alloit couler : ce bassin, la place de cet
acolyte et son attitude, ne désignoient que
trop cette fonction cruelle. Cependant il
étoit accouru dans le temple beaucoup d'autres personnes : les hommes nés compatis-
sans, recherchent dans les spectacles cruels
l'exercice de cette qualité.

Je distinguai vers le fond, proche de la
colonne intérieure du côté gauche, deux
prêtres âgés, debout, et remarquables, tant
par le vêtement irrégulier dont leur tête
étoit enveloppée, que par la sévérité de
leur caractère et la gravité de leur maintien.

Il y avoit presqu'en - dehors, contre la
colonne antérieure du même côté, une femme
seule : un peu plus loin et plus en-dehors,
une autre femme, le dos appuyé contre une
borne, avec un jeune enfant nud sur ses
genoux. La beauté de cet enfant, et plus
peut-être encore l'effet singulier de la lumière qui les éclairoit sa mère et lui, les
ont fixés dans ma mémoire. Au-delà de ces

X 3

femmes, mais dans l'intérieur du temple,
deux autres spectateurs; au-devant de ces
spectateurs, précisément entre les deux colonnes, vis-à-vis de l'autel et de son brasier
ardent, un vieillard dont le caractère et les
cheveux gris me frappèrent. Je me doute
bien que l'espace plus reculé étoit rempli
de monde; mais de l'endroit que j'occupois,
dans mon rêve et dans la caverne, je ne pouvois rien voir de plus.

G R I M M.

C'est qu'il n'y avoit rien de plus à voir,
et que ce sont-là tous les personnages du
tableau de *Fragonard*. Ils se sont trouvés
placés dans votre rêve, tout juste comme
sur sa toile.

D I D E R O T.

Si cela est, ô le beau tableau que *Fragonard* a fait! Mais écoutez le reste.

Le ciel brilloit de la clarté la plus pure.
Le soleil sembloit précipiter toute la masse
de sa lumière dans le temple, et se plaire
à la rassembler sur la victime, lorsque les
voûtes s'obscurcirent de ténèbres épaisses
qui, s'étendant sur nos têtes et se mêlant à

l'air et à la lumière, produisirent une horreur soudaine. A travers ces ténèbres, je
vis planer un génie infernal : je le vis ; des
yeux hagards lui sortoient de la tête. Il tenoit un poignard d'une main ; de l'autre, il
secouoit une torche ardente. Il crioit ; c'é-
toit le désespoir ; et l'amour, le redoutable
amour étoit porté sur son dos. A l'instant,
le grand-prêtre serre le couteau sacré ; il
lève le bras : je crois qu'il en va frapper la
victime, qu'il va l'enfoncer dans le sein de
celle qui l'a dédaigné et que le ciel lui a
livrée ; point du tout, il s'en frappe lui-
même ! Un cri général perce et déchire l'air.
Je vois la mort et ses symptômes errer sur
les joues, sur le front du tendre et généreux infortuné ; ses genoux défaillent ; sa
tête retombe en arrière ; un de ses bras est
pendant : la main dont il a saisi le couteau,
le tient encore enfoncé dans son cœur. Tous
les regards s'attachent ou craignent de s'attacher sur lui ; tout marque la peine et l'effroi.
L'acolyte qui est au pied du candelabre, a
la bouche entr'ouverte et regarde avec effroi.
Celui qui soutient la victime retourne la
tête et regarde avec effroi. Celui qui tient
le bassin funeste relève ses yeux effrayés.

Le visage et les bras tendus de celui qui me parut si beau, montrent toute sa douleur et tout son effroi. Ces deux prêtres âgés, dont les regards cruels ont dû se repaître si souvent de la vapeur du sang dont ils ont arrosé les autels, n'ont pu se refuser à la douleur, à la commisération, à l'effroi; ils plaignent le malheureux, ils souffrent, ils sont consternés. Cette femme, seule, appuyée contre une des colonnes, saisie d'horreur et d'effroi, s'est retournée subitement; et cette autre avec son enfant, qui avoit le dos contre une borne, s'est renversée en arrière : une de ses mains s'est portée sur ses yeux, et son autre bras semble repousser d'elle ce spectacle effrayant. La surprise et l'effroi sont peints sur les visages des spectateurs les plus éloignés; mais rien n'égale la consternation et la douleur du vieillard aux cheveux gris : ses cheveux se sont dressés sur son front. Je crois le voir encore, la lumière du brasier ardent l'éclairant, et ses bras étendus au-dessus de l'autel. Je vois ses yeux; je vois sa bouche; je le vois s'élancer : j'entends ses cris; ils me réveillent. La toile se replie, et la caverne disparoît.....

GRIMM.

Voilà le tableau de *Fragonard*. Le voilà avec tout son effet.

DIDEROT.

En vérité?

GRIMM.

C'est le même temple, la même ordonnance, les mêmes personnages, la même action, les mêmes caractères, le même intérêt général, les mêmes qualités, les mêmes défauts. Dans la caverne, vous n'avez vu que les simulacres des êtres; et *Fragonard*, sur sa toile, ne vous en auroit montré non plus que les simulacres. C'est un beau rêve que vous avez fait; c'est un beau rêve qu'il a peint. Quand on perd son tableau pour un moment de vue, on craint toujours que sa toile ne replie comme la vôtre, et que ces fantômes intéressans et sublimes dont il l'a remplie ne s'évanouissent comme ceux de la nuit. Si vous aviez vu son tableau, vous auriez été frappé de la même magie de lumière, et de la manière dont les ténèbres se fondoient avec elle, et du lugubre que ce mélange portoit dans tous les points de sa composition ; vous auriez éprouvé la même commisération , le même effroi ; vous auriez vu la masse de cette lumière, forte d'abord , se dégrader avec une vîtesse et un art surprenans ; vous en auriez remarqué les échos se jouant supérieurement entre les figures. Ce vieillard , dont les cris perçans vous ont réveillé, il y étoit au même endroit, et tel que vous l'avez vu ; et les deux femmes et le jeune enfant, tous vêtus , éclairés, effrayés comme vous l'avez dit. Ce sont les mêmes prêtres âgés , avec leur draperie de tête, large, grande et pittoresque ; les mêmes acolytes avec leurs habits blancs et sacerdotaux , répandus précisément sur sa toile comme sur la vôtre. Celui que vous avez trouvé si beau, il étoit beau dans le tableau comme dans votre rêve, recevant la lumière par le dos, ayant par conséquent toutes ses parties antérieures dans la demi-teinte ou l'ombre : effet de peinture plus facile à rêver qu'à produire, et qui ne lui avoit ôté ni sa noblesse ni son expression.

DIDEROT.

Ce que vous me dites me feroit presque croire que moi, qui n'y crois pas pendant le jour, je suis en commerce avec lui pendant la nuit. Mais l'instant effroyable de mon rêve, celui où le sacrificateur s'enfonce le poignard dans le sein, est donc celui que *Fragonard* a choisi?

GRIMM.

Assurément. Nous avons seulement observé dans le tableau que les vêtemens du grand-prêtre tenoient un peu trop de ceux d'une femme.

DIDEROT.

Attendez! Mais c'est comme dans mon rêve.

GRIMM.

Que ces jeunes acolytes, tout nobles, tout charmans qu'ils étoient, étoient d'un sexe indécis, des espèces d'hermaphrodites.

DIDEROT.

C'est encore comme dans mon rêve.

GRIMM.

Que la victime, bien couchée, bien tombée, étoit peut-être un peu trop étroitement serrée d'en bas par ses vêtemens.

DIDEROT.

Je l'ai aussi remarqué dans mon rêve, mais je lui faisois un mérite d'être décente, même dans ce moment.

GRIMM.

Que sa tête, foible de couleur, peu expressive, sans teintes, sans passages, étoit plutôt celle d'une femme qui sommeille que d'une femme qui s'évanouit.

DIDEROT.

Je l'ai rêvée avec ces défauts.

GRIMM.

Pour la femme qui tenoit l'enfant sur ses genoux, nous l'avons trouvée supérieurement peinte et ajustée; et le rayon de lumière échappé qui l'éclairoit, à faire illusion. Le reflet de la lumière sur la colonne antérieure, de la dernière vérité; le candelabre, de la plus belle forme, et faisant bien l'or. Il a fallu des figures aussi vigoureusement coloriées que celles de *Fragonard*, pour se soutenir au-dessus de ce tapis rouge bordé d'une frange d'or. Les têtes des vieillards nous ont paru faites d'humeur, et marquant bien la surprise et l'effroi; les génies, bien furieux, bien aëriens; et la vapeur noire qu'ils amenoient avec eux, bien éparse, et ajoutant un terrible étonnant à la scène; les masses d'ombre relevant de la manière la plus forte et la plus piquante, la splendeur éblouissante des clairs. Et puis, un intérêt unique. De quelque côté qu'on portât les yeux, on rencontroit l'effroi; il étoit dans tous les personnages : il s'élançoit du grand-prêtre, il se répandoit par les deux génies, par la vapeur obscure qui les accompagnoit, par la sombre lueur des brasiers. Il étoit impossible de soustraire son ame à une impression si répétée; c'étoit comme dans les émeutes populaires, où la passion du grand nombre vous saisit, avant même que le motif vous en soit connu. Mais, outre la crainte qu'au premier signe de croix tous ces beaux simulacres ne disparussent, il y a des juges d'un goût sévère qui ont cru sentir, dans toute la composition, je ne sais quoi de théâtral qui leur a déplu. Quoiqu'ils en disent, croyez que vous avez fait un beau rêve, et *Fragonard* un beau tableau. Il a toute la magie, toute l'intelligence et toute la machine pittoresque : la partie idéale est sublime dans cet artiste, à qui il ne manque qu'une couleur plus vraie et une perfection technique que le temps et l'expérience peuvent lui donner.....

Jusqu'à présent, mon cher philosophe, je vous ai laissé dire, et j'ai parlé comme il vous a plu. Vous avez bien fait de vous arrêter à ce tableau de *Fragonard*, qui a principalement fixé l'attention du public, moins encore par son propre mérite, que peut-être par le besoin que nous avons de trouver un successeur à *Carle-Vanloo* et à *Deshays*. Quand on pense à cette foule de jeunes gens revenus de Rome et agréés par l'académie, sans donner la moindre espérance, on n'en peut pas bien augurer pour la gloire de l'école française, déjà assez décriée d'ailleurs. Nous n'avons qu'un *Fragonard* qui promette, contre cette foule de *Briard*, *Brenet*, *Lépicié*, *Amand*, *Taraval*, qui certainement ne feront jamais rien. Je ne crois pas le tableau de *Fragonard* sans mérite, tant s'en faut ; mais il faut attendre le salon prochain pour voir ce que cet artiste deviendra. Ce ne seroit pas la première fois que nous aurions vu un peintre, nouvellement arrivé de Rome et la tête pleine des richesses de l'Italie, débuter d'une manière assez brillante, et puis s'affoiblir et s'éteindre de salon en salon. Ce qui me donne quelque doute sur le génie de *Fragonard*, c'est qu'en comparant l'effet de son tableau avec le pathétique de son sujet, je ne trouve pas qu'il y atteigne. Si la victime vous paroît plutôt endormie qu'évanouie, le sacrificateur m'a paru froid et sans caractère : son sexe est aussi indécis que celui des acolytes; on ne sait s'il est homme ou femme; et la faute n'en est pas seulement à ses vêtemens, mais à sa tête et à tout son corps. Vous avez relevé d'une manière très-ingénieuse ce je ne sais quoi qui donne à toutes ces figures plutôt un air de fantômes et de spectres que de personnages réels : car enfin, tout ce beau rêve que vous venez de me conter, vous l'avez fait au salon, en contemplant le tableau de *Fragonard*; et la plupart du temps, si je m'en souviens, j'avois le plaisir d'être à côté de vous et de vous entendre rêver tout haut. Mais, comptez que votre rêve est plus beau que son tableau, et que nous ne risquons rien d'attendre au salon prochain pour prendre notre parti sur cet artiste.

Au reste, un écho est un son réfléchi ; un écho de lumière est une lumière réfléchie. Ainsi, une lumière qui tombe fortement sur un corps, d'où elle est renvoyée sur un autre, lequel en est assez vivement éclairé pour la réfléchir sur un troisième, et de ce troisième sur un quatrième, etc. forme, sur ces différens objets, des échos, comme un son qui va se répétant de montagne en montagne. Ce terme est technique, et c'est en ce sens que les artistes l'emploient.

Un Paysage.

Tableau de vingt-deux pouces sur dix-huit.

On y voit un pâtre debout sur une butte. Il joue de la flûte ; il a son chien à côté de lui, avec une paysanne qui l'écoute. Du même côté, une campagne ; de l'autre, des rochers et des arbres. Les rochers sont beaux ; le pâtre est bien éclairé et de bel effet : la femme est foible et floue ; le ciel, mauvais.

L'Absence

L'ABSENCE DES PÈRES ET MÈRES
MISE A PROFIT.

A droite, sur de la paille, un havresac avec une carnacière; à côté, un petit tambour. Plus vers le fond, une cuve de bois, avec du linge mouillé et tors jetté par-dessus; plus dans l'enfoncement du mur, un pot de grès en urne avec une bouilloire. Puis, la porte de la chaumière, par laquelle sort un chien, poil jaune, dont on ne voit que la tête et un peu des épaules; le reste du corps est couvert par un chien, poil blanc, portant au col un billot. Ce chien est sur le devant; il a le museau posé sur une espèce de tonne ou grand baquet qui fait table: sur cette table, mettez un bout de nappe, un plat de terre verni en verd et quelques fruits.

D'un côté de la table, sur le fond, vers la droite, on voit une petite fille assise de face, ayant une main sur les fruits, l'autre sur le dos du chien jaune. Derrière et à côté de cette petite fille, il y a un petit garçon un peu plus âgé, faisant signe de la main et parlant à un de ses frères qui est assis à terre auprès de l'âtre; l'autre main de

Y

celui-là est posée sur celle de sa petite
sœur et sur le chien jaune : il a aussi la
tête et le corps un peu portés en avant.

De l'autre côté de la table, devant le
foyer qui est tout-à-fait à l'angle gauche du
tableau, et qu'on ne reconnoît qu'à la lueur
du feu, un frère plus grand est assis à terre,
une main appuyée sur la table, et tenant
de l'autre la queue d'un poëlon. C'est à
celui-ci que son frère cadet parle et fait
signe.

Sur le fond, tout-à-fait dans l'ombre, on
apperçoit un autre garçon déjà grandelet,
tenant embrassée et pressant vivement la
sœur aînée de tous ces marmots ; elle paroît
se défendre de son mieux.

Tous ces enfans ont un air de famille
commun avec leur sœur aînée ; et je présume
que si cette chaumière n'est pas celle d'un guè-
bre, le garçon grandelet est un petit voisin qui
a pris le moment de l'absence du père et
de la mère pour venir faire une petite niche à
sa jeune voisine.

On voit à gauche, au-dessous du foyer,
dans l'enfoncement du mur, des pots, des
bouteilles et autres ustensiles de ménage.

Le sujet est joliment imaginé. Il y a de

l'effet et de la couleur. On ne sait trop d'où vient la lumière : à cela près, elle est piquante ; moins toutefois qu'au tableau de *Callirhoé*. Elle paroît prise hors de la toile et tomber de la gauche à la droite. La moitié de la main de l'enfant au poëlon, celle dont il s'appuie sur la table, fait plaisir à voir par sa partie de demi-teinte et sa partie éclairée.

LES SCULPTEURS.

J'AIME les fanatiques, non pas ceux qui vous présentent une formule absurde de croyance, et qui vous portant le poignard à la gorge, vous crient, *signe ou meurs*; mais bien ceux qui, fortement épris de quelque goût particulier et innocent, ne voient plus rien qui lui soit comparable, le défendent de toute leur force ; vont dans les maisons et les rues, non la lance, mais le syllogisme en arrêt, sommant tous ceux qu'ils rencontrent, ou de confesser leur absurdité, ou de convenir de la supériorité de leur

Dulcinée sur toutes les créatures du monde.
Ils sont plaisans ceux-ci ; ils m'amusent ;
ils m'étonnent quelquefois. Quand par hazard
ils ont rencontré la vérité , ils l'exposent avec
une énergie qui brise et renverse tout. Dans
le paradoxe accumulant images sur images,
appellant à leur secours toutes les puissances
de l'éloquence , les expressions figurées , les
comparaisons hardies , les tours , les mouvemens; s'adressant au sentiment, à l'imagination , attaquant l'ame et sa sensibilité
par toutes sortes d'endroits, le spectacle de
leurs efforts est encore beau. Tel est *Jean-
Jacques Rousseau ,* lorsqu'il se déchaîne
contre les lettres qu'il a cultivées toute sa
vie , contre la philosophie qu'il professe ,
contre la société de nos villes corrompues,
au milieu desquelles il brûle d'habiter, et
où il seroit désespéré d'être ignoré , méconnu,
oublié. Il a beau fermer la fenêtre de son
Hermitage qui donne du côté de Paris ,
c'est le seul endroit du monde qu'il voie :
au fond de sa forêt, il n'y est pas ; il est à
Paris. Tel est *Winkelmann* (1) , lorsqu'il

(1) Interrompons un moment le philosophe, pour
dire un mot de ce charmant enthousiaste de *Winkelmann.* Je ne sais quel est le charpentier qui a osé

compare les productions des artistes anciens
et celles des artistes modernes. Que ne voit-
il pas dans ce tronçon d'homme qu'on appelle le Torse ? Les muscles qui se gonflent
sur sa poitrine, ce n'est rien moins que les
ondulations des flots de la mer ; ses larges
épaules courbées , c'est une grande voûte
concave qu'on ne rompt point, qu'on fortifie au contraire par les fardeaux dont on
la charge. Et ses nerfs ? les cordes des bal-
listes anciennes qui lançoient des quartiers
de roches à des distances immenses, ne sont
en comparaison que des fils d'araignée. Demandez à cet enthousiaste charmant par

traduire son histoire de l'art chez les anciens , qui
vient de paroître en deux volumes, grand in-8°. C'est
un homme qui ne sait pas le français, qui, je crois,
n'entend pas l'allemand, mais qui certainement n'entend
pas le livre qu'il a osé traduire. Les termes les plus
familiers de l'art lui sont à peine connus ; il confond
par exemple naturel et nature à chaque page. Il faut
lire cet excellent ouvrage en allemand, si on le peut.
Il est rempli de chaleur, d'enthousiasme, de goût, de
vues grandes et profondes. L'auteur traite durement
les ignorans ; mais c'est qu'il méprise souverainement
tout homme qui n'a pas passé sa vie dans cette étude.
Quant à la traduction française , elle est bonne à jetter
au feu. Et puis , parlez, monsieur le philosophe.

quelle voie *Glycon*, *Phidias* et les autres
sont parvenus à faire des ouvrages si beaux
et si parfaits ? Il vous répondra : par le sentiment de la liberté qui élève l'ame et lui
inspirent de grandes choses ; par les récom-
penses de la nation, la considération publique, la vue, l'étude, l'imitation constante
de la belle nature, le respect de la postérité, l'ivresse de l'immortalité, le travail
assidu, l'heureuse influence des mœurs et
du climat, et le génie. Il n'y a sans doute
aucun point de cette réponse qu'on osât con-
tester ; mais faites-lui une seconde question,
et demandez-lui s'il vaut mieux étudier
l'antique que la nature, sans la connoissance,
l'étude et le goût de laquelle les anciens
artistes, avec tous les avantages particuliers
dont ils ont été favorisés, ne nous auroient
pourtant laissé que des ouvrages médiocres ?
L'antique, vous dira-t-il sans balancer,
l'antique ! et voilà tout d'un coup l'homme
qui a le plus d'esprit, de chaleur et de
goût, la nuit, tout au beau milieu du Toboso.
Celui qui dédaigne l'antique pour la nature,
risque de n'être jamais que petit, foible et mesquin de dessin, de caractère, de draperie et
d'expression ; celui qui aura négligé la nature

pour l'antique, risquera d'être froid, sans vie, sans aucune de ces vérités cachées et secrettes qu'on n'apperçoit que dans la nature même. Il me semble qu'il faudroit étudier l'antique pour apprendre à voir la nature.

Les artistes modernes se sont révoltés contre l'étude de l'antique, parce qu'elle leur a été prêchée par des amateurs; et les littérateurs modernes ont été les défenseurs de l'étude de l'antique, parce qu'elle a été attaquée par des philosophes.

Il me semble, mon ami, que les statuaires tiennent plus à l'antique que les peintres. Seroit-ce parce que les anciens nous ont laissé quelques belles statues, et que leurs tableaux, au contraire, ne nous sont connus que par les descriptions et le témoignage des écrivains? Il y a une grande différence entre la plus belle ligne de *Pline* et le gladiateur d'*Agasias*.

Il me semble encore qu'il est plus difficile de juger de la sculpture que de la peinture, et cette mienne opinion, si elle est vraie, doit me rendre plus circonspect. Il n'y a presque qu'un homme de l'art qui puisse discerner en sculpture une très-belle

chose d'une chose commune. Sans doute
l'athlète expirant vous touchera , vous attendrira , peut-être même vous frappera si violemment que vous ne pourrez ni en séparer,
ni y attacher vos regards; si toutefois vous aviez
à choisir entre cette statue et le Gladiateur,
dont l'action, belle et vraie certainement, n'est
pourtant pas faite pour s'adresser à votre
ame, vous feriez rire *Pigal* et *Falconet*,
en préférant la première à celle-ci. Une
grande figure seule et toute blanche , cela
est si simple ! Il y a là si peu de ces données
qui pourroient faciliter la comparaison de
l'ouvrage de l'art avec celui de la nature!
La peinture me rappelle par cent côtés
ce que je vois , ce que j'ai vu ; il n'en est
pas ainsi de la sculpture. J'oserai acheter
un tableau sur mon goût , sur mon jugement; s'il s'agit d'une statue , je prendrai
l'avis de l'artiste.

Vous croyez donc , me direz-vous , la
sculpture plus difficile que la peinture ? Je
ne dis pas cela ; juger et faire sont deux
choses. Voilà le bloc de marbre ; la figure
y est , il faut l'en tirer. Voilà la toile; elle
est plane ; c'est là-dessus qu'il faut créer.
Il faut que l'image sorte, s'avance, prenne

le relief, que je tourne autour: moi, si elle
est modelée ; mon œil, si elle est peinte.
Mais si elle est modelée, il faut qu'elle vive
sans aucune de ces ressources qui sont sur
la palette, et qui donnent la vie..... Mais
ces ressources mêmes, direz-vous, est-il si
aisé d'en faire usage? Le sculpteur a tout,
lorsqu'il a le dessin, l'expression et la facilité
du ciseau; avec ces moyens il peut tenter
avec succès une figure nue. La peinture
exige d'autres choses encore. Quant aux difficultés à vaincre, dans les sujets plus composés, il me semble qu'elles s'accroissent en
plus grand nombre pour le peintre que pour
le sculpteur. L'art de grouper est le même,
l'art de draper est le même; mais le clair-
obscur, mais l'ordonnance, mais le lieu de
la scène, mais les ciels, mais les arbres,
mais les eaux, mais les accessoires, mais
les fonds, mais la couleur et tous ses accidens? *Sed nostrum non est tantas compo-
nere lites.* La sculpture est faite pour les
aveugles et pour ceux qui voyent, la peinture ne s'adresse qu'aux yeux. En revanche,
la première a certainement moins d'objets
que la seconde : on peint tout ce qu'on veut;
la sévère, grave et chaste sculpture choisit.

Elle joue quelquefois autour d'une urne ou
d'un vase, même dans les compositions les
plus grandes et les plus pathétiques. On voit
en bas relief des enfans qui folâtrent sur un
bassin qui va recevoir le sang humain; mais
c'est encore avec une sorte de dignité qu'elle
joue : elle est sérieuse, même quand elle
badine. Elle exagère sans doute; peut-être
même l'exagération lui convient-elle mieux
qu'à la peinture. Le peintre et le sculpteur
sont deux poëtes, mais celui-ci ne charge
jamais. La sculpture ne souffre ni le bouffon,
ni le burlesque, ni le plaisant, rarement
même le comique : le marbre ne rit pas.
Elle s'enivre pourtant avec les faunes et les
sylvains; elle a très-bonne grace à aider les
satyres à remettre le vieux Silène sur sa
monture, ou à soutenir les pas chancelans
de son disciple. Elle est voluptueuse,
mais jamais ordurière; elle garde encore,
dans la volupté, je ne sais quoi de recher-
ché, de rare, d'exquis, qui m'annonce que
son travail est long, pénible, difficile, et
que, s'il est permis de prendre le pinceau
pour attacher à la toile une idée frivole qu'on
peut créer en un instant et effacer d'un
souffle, il n'en est pas ainsi du ciseau qui,

déposant la pensée de l'artiste sur une matière dure, rebelle et d'une éternelle durée, doit avoir fait un choix réfléchi, original et peu commun. Le crayon est plus libertin que le pinceau, et le pinceau plus libertin que le ciseau. La sculpture suppose un enthousiasme plus opiniâtre et plus profond ; plus de cette verve forte et tranquille en apparence ; plus de ce feu couvert et secret qui bout au-dedans : c'est une muse violente, mais silencieuse et cachée.

Si la sculpture ne souffre point une idée commune, elle ne souffre pas davantage une exécution médiocre. Une légère incorrection de dessin, qu'on daigneroit à peine appercevoir dans un tableau, est impardonnable dans une statue. *Michel-Ange* le savoit bien ; où il a désespéré d'être parfait et correct, il a mieux aimé laisser le marbre brut... Mais, direz-vous, cela-même prouve que, la sculpture ayant moins à faire que la peinture, on en exige plus strictement ce qu'on est en droit d'en attendre.... Je l'ai pensé comme vous.

De quelques questions que je me suis faites sur la sculpture, la première, c'est, pourquoi la chaste sculpture est pourtant moins scrupuleuse que la peinture, et montre plus souvent et plus franchement la nudité des sexes?

C'est, je crois, qu'après tout, elle ressemble moins que la peinture. C'est que la matière qu'elle emploie est si froide, si réfractaire, si impénétrable ! Mais sur-tout parce que la principale difficulté de son imitation consiste dans le secret d'amollir cette matière dure et froide, d'en faire de la chair douce et molle, d'exprimer les contours des membres du corps humain, de rendre chaudement et avec vérité ses veines, ses muscles, ses articulations, ses reliefs, ses méplats, ses inflexions, ses sinuosités, et qu'un bout de draperie lui épargne des mois entiers de travail et d'étude. C'est que peut-être ses mœurs, plus sauvages et plus innocentes, sont meilleures que celles de la peinture, et qu'elle pense moins au moment présent qu'aux temps à venir. Les hommes n'ont pas toujours été vêtus, qui sait s'ils le seront toujours?

La seconde, c'est, pourquoi la sculpture, tant ancienne que moderne, a dépouillé les femmes de ce voile que la pudeur de la nature et l'âge de puberté jettent sur les parties sexuelles, tandis qu'elle l'a laissé aux hommes?

Je vais tâcher d'entasser mes réponses, afin qu'elles se dérobent les unes par les autres. La propreté , l'indisposition périodique, la chaleur du climat, la commodité du plaisir, la curiosité libertine, l'usage établi parmi les courtisannes qui servoient de modèle dans Athènes et dans Rome : voilà les raisons qui se présenteront les premières à tout homme de sens, et je les crois bonnes. Il est simple de ne pas rendre ce qu'on ne trouve pas dans son modèle ; mais l'art a peut-être des motifs plus recherchés. Il vous fera remarquer la beauté de ce contour, le charme de ce serpentement, de cette longue, douce et légère sinuosité qui part de l'extrémité d'une des aînes et qui s'en va s'abaissant et se relevant alternativement jusqu'à ce qu'elle ait atteint l'extrémité de l'autre aîne. Il vous fera sentir que le chemin de cette ligne, infiniment agréable, seroit rompu dans son cours par une touffe interposée... ; que cette touffe isolée ne se lie à rien et fait tâche dans la femme, au lieu que dans l'homme cette espèce de vêtement naturel, d'ombre assez épaisse aux mamelles va s'éclaircissant à la vérité sur les flancs et sur les côtés du ventre, mais y subsiste cependant, quoique rare, et va, sans s'interrompre, se rechercher elle-même, plus serrée, plus élevée, plus fournie, autour des parties naturelles. Il vous montrera ces parties naturelles de l'homme, dépouillées, comme un intestin grêle, un ver d'une forme déplaisante.

La troisième : pourquoi les anciens n'ont jamais drapé leurs figures qu'avec des linges mouillés ?

C'est que, quelque peine que l'on se donne pour caractériser en marbre une étoffe, on n'y réussit jamais qu'imparfaitement ; qu'une étoffe épaisse et grossière dérobe le nud, que la sculpture est plus jalouse encore de prononcer que la peinture, et que, quelle que soit la vérité de ses plis, elle conservera je ne sais quoi de lourd qui, se joignant à la nature de la pierre, fera prendre au tout un faux air de rocher.

La quatrième : pourquoi le *Laocoon* a la jambe racourcie plus longue que l'autre ?

C'est que, sans cette incorrection hardie de dessin, la figure eût été déplaisante à l'œil ; c'est qu'il y a des effets de nature qu'il faut ou pallier ou négliger. J'en apporte un exemple bien commun et bien simple, dans lequel je défie le plus grand artiste de ne pas pêcher contre la vérité ou contre la grace. Je suppose une femme nue, assise sur un banc de pierre : quelle que soit la fermeté de ses chairs, certainement le poids de son corps appliquant fortement ses fesses contre la pierre sur laquelle elle est assise, elles boursouffleront désagréablement par les côtés et formeront par-derrière le plus impertinent bourlet qu'on puisse imaginer. Et l'arrête du banc ne tracera-t-elle pas à ses cuisses, en-dessous, une très-profonde et très-vilaine coupure? Que faire donc alors? Il n'y a pas à balancer : il faut, ou fermer les yeux à ces effets et supposer qu'une femme a les fesses aussi durés que la pierre, et que l'élasticité de ses chairs ne peut être vaincue par le poids de son corps, ce qui n'est pas vrai, ou jetter tout autour de sa figure quelque draperie qui me dérobe en même-temps, et l'effet désagréable, et les parties de son corps les plus belles.

La cinquième, c'est : quel seroit l'effet du coloris le plus beau et le plus vrai de la peinture sur une statue?

Mauvais, je pense. Premièrement, il n'y auroit autour de la statue qu'un seul point où ce coloris seroit vrai ; en second lieu, il n'y a rien de si déplaisant que le contraste du vrai mis à côté du faux, et jamais la vérité de la couleur ne répondra à la vérité de la chose (1). La chose, c'est la statue seule, isolée, solide, prête à se mouvoir. C'est comme le beau point de Hongrie de *Roslin* sur des mains de bois ; son beau satin si vrai, sur des figures de mannequin. Creusez l'orbite des yeux à une statue, et remplissez-la d'un œil d'émail ou d'une pierre

---

(1) Dans tous les arts, l'unité de l'imitation est aussi essentielle que l'unité de l'action ; et confondre ou associer ensemble deux manières d'imiter la nature est une chose barbare et d'un goût détestable. Voilà un principe que les anciens ont respecté par instinct, mais que je n'ai jamais lu dans aucune poétique, quoi que ce soit un principe essentiel et fondamental. Si vous vous proposez d'imiter la nature en relief et en ronde bosse par le marbre, il ne faut pas l'imiter par la couleur ; si vous l'imitez par la couleur, vous ne lui donnerez point de relief. Si vos personnages chantent, ils ne faut pas qu'ils dansent ; s'ils dansent, ils ne faut pas qu'ils chantent. Il est barbare aussi de les faire parler et chanter alternativement. Mon cher philosophe, une autrefois je ferai aussi mes réponses à vos cinq questions.

colorée,

colorée, et vous n'en supporterez plus l'aspect; c'est ce que les anciens n'ignoroient
pas. On voit même, par la plupart de leurs
bustes, qu'ils aimoient mieux laisser le globe
de l'œil uni et solide que d'y tracer l'iris
et d'y marquer la prunelle, et qu'ils préfé-
roient de laisser imaginer un aveugle à
l'inconvénient de montrer un œil crévé. Et,
n'en déplaise à nos modernes, les anciens
me paroissent, en ce point, d'un goût plus
sévère qu'ils ne l'ont.

La peinture se divise en technique et
idéale, et l'une et l'autre se subdivisent en
peinture en portrait, peinture de genre et
peinture historique. La sculpture comporte
à-peu-près les mêmes divisions, et de même
qu'il y a des femmes qui peignent la tête,
je ne trouverois point étrange qu'on en vît
paroître incessamment une qui fît le buste.
Le marbre, comme on sait, n'est que la
copie de la terre cuite; quelques-uns ont
pensé que les anciens travailloient d'abord
le marbre, mais je crois que ces gens-là n'y
ont pas assez réfléchi.

Un jour que *Falconet* me montroit les
morceaux des jeunes élèves en sculpture
qui avoient concouru pour le prix, et qu'il

Z

me voyoit étonné de la vigueur d'expression
et de caractères , de la grandeur et de la
noblesse de ces ouvrages sortis de dessous
les mains d'enfans de dix-neuf à vingt ans,
attendez-les dans dix ans d'ici, me dit-il,
et je vous promets qu'ils ne sauront plus
rien de cela. C'est que les sculpteurs ont
besoin plus long-temps encore du modèle
que les peintres, et que, soit paresse, soit
avarice ou pauvreté, les uns et les autres
ne l'appellent plus passé quarante-cinq ans.
C'est que la sculpture exige une simplicité,
une naïveté, une rusticité de verve qu'on
ne conserve guère au-delà d'un certain âge.
Et voilà la raison pour laquelle les sculpteurs dégénèrent plus vîte que les peintres,
à moins que cette rusticité ne leur soit naturelle et de caractère. *Pigal* est bourru,
Falconet l'est encore davantage; ils feront
bien jusqu'à la fin de leur vie. Si vous rencontrez un sculpteur poli, doux, maniéré,
honnête, dites qu'il est et qu'il restera
médiocre.

Le plagiat est aussi possible en sculpture ;
mais il est rare qu'il soit ignoré. Il n'est ni
aussi facile à pratiquer, ni aussi facile à déguiser qu'en peinture. Et puis, allons à nos
artistes.

LE MOINE.

CET artiste fait bien le portrait; c'est son seul mérite. Lorsqu'il tente une grande machine, on sent que la tête n'y répond pas : il a beau se frapper le front, il n'y a personne. Sa composition est sans grandeur, sans génie, sans verve, sans effet; ses figures sont insipides, froides, lourdes et maniérées: c'est comme son caractère, où il ne reste pas la moindre trace de l'homme de nature. Voyez son monument de Bordeaux : si vous lui ôtez l'imposant de la masse, que devient le reste ? Faites des portraits, monsieur *le Moine*, mais laissez-là les monumens, surtout les monumens funèbres! Tenez, je vous le dis à regret, vous n'avez pas seulement assez d'imagination pour bien coiffer une pleureuse. Jettez les yeux sur le mausolée de *Deshays*, et vous conviendrez que cette muse vous est inconnue.

De sept à huit bustes de *le Moine*, il y en a deux ou trois que l'on peut regarder; celui de la comtesse *de Brionne*, celui de

Z 2

la marquise de *Gléon* et celui de notre ami *Garrick*.

La belle tête, mon ami, que celle de madame de *Gléon !* Qu'elle est belle! Elle vit, elle intéresse, elle sourit mélancoliquement. On est tenté de s'arrêter, et de lui demander pour qui le bonheur est fait, puisqu'elle n'est pas heureuse? Car elle ne l'est pas. Je ne la connois point cette femme charmante, je n'en ai jamais entendu parler; mais je gage qu'elle souffre : c'est bien dommage! Au reste, si ce n'est pas une créature admirable d'esprit et de caractère, comme elle l'est d'expression et de figure, renoncez à jamais à la foi des physionomies, et écrivez sur le dos de votre main : *fronti nulla fides*.

Le buste de Garrick est bien. Ce n'est pas l'enfant Garrick qui baguenaude dans la rue, qui joue, saute, pirouette et gambade dans la chambre : c'est *Roscius* commandant à ses yeux, à son front, à ses joues, à sa bouche, à tous les muscles de son visage, ou plutôt à son ame, qui prend la passion qu'il veut et qui dispose ensuite de toute sa personne, comme vous de vos pieds pour avancer ou reculer, de vos mains pour lâcher ou prendre : il est sur la scène.

Madame la comtesse *de Brionne*.....
Madame la comtesse *de Brionne?* Eh bien!
mon ami, que voulez-vous que j'en dise?
Madame la comtesse *de Brionne* n'est encore qu'une belle préparation. Les graces et
la vie vont éclore, mais elles n'y sont pas;
elles attendent que l'ouvrage soit fini : et
quand le sera-t-il? Aux cheveux, le marbre
n'est qu'égratigné; *Le Moine* a cru que du
crayon noir pouvoit suppléer au ciseau.
Oui-dà! Va-t-en voir s'ils viennent! Et puis,
cette poitrine; j'en ai vu de nouée, et comme
celle-là. Monsieur *le Moine*, Monsieur *le
Moine*, il faut savoir travailler le marbre,
et cette pierre réfractaire ne se laisse pas
pétrir par les premières mains venues. Si
quelqu'un du métier, comme *Falconet*,
vouloit être franc, il vous diroit que les
yeux sont froids et secs; que quand on
bouche les narines il faut ouvrir la bouche,
sans quoi le buste étouffe. Il vous diroit,
de vos autres portraits modelés, qu'ils sont
plus touchés, plus hardis, mais pas assez
finis, quoiqu'ils doivent l'être, parce que
la nature l'est, et qu'il faut finir tout ce
qui est fait pour être vu de près.

Z 3

FALCONET.

Voici un homme qui a du génie, et qui a toutes sortes de qualités compatibles et incompatibles avec le génie, quoique ces dernières se soient pourtant rencontrées dans *François de Vérulam* et dans *Pierre Corneille*. C'est qu'il a de la finesse, du goût, de l'esprit, de la délicatesse, de la gentillesse et de la grace tout-plein : c'est qu'il est rustre et poli, affable et brusque, tendre et dur : c'est qu'il pêtrit la terre et le marbre, et qu'il lit et médite : c'est qu'il est doux et caustique, sérieux et plaisant : c'est qu'il est philosophe, qu'il ne croit rien et qu'il sait bien pourquoi : c'est qu'il est bon père, et que son fils s'est sauvé de chez lui : c'est qu'il aimoit sa maîtresse à la folie, et qu'il l'a fait mourir de douleur; qu'il en est devenu triste, sombre, mélancolique; qu'il en a pensé mourir de regret; qu'il y a long-temps qu'il l'a perdue et qu'il n'en est pas consolé. Ajoutez à cela, qu'il n'y a point

d'homme plus jaloux du suffrage de ses con-
temporains et plus indifférent sur celui de
la postérité. Il porte cette philosophie à un
point qui ne se conçoit pas, et cent fois il
m'a dit qu'il ne donneroit pas un écu pour
assurer une durée éternelle à la plus belle
de ses statues.

Pigal, le bon *Pigal*, qu'on appeloit à
Rome *le mulet de la sculpture*, à force de
faire, a su faire la nature, et la faire vraie,
chaude et rigoureuse; mais il n'a et n'aura,
ni lui ni son compère l'abbé *Gougenot*,
l'idéal de *Falconet*, et *Falconet* a déjà le
faire de *Pigal*. Il est bien sûr que vous
ne tirerez de *Pigal*, ni le *Pygmalion*, ni
l'*Alexandre*, ni l'*Amitié* de *Falconet*, et
il n'est pas décidé que celui-ci ne refît le
Mercure et le *Citoyen* de *Pigal*. Au de-
meurant, ce sont deux grands hommes, et
qui, dans quinze ou vingt siècles, lorsqu'on
retirera des ruines de la grande ville quelques pieds ou quelques têtes de leur statues, prouveront que nous n'étions pas des
enfans, du moins en sculpture. Quand
Pigal vit le *Pygmalion* de *Falconet*, il
dit : je voudrois bien l'avoir fait. Quand le
monument de Rheims fut exposé au Roule ,

Z 4

Falconet, qui n'aime pas *Pigal*, lui dit,
après avoir vu et bien vu son ouvrage :
« Monsieur *Pigal*, je ne vous aime pas
» et je crois que vous me le rendez bien;
» j'ai vu votre *Citoyen*. Je pense qu'on peut
» faire aussi beau, puisque vous l'avez fait;
» mais je ne crois pas que l'art puisse aller
» une ligne au-delà. Cela n'empêche pas
» que nous ne demeurions comme nous
» sommes. »

LA figure de femme assise, destinée pour
un bosquet de plantes à fleurs d'hiver, est
de l'aveu de tous, grands, petits, savans,
ignorans, connoisseurs, non-connoisseurs,
un chef-d'œuvre de beau caractère, de belle
position et de belle draperie. Cette draperie
est une seule et unique pièce d'étoffe qui
s'en va prendre les bras, les jambes, le
corps, les épaules, le dos, toute la figure;
la dessinant, la moulant, la montrant devant,
de côté, derrière, d'une manière aussi claire
et peut-être plus piquante que si elle étoit
toute nue. Cette draperie n'est pas épaisse;
ce n'est pas non plus un voile léger : elle
est d'un corps mitoyen qui se concilie à

merveille avec la légéreté et la fonction de
la figure. Son visage est beau ; on y voit
un intérêt tendre et doux pour les fleurs
qu'elle protège , et qu'elle cherche à dérober aux menaces du froid en étendant sur
elles un pan de son vêtement. Elle est un
peu penchée, et il est impossible d'imaginer son action faite avec plus de vérité et
de grace. Je relis ma description et je la
trouve calquée sur la figure. Ceux qui cherchent noise à tout lui trouvent le menton
un peu trop saillant.

SAINT-AMBROISE.

Modèle de quatre pieds six pouces de haut.

C'EST ce fougueux évêque qui osa fermer les portes de l'église à *Théodose,* et
à qui un certain souverain de par le monde,
qui dans la guerre passée avoit une si bonne
envie de faire un tour dans la rue des
prêtres, et une certaine souveraine , qui
vient de débarrasser son clergé de toute cette
richesse inutile qui l'empêchoit d'être respec-

table, auroient fait couper la barbe et les
oreilles en lui disant : « apprenez, mon-
» sieur l'abbé, que le temple de votre Dieu
» est sur mon domaine, et que si mon pré-
» décesseur vous a accordé par grace les
» trois arpens de terrain qu'il occupe, je
» puis les reprendre et vous envoyer porter
» vos autels et votre fanatisme ailleurs. Ce
» lieu-ci est la maison du père commun
» des hommes, bons ou méchans, et je
» veux entrer quand il me plaira. Je ne
» m'accuse point à vous; quand je daigne-
» rois vous consulter, vous n'en savez pas
» assez pour me conseiller sur ma conduite,
» et de quel front vous immiscez-vous d'en
» juger? » Mais le plat empereur ne parla
pas ainsi, et l'évêque savoit bien à qui il
avoit à faire. Le statuaire nous l'a montré
dans le moment de son insolente apostrophe.
Il a le bras étendu, le front de la répri-
mande et de la sévérité; il parle : la tête est
d'humeur, mais je la crois un peu petite.
La draperie, grande, large, bien traitée,
pittoresquement relevée par-devant, dessinant à merveille le bras gauche qu'elle
couvre, et sous lequel j'imagine que l'é-
vêque tient son bréviaire ou ses homélies;

si le volume en paroît énorme, c'est la faute
du costume et non de l'artiste. Je pense
bien qu'il se seroit plu davantage à nous
montrer un prophète juif ou quelque prêtre
idolâtre, dont un bout du vêtement seroit
venu se répandre sur la tête, après avoir
parcouru et moulé tout le corps. Au reste,
on peut tirer parti de tout, et *Falconet* l'a
prouvé par son *Saint-Ambroise* qui n'est
pas occupé, comme on a coutume de nous
montrer ses pareils, à ramener sa chappe
sous son bras, et à nous rappeler le geste
familier de Pantalon.

***

ALEXANDRE CÉDANT CAMPASPE,
l'une de ses Concubines,
AU PEINTRE APELLE,

Bas-relief en marbre, de deux pieds six
pouces de haut sur deux pieds de large.

IL faut que je décrive ce bas-relief, parce
qu'il est beau, et que, sans l'avoir bien
présent, il seroit difficile d'entendre mes
observations.

A droite, le peintre a quitté son chevalet,

sur lequel on voit l'ébauche de *Campaspe*.
Il a un genou en terre; il est surpris et pénétré de la faveur du souverain. Cette figure
de ronde bosse correspond au chevalet qui
est de bas-relief.

A gauche, *Alexandre* est à côté de *Campaspe*, sur le fond, debout, un peu avancé
vers *Apelle*. Il paroît offrir au peintre ce
beau modèle : il tient de la main gauche
sa concubine par le poignet; son autre bras
est posé sur les épaules de *Campaspe*. C'est
l'action d'un homme qui la cède à celui qui
l'a desirée.

Campaspe est assise sur un siège couvert
de quelque draperie; elle a les yeux baissés : elle a derrière elle un coussin. Cette
figure est de ronde bosse, et elle correspond
en partie à l'*Alexandre* qui est en bas-relief,
et à deux soldats placés derrière elle, qui
sont aussi de bas-relief.

L'Apelle de cette composition paroît être
une réminiscence du *Pygmalion* d'il y a
deux ans. Le trait qu'il a tracé sur sa toile
devroit être léger comme un fil d'araignée,
et il est grossier.

L'Alexandre est de toute beauté. La
bonté et la noblesse sont peintes sur son

visage ; mais c'est la bonté qui domine , peut-
être même un peu trop. Du reste, on ne
pensera jamais une action plus vraie , une
position plus simple et une draperie plus
noble; ce large manteau jetté sur ses épaules
fait à ravir.

Il est d'un homme d'esprit d'avoir fait
baisser les yeux à Campaspe. Gaie, elle auroit blessé la vanité d'*Alexandre*, qu'elle
auroit quitté sans regret; triste, elle auroit
mortifié *Apelle*. Mais il y a tant d'innocence
et de simplicité dans le caractère de sa tête,
que, si vous placez un voile au-dessus de
sa gorge, et que, ce voile tombant jusqu'au
bout de ses pieds, tous ses appas nuds vous
soient dérobés, de manière que vous n'ap-
perceviez plus que la tête, vous prendrez
cette *Campaspe* pour une fille bien élevée
qui ignore ce que c'est qu'un homme, et
qui se résigne à la volonté de son père qui
lui donne l'artiste que voilà pour époux. Ce
caractère de tête est faux; c'est encore une
réminiscence, mais bien déplacée, de la
statue de *Pygmalion. Falconet*, mon ami,
vous avez oublié l'état de cette femme ; vous
n'avez pas pensé que c'est une concubine,
qu'elle a couché avec *Alexandre*, et qu'elle

a connu le plaisir avec lui et peut-être avec
d'autres avant lui. Si vous eussiez donné
des traits un peu plus larges à votre *Campaspe*, ç'auroit été une femme, et tout eut
été bien.

Mais dites-moi, je vous prie, que font
derrière elle ces deux vieux légionnaires ?
Est-ce qu'*Alexandre*, qui n'ignoroit pas
apparemment que sa concubine seroit exposée toute nue aux regards d'un peintre,
s'est fait accompagner chez elle ? Vous n'y
pensez pas. Allons, mon ami, chassez-moi
ces deux soldats, déplacés à tous égards ; je
vous proteste qu'ils n'y étoient pas, et que
la scène s'est passée entre trois personnes,
Alexandre, *Apelle* et *Campaspe*.... Et
la loi du bas-relief, me direz-vous ?... Et
la loi du sens-commun, vous répondrai-je ?..
Et sur quoi sera projettée ma *Campaspe*, qui
est de ronde bosse ?.... Eh bien ! mon ami,
sur deux femmes que vous mettrez à la place
de ces deux tristes macédoniens. Ces deux
femmes, suivantes de *Campaspe*, seront plus
décentes et plus intéressantes ; d'ailleurs, elles
étoient dans l'appartement de *Campaspe*,
avant l'arrivée d'*Alexandre* : car je ne me
persuaderai jamais qu'une femme seule s'ex

pose toute nue aux regards d'un artiste. Et
voyez le joli caractère que vous donnerez
à ces suivantes ; elles se sont retirées à
l'écart, n'est-il pas vrai, quand le souverain
a paru : témoins de sa générosité, comment
pensez-vous qu'elles en seront affectées ?
C'est un groupe de bas-relief charmant à faire.

Votre *Apelle* est un peu grossièrement
vêtu ; un peintre n'est pas un ouvrier comme
un statuaire. Il est maigre, cela me convient : ceux en qui brûle le tison de *Pro-*
méthée en sont consumés. Mais pourquoi
m'avoir moutonné sa tête ? Le génie est,
ce me semble, autrement peigné que cela.
Et cette *Campaspe*, qui savoit dès la veille
qu'on devoit la peindre, auroit bien dû penser
de son côté à faire une autre toilette de tête ;
sa coiffure est aussi par trop négligée. Pour
ces chairs-là, elles sont belles assurément ;
mais ce n'est pourtant pas encore la mollesse
de la statue de *Pygmalion*, et lorsque *Vien*
disoit que, pour le coup, *Falconet* avoit
prouvé que la sculpture l'emportoit sur la
peinture (1), il n'avoit pas tout-à-fait tort.

(1) Mot très-fin, pour exprimer que le groupe de
Pygmalion, exposé au salon précédent et qui est un

Falconet a établi, sur le bas-relief, une règle qui me paroît sensée, mais qui met de dures entraves à l'artiste. Il dit : le fond du marbre, c'est le ciel ; donc il ne doit jamais porter d'ombre. Mais comment ne pas projetter l'ombre des figures sur un ciel qui touche immédiatement aux figures ? Comment ? Le voici. Si vous introduisez dans votre composition une figure qui soit de

sujet de sculpture, étoit très-supérieur au bas-relief d'*Apelle et de Campaspe*, qui est un sujet de peinture. Ce groupe de *Pygmalion* étoit certainement une jolie chose ; cependant la figure du statuaire étoit, à mon sens, assez commune, et celle de la statue charmante, mais maniérée. Il y a d'ailleurs dans ce sujet je ne sais quoi de faux, au moins lorsqu'il s'agit de le traiter en marbre. Comment exprimer que la statue se change en figure humaine ? En donnant à sa tête la vie et la pensée, et à tout son corps le sentiment de la chair, n'est-il pas vrai ? Mais une belle statue a tout cela, quoiqu'elle reste de marbre ; et si celle de *Pygmalion* n'avoit pas eu ce caractère divin de pensée et de vie, ce statuaire n'en seroit pas devenu amoureux fou. Le miracle qui combla l'artiste de joie et de surprise, consistoit donc dans la métamorphose de ces beaux muscles de pierre en muscles de chair véritable. Or, comment exprimer cette métamorphose en marbre et par le ciseau ?

ronde-bosse,

ronde-bosse, placez immédiatement derrière
elle un objet qui reçoive son ombre (1). Et
l'ombre de cet objet que deviendra-t-elle?
Rien. Il n'aura point d'ombre, si vous le
faites de bas-relief; alors il sera sur votre
marbre, comme les objets qui sont éloignés
et qui semblent tenir au ciel. On ne cherche
pas l'ombre d'un corps qu'on voit dans l'é-
loignement, ou dont on ne voit que la
moitié. — Mais *Falconet* se conforme-t-il à
sa loi? — Très-scrupuleusement. — Et quel
avantage prétend-il en tirer? — Celui de
réduire le bas-relief à la vérité du tableau,
et d'en lier toutes les parties. Voilà ce qui
lui a fait introduire ses deux soldats dans
le bas-relief dont il s'agit ici : il lui falloit,
sur le derrière, des objets qui reçûssent
l'ombre de *Campaspe*, qu'il a faite de ronde-
bosse; mais deux suivantes auroient également rempli ce but, et auroient été mieux
imaginées.

(1) C'est aux grands artistes et aux véritables connoisseurs à prononcer sur les avantages et les inconvé-
niens de cette pratique. Il ne m'est pas non plus dé-
montré que dans un sujet de bas-relief il faille mettre
des figures de ronde bosse, ou, si vous voulez, qu'il
faille les y souffrir.

A a

LA DOUCE MÉLANCOLIE,

Figure de marbre d'environ trois pieds de hauteur.

LA douce mélancolie, c'est une figure mal nommée; c'est la mélancolie. Imaginez une jeune fille debout, le coude appuyé sur une colonne, et tenant dans sa main une colombe; elle la regarde. Comme elle l'a regarde! Comme une pauvre récluse regarderoit, au travers des barreaux de sa cellule, deux amans tendres et passionnés. Son bras droit pend bien, et bien négligemment; seulement il est un peu rond. On accuse aussi la draperie de manquer de légèreté par en-bas, vers les jambes : à la bonne heure! mais on n'y reconnoît pas moins l'homme qui possède les physionomies des passions les plus difficiles à rendre.

L'AMITIÉ,

Figure de marbre d'environ trois pieds de hauteur.

Convenez, mon ami, que si on avoit exhumé ce morceau on en feroit le désespoir des modernes. C'est une figure debout qui tient un cœur entre ses deux mains ; c'est le sien qu'elle tremble d'offrir : c'est un morceau plein d'ame et de sentiment ; on se sent toucher, attendrir, en le regardant. Ce visage invite, de la manière la plus énergique, la plus douce et la plus modeste, à accepter son présent. Elle seroit si fâchée, s'il étoit refusé! La tête est d'un caractère tout-à-fait rare. Je ne me trompe pas : il y a dans cette tête je ne sais quoi d'enthousiastique et de sacré qu'on n'a point encore connu ; c'est la sensibilité, la candeur, l'innocence, la timidité, la circonspection fondues ensemble. Cette bouche entr'ouverte, ces bras tendus, ce corps un peu penché sont d'une expression indicible. Le cœur lui bat ; elle craint, elle espère. Que cela est beau et neuf! Je jure que la fille de *Greuze* qui pleure son serin, est à cent lieues de ce pathétique. Et c'est un faquin de libraire qui s'est procuré la terre cuite! Qu'est-ce que cela fait dans la boutique d'un libraire? Les bras et les mains sont on ne peut mieux modelés. La tête est singulièrement coiffée; c'est à cette coiffure, qui a quelque chose de ceux qui servent dans les temples, que la figure doit en partie son caractère sacré. On trouve l'idée du cœur petite, symbolique et mesquine. Je trouve, moi, qu'il ne lui manque que l'antiquité de la mythologie et la sanction du paganisme; accordez-lui ce sceau, et vous n'aurez plus rien à dire. On trouve les jambes un peu lourdes; je sais ce que c'est: le statuaire ayant fait le haut de sa statue tant soit peu long, s'est trouvé dans la nécessité, ou de passer par-dessus les règles des proportions, en faisant les jambes grêles, ou de faire le bas de sa figure tant soit peu court. Il a pris ce dernier parti.

Je viens de juger *Falconet* au poids du sanctuaire, avec la dernière sévérité. A présent, j'ajouterai qu'avec les défauts du plus foible de ses morceaux, il n'y a pas un artiste à l'académie qui ne fut vain de l'avoir fait.

VASSÉ.

CET artiste n'est pas brillant cette fois-
ci. Son portrait de *Passerat*, assez bien
modelé. Je fais peu de cas de sa *tête d'enfant*. Et sa *Comédie ?* Drapée maigre, d'a-
près un petit mannequin arrangé avec des
épingles, sans grace; du reste, gaie, spirituelle, d'un rire faux qu'il falloit fin.

PAJOU.

LE *buste du maréchal de* CLERMONT-
TONNERRE. Je me souviens d'un autre
portrait de ce maréchal, peint par *Aved*;
ne vous le rappellez-vous pas ? Il étoit placé
au-dessus de l'escalier. Le général y étoit en
buffle, debout, près de sa tente, l'air noble et
fier. *Pajou*, lui, l'a fait innocent et bête.

Ce M. *de la Live*, qui est à côté, est froid
et plat comme lui. Vous prendrez cela comme
il vous plaira, cela ne peut manquer d'être
vrai... Mais, dites-vous, est-ce que sa tête
ne vous paroît pas ressemblante ? — Elle est
sans finesse. — Mais, tant mieux ! — Oui,
mais, j'entends sans finesse de ciseau.

Le *Modèle de Saint-François de Sales*
est lourd et maussade. Par l'esquisse, jugez
de ce que cela deviendra à l'exécution ; car,
je vous le répète, mon ami, le marbre n'est
jamais qu'une copie. L'artiste jette son feu
sur la terre ; puis, quand il en est à la pierre,
l'ennui et le froid le gagnent. Ce froid et cet
ennui s'attachent au ciseau et pénètrent le
marbre, à moins que le statuaire n'ait une
chaleur inextinguible, comme le vieux poëte
l'a dit de ses dieux.

Le *Bénitier* ; pauvre de forme, et les
enfans qui le soutiennent, ni touchés, ni
groupés.

La Bacchante qui tient le petit Bacchus.
Misérable ! misérable ! La femme et l'enfant
mal groupés. Avec cela, le moins mauvais
de tous.

Le *Tombeau*, dessin-esquisse. Monsieur
Pajou, mettez-y donc l'air sépulcral et

lugubre, si vous voulez que j'en dise du bien.

La Leçon anatomique, autre dessin. Cela une leçon anatomique ? C'est un banquet romain. Otez ce cadavre ; mettez à sa place un grand turbot, et ce sera une estampe toute prête pour la première édition de *Juvénal*.

ADAM.

ABOMINABLE, exécrable *Adam !* Je ne parle pas du plus ancien des sots maris ; mais d'un sculpteur de son nom qui nous donne un des Pères du désert qui prie sur le bout d'une roche, pour *Poliphême* : je ne sais quelle petite bête légère et frisée pour un des moutons à longue laine du cyclope, et un sac de noix pour un Ulysse.

CAFFIÉRI.

Que diable voulez-vous que je vous dise de *Caffiéri?* Qu'il a fait les bustes de *Lulli* et de *Rameau* que la célébrité de ces deux noms a fait regarder. Placez-moi devant ce Triton un diacre qui lui étende son étole sur la tête, et vous aurez un démoniaque tout prêt à rendre le diable.

CHALLE.

Celui-ci vient de mourir. Dieu soit loué! Cela console un peu de la perte de *Bouchardon.*

Le buste de *Floncel* est ébauché, encore ne l'est-il pas spirituellement.

Concevez-vous qu'un homme soit perclus de goût au point de coucher sur le ventre une figure qui a des tettons, et de lui couvrir les fesses ? Eh ! stupide, que veux-tu donc que je voie? Mais il faut voir encore comment il vous les a couvertes ! C'est par un petit bout de draperie tortillée, imitant parfaitement le bourlet d'une chemise relevée, précisément comme une femme-de-chambre le voit le matin à sa maîtresse.

D'HUÈS.

J'AI entendu un artiste qui disoit en passant devant *le Saint-Augustin* d'*Huès* : mon dieu, que nos sculpteurs sont bêtes ! Cette exclamation indiscrette me frappa. Je m'arrêtai, je regardai, et au lieu d'un saint, je vis la tête hideuse d'un sapajou embarrassé dans une chasuble d'évêque.

MIGNOT.

BAS-RELIEF d'une naïade vue par le dos. Dos de femme charmant. Caractère fluide et coulant. Dessin pur, simple et facile.

BRIDAN.

SAINT-BARTHÉLEMI SUR LE POINT D'ÊTRE ÉCORCHÉ,

Groupe en plâtre de trois pieds de haut.

IL a un genou en terre; ses bras sont levés vers le ciel. Il prie sans frayeur, sans émotion; il offre ses souffrances et sa vie sans regret. Le bourreau a le dos tourné : il a saisi le bras gauche du Saint; il l'a serré d'une corde, et il attache cette corde au haut d'un chevalet. Il a bien l'air de son état; ce couteau qu'il tient dans sa bouche fait frémir. C'est une idée belle comme du *Carrache*. A cela près, le groupe est très-beau, les formes sont grandes, le dessin correct, les muscles prononcés justes, et tous les détails bien étudiés.

Je vous ai dit que ce couteau que le bourreau tient dans sa bouche fait frémir, et cela est vrai. Je connois pourtant une idée de peintre plus forte et plus atroce (1) ; c'est un vieux prêtre qui aiguise son couteau contre la pierre de l'autel, en attendant que sa victime lui soit livrée. Je ne sais si elle n'est pas de *Deshays*.

(1) J'en connois une troisième, toute aussi belle que celle du *Carrache*, pillée par M. *Bridan*, et celle de *Deshays*. C'est un boucher suivi de l'agneau qu'il va égorger. Tandis que de la main droite il attache le croc auquel il va suspendre sa victime, celle-ci lui lèche la main gauche qui est pendante et qui tient le couteau meurtrier. Vous prétendez, mon cher philosophe, avoir vu ce touchant tableau de vos yeux, en passant par la rue des boucheries de votre quartier, et moi je vous soutiens que vous ne l'avez jamais vu que dans votre tête. Il n'en est pas moins beau pour cela ; et j'aurois mauvaise opinion d'un peintre à qui cette idée seroit venue, et qui n'en sauroit pas faire un tableau pathétique.

BERRUER.

CLÉOBIS ET BITON,

Bas-relief en marbre de deux pieds quatre pouces de largeur, sur un pied huit pouces de hauteur.

Voici un beau, un très-beau morceau. D'abord, rien de plus touchant que l'action de deux enfans qui, au défaut de bœufs, s'attachent au charriot de leur mère, et la traînent eux-mêmes au temple de Junon où elle devoit sacrifier. Les anciens récompensoient, éternisoient ces actions. Ah! si j'avois cette voix qui se fait entendre des temps présent et à venir, comme je célébrerois celle qui vient de se passer sous mes yeux! Je vais vous dire cela; vous n'en serez pas moins touché du bas-reliefs. Les libraires de l'Encyclopédie récompensent le domestique du chevalier de *Jaucourt* d'une somme assez

honnête , pour douze ou quinze années de
courses relatives à cet ouvrage. Ce domestique, de lui-même , à l'insçu de son maître,
pense que le mien n'a rien eu , qu'il a plus
fatigué que lui , et il vient , sans l'avoir
connu précédemment, lui offrir la moitié de
sa récompense. Je n'y entends rien , ou
cette justice est au-dessus' de la piété filiale. Quoi qu'il en soit , revenons à notre
bas-relief.

La mère est assise sur le char ; elle a sur
un de ses genoux un vase de sacrifice. Ses
deux mains sont posées sur le haut du vase.
Son caractère est simple ; l'attitude vraie
et la draperie bien entendue. Cela a une
odeur d'antiquité qui plaît. Le char est solide et de belle forme. Les deux enfans sont
nuds , dans le goût sain du bas-relief, et
tirant bien. Mais il faut tout dire ; la mère
paroît un peu jeune pour d'aussi grands enfans ; il falloit là une matrône vénérable par
son âge, d'un caractère de tête touchant.
Celui des enfans qui est sur le plan de devant, a la jambe gauche pleine de vérités
de nature ; mais la droite est cassée au-dessous
du genou. La tête de l'autre enfant est mal
dessinée ; prenez-le par le nez, mettez-le

de face, et vous verrez que son oreille faisant autant de chemin que son nez, se trouvera derrière sa tête. Et puis, ils ont tous les deux la physionomie de nos anges. Du reste, ce jeune artiste sait amollir et vivifier le marbre. Qu'il soit reçu bien vite ! M. *Flipot,* ouvrez les deux battans.

Il y a de ce *Berruer* un vase de marbre, autour duquel on voit de bas-relief des enfans qui jouent avec un cep de vigne. Petit chef-d'œuvre ; enfans groupés à ravir, bien larges, jouant bien ; marbre bien mou, bien paîtri, le bas-relief bien entendu, et le vase d'une forme ! Ce large cerceau de marbre blanc qui porte le bas-relief est du meilleur effet.

Un tombeau qui a le caractère lugubre, c'est celui-ci. Figures bien pathétiques ; l'une triste et muette, l'autre agissante et parlante. La première est l'Amitié qui s'abandonne à sa douleur ; l'autre est la Pureté qui pare une urne cinéraire d'une guirlande. Belle draperie, bien poétique ! Beaux caractères de têtes ! belle pensée !

Il y a du même artiste d'autres projets de tombeaux ; mais il ne sont pas aussi heureux.

Vous voilà tiré des sculpteurs et moi aussi.
Vous voyez, mon ami, que cent morceaux
de sculpture s'expédient à moins de frais
que cinq ou six tableaux. Ce sont les ouvrages
de sculpture qui transmettent à la postérité
les progrès des beaux-arts chez une nation.
Le temps anéantit les tableaux ; la terre conserve les débris du marbre et du bronze.
Que nous reste-t-il d'*Apelle ?* Rien. Mais,
puisque son pinceau égaloit les sublimes ciseaux de son temps, l'*Hercule-Farnèse* ,
l'*Apollon du Belvedere* , la *Vénus de Médicis* , le *Gladiateur* , le *Faune* , le *Laocoon* , l'*Athlète expirant* témoignent et
déposent aujourd'hui de son talent.

Nous avons perdu dans l'intervalle du
Salon précédent à celui-ci, un habile statuaire.
C'est *Réné-Michel Slodtz*. Il nâquit à Paris
en 1705 ; il gagne le prix de l'académie à
vingt-un ans. Il part pour Rome : il s'y ins-
truit ; il s'y distingue. Je n'ai vu de lui que
son buste d'*Iphigénie* , et son mausolée de
Languet , curé de Saint-Sulpice , le plus
grand charlatan de son état et de son
siècle.

La tête de ce dernier est de toute beauté,
et le marbre demande sublimement pardon

à dieu des friponneries de l'homme. Je ne connois point de pécheur à qui il ne pût inspirer quelque confiance en la miséricorde infinie. Cependant l'*Iphigénie* l'emporte encore sur ce morceau. Tout y est, et la noblesse de caractère, et le choix des formes, et leur pureté, et la netteté du travail, et l'excellence du goût : cela est à compter parmi les précieux ouvrages de l'art.

Slodtz revint à Paris en 1747. Le plat *Coypel*, alors premier peintre du roi, et dont un certain M. *de Tournehem*, oncle de madame *de Pompadour* et directeur de l'académie, étoit embéguiné, reçut *Slodtz* froidement, et l'artiste resta sans travail. Bonne leçon pour les souverains ! S'ils mettent à la tête des arts une espèce, c'est du dégoût qu'ils assurent aux hommes rares, et de la protection aux espèces. Le ciseau tombe des mains de *Slodtz*, et le voilà livré à la décoration théâtrale, aux catafalques, aux feux d'artifice et à toutes les puérilités des menus. Mais quel est sur l'homme l'effet de son talent ravalé ? Le chagrin, la mélancolie, la bile épanchée dans le sang et la mort, comme il arriva à *Slodtz* en 1764. Son sort rappelle celui du *Puget*.

On

On vante de *Slodtz* le tombeau du marquis *Caponi* à Florence, une tête de *Calchas*, et les bas-reliefs du portrait de Saint-Sulpice. Il avoit su se garantir de l'exactitude froide et de la simplicité affectée, les deux défauts où l'on tombe par une imitation servile de l'antique. Il étoit entraîné à la manière souple et gracieuse, jusqu'à lui sacrifier quelquefois la correction du dessin. Il savoit travailler le marbre, et on lui connoît peu d'égaux dans l'art de bien draper. Du reste, homme de bien, avec le sceau de l'habile-homme, sans jalousie.

LES GRAVEURS.

Si vous pensez, mon ami, que parmi cette multitude innombrable d'hommes qui tracent des caractères alphabétiques sur le papier, il n'y en a pas un qui n'ait sa manière d'écrire assez différente d'une autre, pour qu'un expert qui sait son métier, n'en puisse attester par serment, et former la sentence du juge (1), vous ne serez pas surpris qu'il n'y

(1). Vous prenez mal votre temps, mon cher philosophe, pour me faire croire à la science des écrivains-

Bb

ait pas un graveur qui n'ait un burin et un faire qui lui soient propres. Et vous ne le

experts et à l'infaillibilité de leurs décisions. L'année passée, je vous aurois peut-être accordé tout ce que vous vous m'auriez dit là-dessus, et j'aurois fait comme ces sauvages, qui, quand ils ont une fois pris leur mission- naire en affection, il se font volontiers chrétiens pour lui faire plaisir. Ils trouvent que cela est si indifférent, qu'il faudroit avoir l'humeur peu obligeante pour ré- sister à ses prières. Mais en cette année 1766, il m'est impossible de vous rien accorder sur cette prétendue science des écrivains-experts. J'ai eu occasion de réflé- chir sur la méthode de ces gens-là, et d'examiner la solidité de leurs prétentions d'après les principes d'un de leurs membres, appellé *Vallain*; et je vous jure que j'aimerois mieux mourir que d'asseoir, en qualité de juge, la moindre décision en conséquence d'une science aussi arbitraire et aussi conjecturale. Comptez que la jurisprudence d'un peuple est bien barbare, lorsqu'elle s'étaie de telles autorités. Cela n'empêche pas que *Mariette* ne puisse reconnoître le burin de tous les graveurs de Paris, et même de l'Europe. Il y en a peut-être cinq cents dans toute l'Europe; mettez-en mille, vingt mille, si voulez : quelle comparaison avec tous ces milliards d'hommes qui savent tracer des ca- ractères alphabétiques ? Leur multitude innombrable rend les combinaisons infinies, et tout homme qui as- sure que deux écritures ne peuvent être parfaitement semblables, me paroit un fou bien téméraire; et si son assertion peut s'attirer la moindre croyance, il me paroît

serez pas davantage que *Mariette* reconnoisse
tous ces burins et faires particuliers, lorsque vous saurez que *Jaquemin*, *Lem-
pereur*, ou tel autre joaillier du Quai des
Orfèvres a si bien dans sa tête toutes les
pierres de quelqu'importance qu'il a vues
dans le commerce, qu'on chercheroit vainement à les déguiser à son œil expérimenté,
en les faisant repasser sur la meule du la-
pidaire.

Il y auroit un moyen de se connoître assez
promptement en gravure. Ce seroit de se com-
poser un porte-feuille d'estampes choisies

un fou de la plus dangereuse espèce. Ajoutez à la
considération du nombre des combinaisons borné par
le nombre des graveurs, que communément ils n'ont
nul intérêt de déguiser leur manière, et qu'au contraire,
dans tous les cas où les experts sont consultés, il y a
presque toujours eu intérêt de contrefaire ou de déguiser
l'écriture dont ils doivent juger, et vous acheverez de
vous convaincre qu'il est impossible de conclure d'un
de ces procédés à l'autre. Je vous passerois plus aisément la comparaison du style d'un auteur avec le burin
d'un artiste, et je nommerois bien quatre ou cinq
écrivains célèbres, dont je me ferois fort de reconnoître
la manière, quelque peine qu'ils prissent pour la déguiser ; encore serois-je bien fâché d'asseoir sur mon opinion
une décision judiciaire.

Bb 2

pour cette étude, et ne croyez pas qu'il en fallût beaucoup. Le seul portrait du maréchal de *Harcourt*, qu'on appelle le *cadet à la perle*, vous apprendroit comment on traite la plume, la chair, les cheveux, le buffle, la soie, la broderie, le linge, le drap, le métal et le bois. Ce morceau est de *Masson*, et il est d'un burin hardi. Ajoutez-y les *Pélerins d'Emaüs*, qu'on appelle *la Nappe*. Ramassez quelques morceaux capitaux d'*Edelink*, de *Vischer*, de *Gerard Audran*, etc ; n'omettez pas sur-tout la *Vérité portée par le Temps*, de ce dernier. Ayez pour les petits sujets quelques estampes de *Calot* et de *Labelle* : ce dernier est riche et chaud ; et puis, exercez vos yeux, en attendant que votre porte-feuille soit formé, je vais vous ébaucher les premiers linéamens de l'art.

On grave sur les métaux, sur le bois, sur la pierre, sur quelques substances animales, sur le verre, en creux et en relief.

Sculpter, c'est dessiner avec l'ébauchoir et le ciseau ; graver, c'est dessiner soit avec le burin, soit avec le touret. Ciseler, c'est dessiner avec le mattoir et les ciselets. Le dessin est la base d'un grand nombre d'arts,

et il est assez commun de dessiner facilement avec quelques-uns de ces instrumens,
et de s'en acquitter médiocrement avec le
crayon. Toutes ces manières de dessiner
font le sculpteur, le modeleur, le graveur
en taille-douce, le graveur en bois, le graveur en pierre fine, le graveur en médailles,
en cachet, et le ciseleur. Il ne s'agit ici que
du traducteur du peintre, du graveur en
taille-douce.

Le graveur en taille-douce est proprement un prosateur qui se propose de rendre
un poëte d'une langue dans une autre. La
couleur disparoît; la vérité, le dessin, la composition, les caractères, l'expression restent.
Il est bien singulier et bien fâcheux que les
Grecs qui avoient la gravure en pierre fine,
n'aient pas songé à la gravure en cuivre (1).

(1) Je crois que l'invention de la gravure en cuivre
tenoit moins à la gravure en pierre fine qu'à l'invention
du papier qui manquoit aux anciens : car, sur quoi au-
roient-ils déposé l'estampe gravée en cuivre ? L'invention de l'imprimerie entraîna ensuite celle de la gravure
en cuivre qui étoit tout contre. C'est cet art de transformer les vieux chiffons de linge en papier, dont
l'invention se perd dans l'obscurité des siècles barbares,
qui a changé la face de l'esprit humain ; mais nous ne

Ils avoient des cachets qu'ils imprimoient sur la cire, et il ne leur vint point en pensée d'étendre cette invention. Songez qu'elle nous auroit conservé les chefs-d'œuvres en peinture des grands maîtres de l'antiquité. Deux découvertes qui se touchent dans l'esprit humain, sont quelquefois séparées par des siècles.

Les tableaux sont tous destinés à périr. Le froid, le chaud, l'air et les vers en ont déjà beaucoup détruit. C'est à la gravure à sauver ce qui peut en être conservé. Les peintres, s'ils étoient un peu jaloux de leur gloire, ne devroient donc pas perdre de vue le graveur. *Raphaël* corrigeoit lui-même le trait de *Marc-Antoine*.

Un excellent auteur qui tombe entre les mains d'un mauvais traducteur, est perdu. Un auteur médiocre qui a le bonheur de rencontrer un bon traducteur, a tout à gagner. Il en est de même du peintre et du graveur, sur-tout si le premier n'a point de couleur. La gravure tue le peintre qui n'est

jouissons encore que des plus foibles de ses bienfaits : c'est dans huit ou dix siècles qu'il faudra voir ses effets sur les hommes.

que coloriste. La traduction tue l'auteur qui n'a que du style.

En qualité de traducteur d'un peintre, le graveur doit montrer le talent et le style de son original. On ne grave point *Raphaël* comme le *Guerchin* ; le *Guerchin*, comme le *Dominiquin* ; le *Dominiquin*, comme *Rubens* ; ni *Rubens*, comme *Michel-Ange*. Lorsque le graveur a été un homme intelligent, au premier aspect de l'estampe la manière du peintre est sentie.

Entre les peintres, l'un demande un burin franc, une touche hardie, un ensemble chaud et libre. Un autre veut être plus fini, plus moëlleux, plus suave, plus fondu de contours, et demande une touche plus indécise. Et ne croyez pas que ces différences soient incompatibles avec la bonne gravure. L'esquisse même a sa manière qui n'est pas celle de l'ébauche.

Si quelques principes réfléchis n'éclairent pas le graveur, s'il ne sait pas analyser ce qu'il copie, il n'aura jamais qu'une routine qu'il mettra à tout ; et pour une estampe passable où sa routine s'accordera avec la manière du peintre, il en fera mille mauvaises.

Lorsque vous jetterez les yeux sur une gravure , et que vous y verrez les mêmes objets traités diversement, vous n'attribuerez donc pas cette variété à un goût arbitraire, bizarre et fantasque. C'est une suite du genre de peinture ; c'est la convenance du sujet. C'est qu'un même genre de peinture , un même sujet ont offert des oppositions , des tons de couleur , des effets de lumière, qui ont entraîné des travaux opposés.

Ne pensez pas qu'un graveur rende tout également bien. *Baléchou* qui sait conserver à ses eaux la transparence des eaux de *Vernet*, fait des montagnes de velours.

N'estimez ni un travail propre , égal et servilement conduit, ni un travail libertin et déréglé. Il n'y a là que de la patience; ici, que de la paresse ou même de l'insuffisance.

Il y a des artistes qui affectent une gravure losange, d'autres une gravure quarrée. Dans la gravure losange, les tailles dominantes qui établissent les formes, les ombres ou les demi-teintes se croisent obliquement ; dans la gravure quarrée, elles se coupent à angles droits. Si l'on place les unes sur les autres des tailles trop losanges, ces figures ,

trop allongées en un sens, trop étroites dans
l'autre, produiront une infinité de petits
blancs qui s'enfileront de suite, et qui in-
terrompront, sur-tout dans les masses d'ombres, la tranquillité et le sourd qu'elles
demandent.

Les uns gravent serré ; d'autres gravent
lâche. La gravure serrée peint mieux et
donne de la douceur ; la gravure lâche allour-
dit, ôte la souplesse et fatigue l'œil. Ce sont
deux étoffes ; l'une tramée gros, et l'autre
tramée fin. La dernière est la précieuse.

C'est par les entretailles qu'on caractérise
les métaux, les eaux, la soie, les surfaces
polies et luisantes. Il y a des tailles en
points ; il y a des points semés dans les tailles.
Les points empâtent les chairs. Il y a des
points ronds et des points couchés qu'on en-
tremêle selon les effets à produire.

Si l'on forme avec une pointe aigue des
traits ou des hachures, sans recourir ni à
l'eau-forte, ni au burin ; cela s'appelle graver à la pointe sèche. La pointe sèche ouvre
le cuivre, sans en rien détacher. On l'emploie dans le fini, aux objets les plus tendres, les plus légers, aux ciels, aux lointains, et son travail contrastant avec celui

de l'eau-forte et du burin, est toujours heureux et piquant.

Si dans la gravure à l'eau-forte, cette esclave capricieuse du graveur a tracé un sillon peu profond et qui ait encore le défaut d'être plus large que profond, attendez-vous à voir cet endroit gris, relativement au travail du burin. L'eau-forte fait la joie ou le désespoir de l'artiste, dont elle allonge ou abrège l'ouvrage tandis qu'il dort. Si elle a trop mordu, et que la taille soit aussi profonde que large, cette taille prenant autant de noir dans son milieu que sur ses bords, le pauvre imprimeur en taille-douce aura beau fatiguer son bras et user la peau de sa main à frotter sa planche, le ton sera aigre, noir, dur, sur-tout dans les demi-teintes.

S'il arrive aux tailles de prendre trop de largeur, les espaces blancs, resserrés, se confondront. Tout le travail du burin n'empêchera ni l'âcreté, ni les crévasses. Que l'artiste tienne ses lumières larges, il sera toujours maître de les restreindre.

Si vous attachez vos yeux sur une gravure faite avec intelligence, vous y discernerez la taille de l'ébauche dominante sur les travaux du fini.

Ce sont les secondes et troisièmes tailles qui
donnent à la peau sa molesse. Voyez les
points se resserrer vers les ombres ; voyez-
les s'écarter vers la lumière. Regardez chaque
point comme un rayon de lumière éteint.
Les points ne se sèment pas indistinctement ;
ils correspondent toujours à l'intervalle vide
et blanc de deux points collatéraux.

Laissez-moi dire , mon ami. C'est à l'aide
de ces petits détails techniques que vous
saurez pourquoi telle estampe vous plaît ,
telle autre vous déplaît, et pourquoi votre
œil se récrée ici , et s'afflige là.

Porter les touches à leur dernier degré
de vigueur, est le dernier soin de l'artiste.
Un principe commun au dessin, à la peinture et à la gravure , c'est que les plus grands
bruns ne peuvent être amenés que par gradation.

L'eau-forte est heureuse, lorsqu'elle laisse
peu d'ouvrage au burin , sur-tout dans les
petits sujets. Le burin grave et sérieux ne
badine pas comme la pointe. Qu'il ne se mêle
que de l'accord général.

Je dirois au graveur : que les formes
soient bien rendues par vos tailles ; que
celles-ci dégradent donc scrupuleusement

selon les plans des objets ; que celles qui
précèdent commandent toujours celles qui
suivent ; que les endroits de demi-teintes
auprès des lumières soient moins chargés de
tailles que les reflets et les ombres ; que
les premières, secondes et troisièmes fassent
avancer ou fuir de plus en plus ; que chaque
chose ait son travail propre : que la figure,
le paysage, l'eau, les draperies, les métaux
en soient caractérisés ; produisez le plus d'effet avec le moins de copeaux.

Un mot encore, mon ami, de la gravure
noire et de la gravure au crayon, et je vous
laisse.

La gravure noire (1) consiste à couvrir
toute une surface de petits points noirs qu'on
adoucit, affoiblit, amattit, efface : de-là
les ombres, les reflets, les teintes, les
demi-teintes, le jour et la nuit. Dans la

---

(1) Les Anglais sont nos maîtres dans la gravure
en noir ; il se fait à Londres de très-beaux ouvrages en ce
genre. A Paris, on ne grave point du tout en manière
noire (1766). Nos artistes n'en font pas même de cas ;
ils prétendent qu'elle manque de vigueur et de force.
Je crois qu'ils poussent leur aversion trop loin, et qu'il
est des sujets tendres et doux auxquels cette gravure
convient merveilleusement.

taille-douce, tout est éclairé ; le travail introduit l'ombre et la nuit. Dans la gravure noire, la nuit est profonde : le travail fait poindre le jour dans cette nuit.

La gravure au crayon est l'art d'imiter les dessins au crayon. Belle invention qui a sur tous les genres de gravures l'avantage de fournir des exemples à copier aux élèves. Celui qui dessine d'après la taille-douce, se fait une manière dure, sèche et arrangée.

Le procédé de la gravure au crayon diffère peu de celui de la manière noire ; ce sont des points variés, sans ordre, qu'on laisse séparés ou qu'on unit en les écrasant : travail qui imite la neige, et donne à l'estampe l'air d'un papier sur les petites éminences duquel le crayon a déposé sa poussière. C'est un nommé *François* qui l'a inventée ; celui qui l'a perfectionnée s'appelle *Marteau*, ou *Desmarteaux* (1).

(1) Ces deux graveurs se sont disputés l'honneur de cette invention, qui leur appartient peut-être à tous deux. Au reste, voilà une véritable invention que nous avons vu se faire et se perfectionner sous nos yeux, sans que personne ait presque daigné en parler, tandis que la peinture en caustique, qui n'a pas fait faire un

La gravure conserve et multiplie les tableaux ; la gravure au crayon multiplie et
transmet les dessins.

Je ne dirai de la gravure en médailles
qu'une chose, c'est que la gloire des souverains est intéressée à l'encourager. Les
beaux médaillons, les belles monnoies don-
neront un plus grand lustre à leur règne. Plus
ils auront exécuté de grandes choses, plus
ils ont droit de penser que les hommes à
venir seront curieux de voir les images de
ceux dont l'histoire leur transmettra les hauts
faits.

Passons maintenant aux morceaux de
gravure qu'on a exposés au sallon cette
année.

C O C H I N.

I L y a de *Cochin* un frontispice pour l'Encyclopédie ; c'est un morceau très-ingénieusement composé. On voit en haut la Vérité

tableau médiocre, s'est fait prôner deux ou trois ans
de suite. Cette manière d'imiter les dessins au crayon
par la gravure, influera sensiblement sur les progrès
de l'art en Europe, et sera d'une utilité infinie. Elle
mérite de faire époque dans l'histoire de l'art.

entre la Raison et l'Imagination ; la Raison
qui cherche à lui arracher son voile, l'Imagination qui se prépare à l'embellir. Au-
dessous de ce groupe, une foule de Philosophes spéculatifs. Plus bas, la troupe des
Artistes. Les Philosophes ont les yeux attachés sur la Vérité. La Métaphysique or-
gueilleuse cherche moins à la voir qu'à la
deviner ; la Théologie lui tourne le dos et
attend sa lumière d'en-haut. Il y a certainement dans cette composition une grande
variété de caractères et d'expressions ; mais
les plans n'avancent, ne reculent pas assez.
Le plus élevé devroit se perdre dans l'enfoncement ; le suivant, venir un peu en
avant ; le troisième, y être tout-à-fait. Si la
gravure réussit à corriger ce défaut, le morceau sera parfait.

Du même, plusieurs dessins allégoriques
relatifs à des événemens passés sous les règnes
de nos rois. Ces dessins doivent être gravés
pour une nouvelle édition de *l'Abrégé chro-
nologique du président Hénault*. L'esprit,
la raison, le pittoresque, tout y est, et les
têtes, et les expressions, et l'ensemble des
figures, et la composition. Cet artiste, homme
d'esprit et homme de plaisir, grand dessina-

teur, autrefois graveur du premier ordre, n'auroit fait que ces dessins (1), qu'ils suf-firoient pour lui assurer une réputation solide.

(1) Il a fait depuis une estampe à l'honneur de feu M. le Dauphin. On voit en haut les armes de ce prince rayonnantes de gloire ; au bas, la mort qui a déchiré un grand voile qui déroboit un nombreux cortège de vertus désignées par leurs attributs ; à droite et à gauche, il y a les lambeaux du voile déchiré. Cette idée est ingénieuse. L'auteur a demandé à M. *Diderot* une inscription pour cette estampe, et celui-ci lui a donné à choisir entre les trois suivantes :

Scindit se nubes, et in œthera purgat apertum.

C'est ce que *Virgile* dit d'*Enée*, lorsque le nuage s'étant ouvert, il parut aux yeux des Carthaginois.

Ou bien celle-ci, qui paroît faite exprès pour l'es-tampe :

Velum
Scinditur, et vitæ gloria morte patet. (Vers d'Ausone.)

Ou bien ce vers-ci, de la fabrique du philosophe :

La mort a révélé le secret de sa vie.

Ce vers me paroit aussi beau que simple.

L'inscription qu'on a faite pour le mausolée du comte de *Caylus* est d'un caractère différent. Vous savez que ce célèbre amateur a ordonné, par son testament, de mettre sur sa tombe une urne étrusque, sans autres accessoires. La fabrique de la paroisse Saint-Germain-l'Auxerrois s'occupe actuellement de ce monument, et

LEBAS.

LEBAS.

C'EST lui qui a porté le coup mortel à la bonne gravure parmi nous, par une manière qui lui est propre, dont l'effet est séduisant, et que tous les jeunes élèves se sont efforcés d'imiter inutilement. Il a exposé quatre estampes de la troisième suite des Ports de France de *Vernet*. C'est *Cochin* qui a fait les figures, et c'est ce qu'il y a de bien. Ces associés n'ont pas pleuré bien amèrement la mort de *Baléchou*.

WILLE.

IL est le seul qui sache allier la fermeté avec le moëlleux du burin. Il n'y a que lui aussi qui sache rendre les petites têtes. Ses Musiciens ambulans, d'après le tableau de *Dietrich*, bien, très-bien!

l'agent de la fabrique ayant trouvé l'autre jour un philosophe dans la rue, lui dit : vous devriez bien nous donner une inscription pour l'urne du comte de *Caylus*. Eh bien! répond tout aussi-tôt le philosophe, mettez-y ces deux vers :

Ci gît un antiquaire, acariâtre et brusque !
Ah! qu'il est bien logé dans cette cruche étrusque !

C c

ROETTIERS.

MÉDAILLES et Jettons qu'on ne sauroit regarder, quand on a vu un grand bronze, ou une pierre gravée antique.

FLIPART.

RIEN qui vaille. Une Tempête d'après *Vernet !* Ah! *Balechou, ubi , ubi es ?*

MOITTE.

ON ne sauroit plus mauvais. Son Donneur de Sérénade et sa Paresseuse, d'après *Greuze,* presque supportable. Quant au Monument de Rheims, conduit et corrigé par *Cochin,* très-complètement manqué (1). La

---

(1) Si l'estampe du monument de Rheims n'est pas venue à bien sous le burin de M. *Moitte,* il faut con-

figure du monarque, roide et marchant sur les talons, défauts du bronze ; trous et noirs

venir aussi que l'original en bronze n'est pas sorti heureusement des mains du bon *Pigal.* La figure du roi qui est pédestre, est absolument manquée. Le roi a l'air d'un chartier ; il est ignoble et lourd, et il faut avoir un talent tout particulier de manquer une figure, pour donner au roi l'air ignoble. Des deux figures, celle du citoyen qui se repose sur un ballot, a été jugée admirable, et elle est sans doute modelée supérieurement et pleine de détails de nature précieux. Mais, à ne considérer que la partie idéale, qu'est-ce qu'une grande figure toute nue, qui, se reposant sur un ballot, doit exprimer la sécurité dont on jouit sous le règne de Louis XV ? Pourquoi l'appellez-vous citoyen ? Il a l'air d'un gros crocheteur. Pourquoi est-il nud ? Est-ce que dans nos pays froids, on voit les citoyens se reposer tout nuds, vers le soir, dans les grandes chaleurs ? Cela seroit bon si la scène étoit en Grèce, ou aux extrémités de l'Italie. Vous dites qu'on ne peut rien faire de nos habits, sur-tout en bronze. Je le sais. Tâchez donc d'arranger le bon sens et le costume ensemble. Ce que je sais, c'est que les anciens ne faisoient et ne souffroient jamais rien contre le sens commun, et qu'on remarque un jugement profond dans tous leurs ouvrages, qualité précieuse et rare parmi les modernes. L'autre figure du monument de Rheims est allégorique ; c'est la France qui conduit un lion par sa crinière. Figure froide ; confusion de figures vraies et allégoriques que le bon goût condamne avec raison.

dans les lumières, et les devants et les fuyans confondus ensemble, et l'architecture du fond attachée au piédestal.

Il est certain que le compère *Gougenot* n'a pas été heureux dans le choix du sujet de ce monument, et que l'exécution du bon *Pigal* répond assez exactement à la froide conception du compère. Le bon *Pigal* auroit mieux fait de suivre l'idée de M. *Diderot*. Celui-ci proposoit de mettre trois figures autour du piédestal de la figure du roi. D'un côté, le citoyen que j'aurois demandé autrement et plus heureusement caractérisé ; de l'autre, un laboureur s'appuyant sur le soc de sa charrue, ou, ce que j'aime beaucoup mieux, sur les cornes de son bœuf. Groupe superbe ! plus beau que celui d'un sacrifice, puisqu'enfin celui-ci ne peut rappeller que des idées fausses et superstitieuses, tandis que le premier réveille les idées touchantes de prospérité publique, d'aisance procurée par le travail, avec la simplicité et l'innocence des mœurs rustiques. Sur le devant, le philosophe plaçoit une mère de famille allaitant son enfant. La belle figure encore ! Par ces trois figures, il indiquoit sans effort, sans allégorie, les trois signes caractéristiques de la félicité publique sous le règne d'un bon roi, l'état florissant de la population, de l'agriculture et du commerce ; et il y avoit là de quoi faire un monument sublime, si, ce que j'ai peine à croire, il est possible qu'un artiste exécute d'une manière sublime ce qu'il n'a pas conçu lui-même.

BEAUVARLET.

Deux petits enfans qui tiennent les pattes d'un chien sur une guittare : gravure large et facile. Pour *l'Offrande à Vénus*, d'après *Vien*, rien de la finesse de dessin du tableau. *La Conversation espagnole* et *la Lecture* de *Carle Vanloo* (1) dessinés pour être mis sur cuivre, mous de touche, et les caractères de tête honnêtement manqués. L'artiste pouvoit se dispenser d'avertir qu'ils n'étoient pas originaux.

L'EMPEREUR, MELINI, ALIAMET.

De communi Martyrum.

Rien à leur dire ; pas même qu'ils tâchent d'être meilleurs, Ils en sont là ; il faut qu'ils y restent.

(1) Ce sont les deux tableaux appartenans à madame *Geoffrin*, qui sont déjà célèbres et comptés parmi les meilleurs ouvrages de *Carle Vanloo*. Les dessins de M. *Beauvarlet* m'ont paru bien froids.

DUVIVIER.

Beaucoup de médailles. Prenez l'Inauguration de la Statue de *Louis XV* à Paris; l'Ambassadeur Turc présentant ses lettres de créance; le buste de la princesse *Trubeskoï*, avec le revers, son tombeau environné de cyprès, et envoyez le reste à la mitraille.

STRANGE.

Il a gravé *la Justice* et *la Mansuétude*, d'après *Raphaël*. Pourquoi lui reprocherois-je d'avoir altéré le dessin de *Raphaël*? De plus habiles que lui en ont bien fait autant.

COZZETTE.

Deux morceaux exécutés en tapisserie. Le portrait de M. *Paris de Marmontel*, d'après le pastel de *Latour* : c'est à s'y

tromper; c'est le tableau. Un médaillon représentant la Peinture, d'après *Carle Vanloo*.
Ma foi! si quelqu'un discerne à quatre pas le
tableau du morceau de tapisserie, je les lui
donne tous les deux.

Les Chinois ont substitué aux laines teintes,
dont l'air, ce terrible débouilli, ne tarde pas
à manger les couleurs, les plumes des oiseaux
qui sont plus éclatantes, plus durables, et
qui fournissent à toutes les nuances.

Et laus deo, pax vivis, requies defunctis!

F I N.

TABLE

DES CHAPITRES

et Articles contenus dans ce Volume.

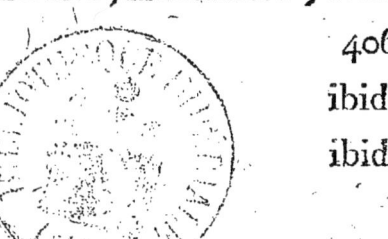

Fin de la Table.

www.ingramcontent.com/pod-product-compliance
Lightning Source LLC
Chambersburg PA
CBHW051352220526
45469CB00001B/212